BANGE LERNHILFEN

Edgar Neis

Wie interpretiere ich Gedichte und Kurzgeschichten?

Methoden und Beispiele

C. BANGE VERLAG - HOLLFELD

In gleicher Ausstattung lieferbar:

Interpretationen von 66 Balladen, Erzählgedichten und Moritaten

von Edgar Neis

Analysen, Meinungen, Kommentare

Balladen aus dem 18., 19. und 20. Jahrh. werden in diesem für Lehrer, Schüler und Studenten bestimmten Band ausführlich interpretiert und gattungsspezifisch erläutert. Es wird aufgezeigt, wie sich von Schiller bis Brecht der Sinn und Ausdruck der Ballade verändert hat.

Themen: Bürger - Herder - Goethe - Schiller - Uhland - Eichendorff - Heine - Droste-Hülshoff - Miegel - Brecht - Huchel - Celan - Chr. Reinig - Bachmann - Kunert - Biermann u. v. a.

17. neubearbeitete Auflage 1995

ISBN 3-8044-1407-9

© by C. Bange Verlag, 96142 Hollfeld

Alle Rechte vorbehalten!

Druck: Druckhaus Beyer GmbH, Langgasse 25, 96142 Hollfeld

Inhalt

Erster Teil

Dritter Teil

Lyrik und Kurzprosa seit der Jahrhundertmitte

Vorwort

"Wenn wir in Zweifeln befangen sind, so haben wir immer die Form, die uns hilft weiterzumachen. Wer nur soviel an Form zuwege gebracht hat, um ihrer sicher zu sein, ist den größten Martern bereits entronnen. Für mich steht jedwede, auch die geringfügigste Form unter dem Gesichtspunkt, wieviel mehr sie doch ist als nichts. Wenn ich Platoniker wäre, unterstünde sie wohl dem Gesichtspunkt, wieviel weniger sie ist als alles" - schrieb der bedeutende amerikanische Lyriker **Robert Frost** über die Funktion der Form.

Aus der Funktion der Form heraus sind Gedichte und Kurzgeschichten in erster Linie zu verstehen und zu erklären. **Goethes Wort** "Das Was bedenke, mehr bedenke das Wie" gilt nirgendwo sonst so sehr wie für die Bereiche der Lyrik und der epischen Kurzformen.

Beide Arten der dichterischen Gebilde, Gedichte wie Kurzgeschichten, besitzen gleichermaßen den "scharfen Zuschnitt in der Form"; beiden eignet eine sprachliche Dichte, wie sie kaum eine andere Gattung der Poesie aufzuweisen hat, ein "absoluter Funktionalismus", der das Gestaltganze durch seine einzelnen Teile und Einzelheiten der Diktion zusammenhält, motiviert und erhellt; beide müssen den Leser schon mit dem ersten Wort, dem ersten Satz, durch ihren Rhythmus und ihre Struktur faszinieren und in ihren Bann ziehen.

Immer wieder muß es sich, sowohl bei der Betrachtung eines Gedichtes als auch einer Kurzgeschichte, bestätigen, daß nach Friedrich Hebbels Wort die Form der höchste Inhalt ist.

Dieses Buch ist als ein Hilfsmittel gedacht. Es soll zeigen, daß die Kunst der Erschließung eines Gedichtes oder einer Kurzgeschichte, die Kunst der Interpretation bis zu einem gewissen Grade erlernbar ist. Daß es allerdings niemals ganz gelingen wird und gelingen kann, ein Kunstwerk auf rein rationalem Wege völlig zu erschließen, weil immer noch ein Rest Unerklärbares, Unsagbares, Unfaßbares bleibt, jenes Imponderabile, welches schließlich das tiefste Geheimnis und den eigentlichen Zauber eines Kunstwerkes ausmacht, muß uns von vornherein bewußt sein.

Die im Anschluß an die allgemeinen Teile gegebenen Interpretationen von Gedichten und Kurzgeschichten erheben daher auch nicht den Anspruch, vollständige und in sich abgerundete Interpretationen zu sein; sie stellen vielmehr nur Anregungen und Hinweise dar.

Dank gebührt den Verlagen, die für einige Interpretationsbeispiele freundlicherweise Abdruckerlaubnis erteilt haben; für einige andere Abschnitte, die einzelne Zeitungen, Zeitschriften und auf dem Büchermarkt vergriffenen Werken entnommen sind, sei sie nachträglich hiermit erbeten.

Das Literaturverzeichnis am Schluß des Bandes orientiert über die benutzte Literatur; dort sind auch die Ausgaben aufgeführt, in denen die interpretierten Kurzgeschichten zu finden sind.

Edgar Neis

ERSTER TEIL

1. Was ist ein Gedicht?

Die Frage nach dem Gedicht ist die Frage nach dem Urerlebnis des Menschen. Schon von jeher war dieser bestrebt, sein Erleben, sein Seinsverhältnis, sein Sinnen in Worte zu fassen, es zu formen, zu gestalten und ihm künstlerischen Ausdruck zu verleihen. So entstand das Gedicht als Aussage eines Geschauten, Gehörten, Gefühlten, Gedachten, kurzum eines Erlebten.

Es ist aber selbstverständlich, daß diese Aussage niemals als reiner Gedanke wirksam werden kann. Sie bedarf der Formung, der Ausarbeitung, der Gestaltung, der Struktur, wenn sie sich nicht verflüchtigen, sondern Dauer gewinnen soll.

Ebensowenig wie es einen isolierten Gedanken gibt, gibt es einen von jedem Gedanken losgelöste Form. Beide bedingen einander, beide verschmelzen miteinander zu einer untrennbaren Einheit.

In diesem Zusammenhang hat **Gottfried Benn** einmal gesagt: "Die Inhalte eines Gedichtes, sagen wir Trauer, panisches Gefühl, finale Strömungen, die hat ja jeder, das ist der menschliche Bestand, sein Besitz in mehr oder weniger vielfältigem oder sublimem Ausmaß; aber Lyrik wird nur daraus, wenn es in eine Form gerät, die diesen Inhalt autochthon macht, ihn trägt, aus ihm mit Worten Faszination macht."[1]

Faszination! Mit diesem Wort hat Benn ein Wesentliches gekennzeichnet, das ein Gedicht zu einem echten Gedicht macht: es muß uns anrühren, ergreifen, faszinieren. Faszination rückt ein Gedicht ab von einer simplen, billigen Reimerei banaler Alltagswendungen und hebt es von vornherein auf die Stufe einer komprimierten, durch Rhythmus, Klang und Bildsymbole geschaffenen echten Sinngestalt. **Ein Wort Rudolf Ibels** spricht am deutlichsten aus, worum es geht: "Der Wert eines Gedichtes wird überhaupt nicht durch das rational Sagbare bestimmt, sondern durch das rational Unsagbare. Wo das Sagbare aufhört, beginnt das Gedicht."[2]

Wo somit Gedanke und Ausdruck, Inhalt und Form, Gehalt und Gestalt zu einer Einheit werden, wo das "Was" des Themas seine Entsprechung in einem rhythmisch gestalteten "Wie" der Aussage findet, haben wir es mit einem vollkommenen Gedicht zu tun. Ein solches Gedicht ist nach **Rudolf Georg Bindings Wort** ein Inbegriff: "Die Welt ist in ihm begriffen: die Welt der Seele . . . Das Gedicht ist die Sache selbst - in dem gleichen Sinne wie der Kristall des Diamanten der Diamant ist. Es ist die Wesenheit des Diamanten, in dieser Form zu kristallisieren. So ist also das Gedicht der zwingendste, gedrängteste und magischste und dichterische Ausdruck. Es ist gefüllt von einem Leben und einem Feuer, die der Betrachtung ebenso zugänglich sind und einen inneren Sinn ebenso erfreuen wie der Anblick eines vollendeten, natürlich gewachsenen Edelsteins. Wie dieser seinen Glanz, sein Wasser und Feuer niemals verliert, so lebt auch das Gedicht in der Unzerstörbarkeit des Wortes."

Ein in diesem Sinne in sich vollendetes Gedicht ist allerdings ein Geschenk Gottes. Nur die Gnade kann sein Entstehen gewähren. **Ingeborg Bachmann** sagt, "Gedichte zu schreiben scheint mir das Schwerste zu sein, weil hier die Probleme des Themas, des Vokabulars und des Formalen in einem gelöst werden müssen, weil sie dem Rhythmus der Zeit gehorchen und dennoch die Fülle der alten und neuen Dinge auf unser Herz hinordnen sollen, in dem Vergangenheit, Gegenwart und Zukunft beschlossen liegt."

Stellen wir die Frage nach dem Sinn und Zweck eines Gedichts, so mag uns aus Goethes Zeilen eine Antwort werden:

> Gedichte sind gemalte Fensterscheiben!
> Sieht man vom Markt in die Kirche hinein,
> Da ist alles dunkel und düster;
> Und so siehts auch der Herr Philister:
> Der mag denn wohl verdrießlich sein
> Und lebenslang verdrießlich bleiben.
> Kommt aber nur einmal herein!
> Begrüßt die heilige Kapelle;
> Da ists auf einmal farbig helle,
> Geschicht und Zierat glänzt in Schnelle,
> Bedeutend wirkt ein edler Schein;
> Dies wird euch Kindern Gottes taugen,
> Erbaut euch und ergetzt die Augen!

Gedichte sind dazu da, die Welt zu verschönen und zu "ergetzen"; sie sind wie die Blumen um ihrer selbst willen da und wie diese um ihrer selbst willen schön. Schön ist die Form, die sich selbst erklärt. Vollkommen ist das Gedicht, dessen Form nicht von außen, sondern von innen her bestimmt wird. **Im Schillerschen Sinne** sind Gedichte "zwecklos", weil sie "ohne Interesse" gefallen. Ihre Schönheit beruht nur in der für sie selber zweckmäßigen Form und ist keine objektive Eigenschaft, sondern will nur als einmaliges, subjektives Erlebnis empfunden sein. Sie ist Freiheit in der Erscheinung. Ein Gedicht ist demnach ein Wesen, das nur aus eigenem Gesetz und für sich selber da zu sein scheint, das sich seine Form selbst gegeben hat und das dadurch seine Schönheit gewinnt. Wir dürfen also nicht nach einem Grund des Gedichtes fragen, der außerhalb des Gedichtes liegt. Das Gedicht hat seinen einzigen und letzten Grund in sich selbst.

Wilhelm Lehmann hat diese Gedanken in folgenden Worten zusammengefaßt: "Welches ist das Geschäft der Welt? Da zu sein. Welches ist das Geschäft der Dichtung? Der Welt bei diesem Vorhaben zu helfen. Dichtung ist nicht Flucht, sondern Vorhandenheit, sie ist Kraft, also Gegenwart."

Und **Ludwig Friedrich Barthel** fügt hinzu: "Es gibt Gläser von solcher Reinheit der Form und des Stoffes, daß man sie um ihrer selbst willen bewundert und liebt. So ist ein Gedicht zu wenig nütze, aber es nimmt bisweilen die Last der Tage von unseren Schultern und wendet uns nach innen, wo die Welt Gottes ihren Anfang nimmt. Die Dichter vermehren Gott."

1.1 Weg und Ziel der Gedichtinterpretation

"Das Gedicht geht der Form voran, in dem Sinne, daß eine Form erwächst, wenn jemand etwas zu sagen unternimmt - aber ich weiß, daß ein Gedicht oder ein Gedichtsabschnitt zuerst als ein besonderer Rhythmus nach Verwirklichung drängen kann, bevor er in Worten zum Ausdruck gelangt, und daß dieser Rhythmus die Idee und das Bild hervorbringen kann." Dieses Wort T. S. Eliots meint, daß ein Gedicht eine untrennbare Einheit ist, daß Inhalt und Form sich gegenseitig hervorbringen und bedingen. Und doch werden wir, wenn wir ein Gedicht interpretieren wollen, es auseinandernehmen müssen, es in seine Bestandteile zerlegen und im einzelnen untersuchen. Auch der Botaniker, so sehr er sich an der Schönheit einer Blume erfreut, muß sie "sezieren", "zerpflücken", um ihren Baugeheimnissen und den Gesetzen der Natur auf die Spur zu kommen. Das ist ohne ein gewaltsames Zerreißen des Objektes nicht möglich, dient aber schließlich doch wieder nur dazu, den Gegenstand der Beobachtung als organische Ganzheit zu erfassen, zu verstehen und - zu bewundern. "Die Rekonstruktion des Kunstwerks durch den Verstand", um mit Schelling zu sprechen, verliert ihren Sinn, sobald sie Selbstzweck wird. Wir teilen aber nicht die Ansicht, daß sie dem Kunstgenuß abträglich sein müsse. In rechter Weise unternommen, wird sie vielmehr die Freude am Kunstwerk vertiefen und steigern ... Die Einzelbeobachtungen dürfen sich nur nicht verselbständigen und auseinanderfallen: sie müssen auf die geheimnisvolle Mitte hin - den individuellen Stilcharakter des Werkes - zusammenlaufen. "In dem wahren Kunstwerk gibt es keine einzelne Schönheit, nur das Ganze ist schön" (Schelling). So wie jeglicher Einzelbetrachtung ein starkes Gefühl inneren Berührtseins vom Ganzen des Werkes vorangehen muß, wenn die Analyse ein echtes Ergebnis zeitigen soll, so muß am Schluß die Einzelbetrachtung wieder in das - nun vertiefte - Erlebnis des künstlerischen Ganzen einmünden." Diese Worte Erich Hocks[3] müssen wir beherzigen, wenn wir es unternehmen, ein Gedicht zu betrachten und zu interpretieren. So sehr wir dabei bemüht sind, dem Dichter nachzufühlen und "zu begreifen, was uns ergreift", so sehr wir auch das Interpretieren selbst zu einer eigenen Kunst zu erheben versuchen, so muß uns doch allezeit die Tatsache bewußt bleiben, daß es niemals völlig gelingen wird und gelingen kann, den Sprachleib und die Gedankentiefe eines Gedichts als konkrete Wirklichkeit zu erfassen, weil immer noch jenes Unfaßbare bleibt, welches das Eigentliche des Gedichtes ausmacht.

Trotz **Goethes** spöttischem **Wort** "Ich muß über die Ästhetiker lachen, welche sich abquälen, dasjenige Unaussprechliche, wofür wir den Ausdruck s c h ö n gebrauchen, durch einige abstrakte Worte in einen Begriff zu bringen" werden wir uns eine "Operationsbasis", ein "Koordinatensystem" schaffen, um nach dem Vorschlag Wilhelm Schneiders Gesichtspunkte zu gewinnen, die uns das Eigentümliche des Gehaltes und der Gestalt eines Gedichtes nachempfinden und erkennen lassen sollen.

Metrum, Rhythmus, Sprachmelodie und Sprachbilder (Metaphorik) bestimmen die Struktur eines Gedichts, vertiefen durch ihren mehr oder weniger stark ausgeprägten Symbolwert den Sinn der dichterischen Aussage und bestimmen ihren künstlerischen Rang. Wir werden uns also der Reihe nach mit der Bedeutung des Metrums, des Rhythmus, der Sprachmelodie und der Sprachbilder als der wesentlichsten Formelemente eines

Gedichtes befassen. Ihren notwendigen Zusammenklang aus der Sinngestalt eines Gedichtes heraus zu begründen, ist das eigentliche Ziel einer jeden Interpretation, die das Geheimnis des dichterischen Vorgangs verstehend nachvollziehen will.

1.2 Metrum und Rhythmus

Der Rhythmus ist das entscheidendste Merkmal eines Gedichtes. Man kann sagen, daß eine dichterische Aussage überhaupt nur dann zu einem Gedicht wird, wenn sie den ihr gemäßen rhythmischen Ausdruck findet. Dem Rhythmus gegenüber sind alle anderen Formelemente zweitrangig und nicht unbedingt notwendig. So können Reim, Verseinteilung, Strophenbau entfallen, Klanggestaltung und Bildaussage nahezu fehlen - der Rhythmus wird immer unerläßlich sein; er ist das, was ein Gedicht überhaupt erst zu einem Gedicht macht.

Arno Holz hat die Bedeutung des Rhythmus wieder entdeckt. Nach seiner Auffassung ist ein Gedicht etwas, das "rein formal, lediglich durch einen Rhythmus getragen wird, der nur durch das lebt, was durch ihn zum Ausdruck ringt". In seiner Schrift "Revolution der Lyrik" (1899) verwirft er den Reim und die Strophe und stellt diesen Prinzipien als wesentlichstes und einzig erforderliches den Rhythmus gegenüber. Der Reim sei abgegriffen und wirke blechern, auch enge er zu sehr den freien Fluß der Sprache ein. Die Strophe wirke durch ihre ständige Wiederkehr ermüdend und abstumpfend; auch durch die schönste klinge, sobald sie wiederholt werde, "ein geheimer Leierkasten". Sogar aus den reim- und strophenlosen freien Rhythmen Goethes hörte Arno Holz den "geheimen Leierkasten" heraus; statt freier Rhythmen fordert er den "notwendigen Rhythmus", der die Klangwerte des natürlichen Sprechtons dem Gedichtrhythmus zugrunde legt und aus dem Inhalt des Gesagten erwächst.

Um seine Auffassung zu veranschaulichen, gibt Arno Holz ein Beispiel für das, was er unter dem unerläßlich "notwendigen Rhythmus" versteht: "Ich schreibe als Prosaiker einen ausgezeichneten Satz nieder, wenn ich schreibe: "Der Mond steigt hinter blühenden Apfelbaumzweigen auf." Aber ich würde über ihn stolpern, wenn man mir ihn für den Anfang eines Gedichtes ausgäbe. Er wird zu einem solchen erst, wenn ich ihn forme: "Hinter blühenden Apfelbaumzweigen steigt der Mond auf." Der erste Satz referiert nur, der zweite stellt dar. Erst jetzt, fühle ich, ist der Klang (der Rhythmus) eins mit dem Inhalt. Und um diese Einheit auch nach außen zu geben (sichtbar zu machen), schreibe ich:

> Hinter blühenden Apfelbaumzweigen
> steigt der Mond auf.

"Tatsächlich hat Holz den Unterschied zwischen Metrik und Rhythmik herausgefunden. Die Rhythmik des 19. Jahrhunderts war nichts als eine verkappte Metrik - daher in der deutschen Klassik die mühsamen Überlegungen, ob und wie Rhythmus und Metrum übereinzustimmen hätten. Es ist ein uraltes deutsches Formproblem, das entstanden war, als das antike Versideal das germanische Prinzip des "freien Akzents" überwunden hatte" **(Soergel-Hohoff).**[4]

Die antike Metrik maß nämlich ihre Verse nach der Länge und Kürze der Silben. Da sich dieser Grundsatz aber infolge der durch den "grammatischen Wechsel" (Festlegung des Akzentes auf die Stammsilbe) bedingten rhythmischen Struktur der deutschen Sprache nicht anwenden läßt, setzt diese statt der Längen und Kürzen Hebungen und Senkungen (betonte und unbetonte Silben), wodurch der Vers allerdings einen gänzlich anderen Charakter erhält. Die von Arno Holz wiederentdeckte Bedeutung des Rhythmus greift weit über die Bedeutung der Metrik hinaus. Diese und der durch ihr Gleichmaß entstehende Takt sind Voraussetzungen, die der Rhythmus als lebendiges Wesen überspannt. Wenn Nietzsche sagt, "Dichten sei ein Tanz in Fesseln", so stellt die dialektische, sich immer wieder erneuernde und wandelnde Sprachbewegung des Rhythmus gewissermaßen den dichterischen Tanz des Geistes dar, der sich seiner einengenden metrischen Fesseln entledigen möchte. Die mehr oder weniger ausgeglichene Lösung des Spannungsverhältnisses zwischen Metrum und Rhythmus entscheidet über den Wert oder Unwert eines Gedichtes. "Nicht in der Gesinnung und Meinung, nicht im Gedanken erfassen wir den Rang eines Gedichtes", sagt Rudolf Ibel in seinem verdienstvollen Buch "Gestalt und Wirklichkeit des Gedichts", "sondern im Bewegungsbild (im Rhythmus). Da spüren wir sein Wesen. Ist das Bewegungsbild (der Rhythmus) dem Inhalt nicht gemäß, treten an die Stelle des rhythmischen Ablaufs, seiner lebendigen Spannung und Ordnung starre Maße, Willkür, Zufall und Zuchtlosigkeit, dann geht das Gedicht seiner innerlichsten Wirkungen verlustig, es wird zu einem Versgemächte pedantischer Regel, belanglosen Zufalls oder auch routinierten Könnens. Erhabenste Gedanken und tiefste Gefühle vermögen es nicht zu retten. Der Atem der Götter belebt es nicht." Der Atem der Götter, so dürfen wir hinzufügen, wird allein und vor allem im Rhythmus sprübar, der dem Gedicht Leben gibt.

Das Metrum gibt dem Rhythmus Festigkeit und Halt. Es bildet sozusagen das Rückgrat, das dem Rhythmus den Gang erleichtert. Es bestimmt und reguliert die Wort- und Satzfolge, zwingt sie in seinen Bann und seine Ordnung hinein und ruft dadurch Dissonanzen zwischen der natürlichen rhythmischen Sprachbewegung und metrisch notwendigen Sprachbetonung hervor. Setzt sich die letztere gegenüber dem aus dem Erlebnis des Ganzen entstehenden Rhythmus durch, so haben wir das, was Arno Holz den "geheimen Leierkasten" nannte: die Überwältigung der organisch erwachsenen natürlichen Sprachbewegung durch die starren Vers- und Reimschemata der äußeren Form. Die innere (und wahre) Gestalt eines Gedichtes entsteht aber im spannungsvollen Widerspiel zwischen der "Fessel" dieser äußeren Form und der melodischen und rhythmischen Lebendigkeit, die sich aus dieser "Fessel" befreit.

Die bekannte Gedichtsammlung Ernst Benders "Deutsche Dichtung der Neuzeit" stellt der zweiten Fassung des Goethe-Gedichtes "Willkommen und Abschied" von 1789 die erste, ursprüngliche von 1771 gegenüber. Die aus dem unmittelbaren Sturm- und Drang-Erleben des jungen Goethe hervorgegangenen Verszeilen des Gedichtes

>"Mir schlug das Herz: geschwind zu Pferde!
>Und fort, wild wie ein Held zur Schlacht!"

ändert der klassisch-besonnene, dem Maß und der Ordnung verpflichtete Dichter in eine metrisch korrektere, aber rhythmisch schwächere Form um:

>"Es schlug mein Herz, geschwind zu Pferde!
>Es war getan, fast eh gedacht."

Es ist offensichtlich, daß sich das in der Senkung stehende "wild" und das in der Hebung stehende "wie" der ersten Fassung g e g e n das Metrum behaupten müssen, dadurch aber dem Vers Nachdruck und Farbe verleihen; das an ihrer Stelle stehende "getan" der zweiten Fassung, dem das konträre "gedacht" am Ende der Verszeile antithetisch gegenübertritt, ist zwar metrisch einwandfrei, aber ungleich flacher und abstrakter. Außerdem ersetzt die zweite Fassung das stark betonte, sehr subjektive "Mir schlug mein Herz" durch das wesentlich farblosere, unpersönlichere "Es schlug mein Herz" und gibt schließlich auch noch den schönen bildhaften Bezug auf den in die Schlacht stürmenden Helden preis. Auch das Goethe-Gedicht "Auf dem See" ist ein Beispiel dafür, wie sich der Rhythmus gegen das den Rudertakt kennzeichnende Metrum der ersten Strophe durchsetzt.

>"Und frische Nahrung, neues Blut
>Saug' ich aus freier Welt . . ."

Das in der Senkung stehende "Saug'" der zweiten Verszeile verlangt der rhythmischen Sprachbewegung zufolge einen vollen Ton und wirkt somit der metrischen Gestaltung entgegen.

Unbehagen empfinden wir dagegen dort, wo der umgekehrte Fall eintritt, wo also das starre Schema des Metrums die natürliche Sprachbewegung vergewaltigt und zerstört:

>"Die Vogelbeeren leuchten in den Bäumen,
>Durch ihr Gezweig die Vogelscharen streunen.
>Sie sind hier lustig zwitschernd noch zu Gast
>Und sammeln sich zu ihrer letzten Rast,
>Bevor sie auf geheimnisvolle Weise
>Ganz plötzlich gehen auf die große Reise."

Das jambische Metrum ist durchweg eingehalten, verhindert aber jede rhythmische Entfaltung und sinnvolle innere Sprachbewegung. Dieses "Gedicht" ist in keiner Weise gestalteter Ausdruck; es ist nichts anderes als eine banal gereimte Mitteilung ohne jedes Leben, ohne jede Tiefe und ohne jeden sprachlichen Zauber. Es ist als etwas nur Gemachtes und Gestelltes unecht: "Das Unechte ist nicht Lüge", sagt **Karl Jaspers** in seiner "Psychologie der Weltanschauungen", "ist nicht bewußte Täuschung, aber es täuscht doch den Erlebenden selbst und den Mitmenschen. Es ist gleichsam organische Verlogenheit."

Demgegenüber:

> Nacht ohne dich.
> Wer wird mein Herz bewahren?
> Der Mond erblich.
> Die Vogelwolken fahren.
> Vorüberstrich
> Ein Schwarm von schwarzen Jahren.

Eine ausgezeichnete, das Wesen diese Gedichtes erfassende Interpretation gibt **Johannes Pfeiffer:** "Die sparsamen, in ihren gegenständlichen Umrissen kaum zu greifenden Vorstellungen haben eine magische Gleichnishaftigkeit: die Einsamkeit der Nacht wird dadurch unterstrichen, daß auch das Licht des Mondes erloschen ist und daß nun der Schatten der dahinfahrenden Vogelwolken hereinfällt; die Verwandlung der Vogelwolken in einen Schwarm von schwarzen Jahren aber läßt das Schicksal erstehen, das den Hintergrund der Einsamkeit bildet. Solcher verhaltenen Metaphorik paart sich die Symbolkraft des rhythmischen Ganges in seinem Wechsel zwischen gerafften und ausschwingenden Versen, wie er von Mal zu Mal an Eindringlichkeit gewinnt. Und mit dem Rhythmus wiederum verwebt sich eine Lautsymbolik, die zwischen o, i und a dergestalt spielt, daß dieses den Grundakkord abgibt, der sich immer wieder durchsetzt, bis dann der letzte Vers in seinem dreifachen a-Klang die Lautgebärde der Schwermut mit zwingender Geschlossenheit verwirklicht. Indem so die Bewußtheit des Wählens und Wägens zusammenstimmt mit der unbewußten Treffsicherheit des ursprünglich - ergriffenen Gemütes, entspringt ein Gebilde, das bei aller kunstvollen Bündigkeit zugleich von volksliedhafter Schlichtheit ist."[5]

Richard Bochinger weist in Rahn-Pfleideres "Deutscher Spracherziehung" auf folgende Strophe hin:

> "Nein, wie lange dauert dieses Abendessen,
> Und ich hätte dir so schrecklich viel zu sagen.
> Bis zum Mokka werd ichs ganz bestimmt vergessen,
> Solche Liebe kann man einfach nicht vertagen."

"Betont man die Verse dieses Beispieles so, wie der äußeren Form gemäß die Akzente gesetzt sind, dann ist bereits alles erfüllt, was diese Strophe an melodischer und rhythmischer Bewegung von ihrem Leser verlangt. Aber gerade in diesem Zusammenfallen der inneren Bewegung mit der äußeren Form enthüllt das Gedicht seine ganze leiernde Plattheit."[6]

Das gleiche Motiv des verhaltenen, kaum noch zurückzudämmenden Verlangens nach einem Liebesbekenntnis spricht ein anderes Gedicht aus, das als Gegenbeispiel der eben zitierten Strophe gegenübergestellt sei:

> Wenn schweigend, Angesicht in Angesicht,
> sich unsrer Seelen ragende Gestalten
> so nahe stehn, daß, nicht mehr zu verhalten,
> ihr Feuerschein aus ihren Flügeln bricht:

13

was tut uns diese Erde dann noch Banges?
Und stiegst du lieber durch die Engel? Kaum; -
sie schütteten uns Sterne des Gesanges
in unseres Schweigens lieben tiefen Raum.

Nein, laß uns besser auf der Erde bleiben,
wo alles Trübe, was die anderen treiben,
die Reinen einzeln zueinander hebt.

Da ist gerade Platz zum Stehn und Lieben
für einen Tag, von Dunkelheit umschwebt
und von der Todesstunde rund umschrieben.

Ein Überwältigendes ist hier in die strenge Form eines Sonetts gebannt worden. Im Widerspiel zwischen der äußeren metrischen Form und dem inneren Bewegungsablauf entsteht die rhythmische Lebendigkeit und Tiefe des Gedichtes, das, obwohl es eine Übertragung ist, die unverkennbare Eigenart des Übersetzers zum Ausdruck bringt. In großartigen dichterischen Bildern und Sinnbildern (der Seele ragende Gestalten, der Feuerschein ihrer Flügel, die Engel, die Sterne des Gesanges, des Schweigens lieber tiefer Raum) macht er uns die schicksalhafte Notwendigkeit der Liebe bewußt, für die der Dichter des ersten Beispiels die platten, der Alltags- und Geschäftssprache entliehenen Worte gebraucht: "Solche Liebe kann man einfach nicht vertagen."

Beide Beispiele zeigen uns, daß das Metrum wohl notwendig ist, daß der Rhythmus es aber überspielen muß, wenn eine innere Bewegung entstehen soll. So drängt in dem Sonett der Rhythmus im Enjambement die Sätze über die Versgrenze hinaus und bewirkt die innerlich notwendige übergreifende Bewegung. Ein nur auf das Metrum gegründetes Gedicht klingt blechern und abgehackt und bleibt starr und tot. Wenn es noch dazu jeder Lautgestaltung und aller Bilder und Sinnbilder entbehrt, die den äußeren Vorgang vertiefen und transzendieren, die den Sonderfall ins Allgemeingültige erheben und ihm tiefere Bedeutung verleihen, kann es kaum noch vor einer strengeren Wertung bestehen und verdient nicht mehr, ein Gedicht genannt zu werden.

Es zeigt sich, daß nicht der Stoff, sondern die Form das Entscheidende eines Kunstwerkes ist, nicht das Was, sondern das Wie. Substanz ist Voraussetzung. Künstlerische Bedeutung gewinnt sie aber erst, wenn sie gestaltet wird, wenn sie im Schillerschen Sinne durch die Form "vertilgt" wird. Als wichtigstes Formelement spielt dabei der Rhythmus die wichtigste Rolle. Wie der Rhythmus das Metrum überspielt und dabei die Substanz gestaltet, zeigt Rudolf Ibel an folgendem Beispiel. Zwei metrisch gleichartige Strophen, beide jambische Vierzeiler, haben einen verschiedenartigen rhythmischen Charakter und erzielen somit auch verschiedenartige Wirkungen:

Nach Süden nun sich lenken
Die Vöglein allzumal,
Viel Wandrer lustig schwenken
Die Hüt' im Morgenstrahl.

Demgegenüber:

Das Wasser rauscht, das Wasser schwoll,
Ein Fischer saß daran,
Sah nach dem Angel ruhevoll,
Kühl bis ans Herz hinan.

Worauf beruht die verschiedenartige rhythmische Wirkung, obwohl das Metrum gleich ist? Ibel sagt: "Es kommt eben darauf an, von welchen rhythmischen Elementen ein Versmaß bewältigt, ja überwältigt wird. Die Schwere und Leichte, Höhe und Tiefe, Länge und Kürze der einzelnen Silben, die Klangfolge der Vokale, die Tonführung des Verses und nicht zuletzt der Sinngehalt geben den Ausschlag".

Wiegenlied

Singet leise, leise, leise
Singet ein flüsternd Wiegenlied,
Von dem Monde lernt die Weise,
Der so still am Himmel zieht.

Singet ein lIed so süß gelinde,
Wie die Quellen auf den Kieseln,
Wie die Bienen um die Linde
Summen, murmeln, flüstern, rieseln.

"Das "Wiegenlied" Clemens Brentanos, sagt **Wolfgang Kayser**, "ist von einer bezwingenden Gewalt. Eine langsame, in sich dreifach gegliederte Zeile eröffnet das Gedicht. Es folgt eine Zeile, die nur zwei Hauptbetonungen besitzt, so daß die Bewegung etwas rascher verläuft, und diese etwas raschere Bewegung erhält sich, zumal immer die metrische Eingangshebung ganz schwach zu sprechen ist, so daß alle Zeilen gleichsam mit zweisilbigem Auftakt beginnen. Die dritte Zeile stellt eine neue rhythmische Einheit dar: sie gliedert sich in zwei Teile und ist dadurch schwingender als die zweite, die von der ihr korrespondierenden vierten Zeile wiederholt wird. Aber das Schwingen, durch den dritten Vers erweckt, breitet sich jetzt aus. Es ergreift alles . . . Die drei ersten Zeilen der zweiten Strophe sind von diesem rhythmischen Leitmotiv erfüllt, und um seinen Gleichklang zu stärken, gibt der Dichter sogar den männlichen Versausgang auf. Am Ende der dritten Zeile ist das Dringliche des Rhythmus so stark geworden, daß er fast keinen Halt mehr dulden will, sondern über die Zeilengrenze hinüberzuschwingen sucht. Bis dann der Anfang der vierten Zeile die rhythmische Bewegung aufhält (wozu die beiden dunklen U wesentlich beitragen): noch ist die Kraft des Leitmotivs so groß, daß es keine Pause hinter "Summen" aufkommen läßt; aber nun beruhigt sich die Bewegung völlig, wir entgleiten uns nicht, fassen Fuß in der Pause hinter "flüstern" und können in dem ie von "rieseln", dem ersten langen Vokal nach fünf kurzvokaligen Hebungen und dem längsten des ganzen Gedichtes, die Bewegung ruhig ausschwingen und sich abrunden lassen. Denn die letzte Zeile kehrt in ihrem rhythmischen Bau hörbar und genau zum Anfang zurück."

"Wer sich den Verlauf des Rhythmus bewußt gemacht hat", so faßt Wolfgang Kayser zusammen, "steht nur um so bewundernder vor dem sprachlichen Wunderwerk dieser acht Zeilen und seinem letztlich unfaßbaren Zusammenfassen aller sprachlichen Kräfte."[7]

Auch Johannes Pfeiffer hat den Unterschied zwischen dem Metrum, der "das am Versfluß ist, was sich zählen und messen läßt", und dem Rhythmus, der "das allem Zählen und Messen sich entziehende Leben ist, das in das metrische Schema beseelend eingeht" verdeutlicht, indem er einige Strophen einander gegenüberstellt, die dasselbe Metrum bei gegensätzlichem Rhythmus zeigen:

Es war als hätt' der Himmel
Die Erde still geküßt,
Daß sie im Blütenschimmer
Von ihm nun träumen müßt.

Die Luft ging durch die Felder,
Die Ähren wogten sacht,
Es rauschten leis die Wälder,
So sternklar war die Nacht.

Und meine Seele spannte
Weit ihre Flügel aus,
Flog durch die stillen Lande,
Als flöge sie nach Haus.   (Eichendorff)

Demgegenüber:

Laßt, laßt sie triumphieren,
Wir treten neu hervor.
Was könnten wir verlieren?
Die Welt ists, die verlor.

Uns ist die Kraft gegeben,
Die allem widersteht,
Die aufrecht durch das Leben
Auch unterm Leide geht.

In unsres Kummers Tagen,
Wir habens wohl vermerkt,
Je härter wir geschlagen,
Je mehr sind wir gestärkt.   (R. A. Schröder)

"Da haben wir", erläutert Johannes Pfeiffer, "auf beiden Seiten dreifüßige Jamben; aber während im ersten Beispiel diese Jamben mit spannungsloser Glätte leicht und lind dahingleiten, haben sie im zweiten Beispiel einen zugleich gestauten und gestrafften Gang von fester Entschiedenheit und stählerner Wucht."

Johannes Pfeiffer faßt seine Betrachtungen über Metrum und Rhythmus in die pointierten Worte zusammen:

"Also: Metrum ist äußere Form, Rhythmus ist innere Form; Metrum ist bewußte Taktierung, Rhythmus ist unbewußte Schwingung; Metrum ist abgezogene Regel, Rhythmus ist einmaliges Leben. - Freilich darf man diese Unterscheidung nicht verendgültigen und

Metrum und Rhythmus auf zwei entgegengesetzte Seinswurzeln zurückführen; die Trennung gilt vielmehr nur für die abstraktiv-heraussondernde Besinnung, während in der konkreten Erscheinung beides zu inniger Einheit verwachsen ist, so daß der Rhythmus begegnet als der das metrische Schema erfüllende und beseelende Atem."[8]

So hat uns diese Betrachtung gezeigt, daß das Metrum zwar wesentlich, der Rhythmus aber lebensentscheidend ist. Er ist einmalig und individuell und gehört einem Gedicht so persönlich zu, wie dem Körper die Seele zugehört. Er ist neben dem Metrum oder gar trotz des Metrums eine conditio sine qua non, eine Bedingung, ohne die dem Gedicht der lebendig Atem fehlen würde. Er versinnbildlicht nach **Gottfried Benn** "das uralte Menschheitsverlangen nach Überwindung unerträglicher Spannungen, solcher zwischen Außen und Innen, zwischen Gott und Nicht-Gott, zwischen Ich und Wirklichkeit." In diesem Sinne ist das Metrum dienend, der Rhythmus aber souverän.

1.3 Übersicht über die metrischen Grundformen

Die Metrik der antiken Dichtung beruht auf dem Wechsel von Kürze und Länge der einzelnen Silben. Sie ist nicht von dem jeweiligen natürlichen Wortakzent abhängig, sondern lediglich quantitierend. Demgegenüber ist **in der deutschen Dichtung die Metrik akzentuierend und wird nach Hebungen und Senkungen gemessen, wobei die Hebungen mit den den Wortsinn tragenden Silben zusammenfallen.**

Vergleiche:

> Iam Cytherea choros ducit Venus imminente luna,
> iunctaeque Nymphis Gratiae decentes
> alterno terram quatiunt pede, dum gravis Cyclopum
> Volcanus ardens visit officinas.　　(Horaz)

> Ja, unter dem nächtlichen Mondenschein
> schwebt Venus im Tanz schon und führt den Reihn
> der sittigen Grazien und Nymphen an,
> indes am tiefen Grund des Vulkan
> Zyklopen für Zeus schon, den Uraniden,
> die sommerlichen Blitze schmieden.　　(Th. Birt)

Trotzdem sind die antiken Bezeichnungen in der deutschen Verskunst beibehalten worden, wobei dem antiken Längen-Zeichen - eine Hebung (betonte Silbe), dem antiken Kürze-Zeichen eine Senkung (unbetonte Silbe) entspricht.

Die wichtigsten metrischen Zeichen (Versfüße) sind:

J a m b u s (wörtlich "Der Aufschnellende", "Der Pfeil"):—
z. B. hinán, vereínt, genúg.

T r o c h ä u s (wörtlich "Der Dahinziehende", "Der Laufende"): —
z. B. gólden, Freúde, Hímmel.

D a k t y l u s (wörtlich "Der Finger"): —
z. B. schwébende, stérnenwärts, Abendschein.

A n a p ä s t (wörtlich "Der Zurückgeschlagene", d. h. umgekehrte Daktylus): —
z. B. überráscht, Autográmm, Diktatúr.

S p o n d ä u s (wörtlich "Der das Trankopfer Feiernde"): —
z. B. Táktstóck, Stábreím, Wéltschmérz.

Der J a m b u s ist ein gut tragender Versfuß mit einem zügig dahinschreitenden Charakter; er kann einen s t e i g e n d e n Rhythmus andeuten; fünf aneinandergereihte Jamben ergeben den sogenannten "Blankvers", der infolge seiner Modulationsfähigkeit der Vers des klassischen deutschen Dramas geworden ist.

Der T r o c h ä u s beginnt schwerer als der Jambus, ist bedächtiger, deutet eine gehaltene, mitunter f a l l e n d e Bewegung an und neigt zur Monotonie. Er kommt meist als vierhebiger Vers vor.

Der D a k t y l u s ist schwungvoll und bringt eine lebhafte, schwebende oder tänzerische Bewegung zum Ausdruck.

Der A n a p ä s t eilt bewegt vorwärts, hat aber gleichzeitig etwas Feierliches und Gewichtiges an sich.

Der S p o n d ä u s kommt als ganzer Vers selten vor. Er erscheint mitunter dort, wo zwei betonte Wörter unmittelbar nebeneinander stehen. Sein Charakter ist dann nachdrücklich und beschwörend.

Versformen:

K n i t t e l v e r s (fälschlicherweise auch Knüppelvers): der vierhebige, meist endgereimte Vers der deutschen Volksdichtung. Zwischen zwei Hebungen ein oder zwei Senkungen in freiem Wechsel. Wegen der unregelmäßigen Senkungsfüllung oft von großer Holprigkeit, die ihm den geringschätzigen Namen einbrachte.

> Eine Gegend heißt Schlaraffenland,
> Den faulen Leuten wohlbekannt . . .

Da sind die Häuser gedeckt mit Fladen,
Lebkuchen Türen sind und Laden,
Von Speckkuchen Deck und Wand man findt,
Von Schweinebraten die Balken sind.
Um jedes Haus ist dort ein Zaun
Geflochten mit Bratwürten braun,
Von Malvasier sind da die Bronnen,
Kommen einem selbst ins Maul geronnen.

B l a n k v e r s: Fünffüßiger Jambus ohne Endreim. Er wurde zuerst in England durch den Grafen Surrey eingeführt, der zu Beginn des 16. Jahrhunderts Teile der Äneis in Blankverse übersetzte. In England bekam er auch, da er reimlos verwendet wurde, seinen Namen: blanc verse. Marlowe und Shakespeare verwendeten ihn als Dramen-Vers, Milton und Wordsworth für epische und lyrische Dichtungen. Durch Übersetzungen englischer Stücke kam der Blankvers im 18. Jahrhundert nach Deutschland. Durch Lessing ("Nathan der Weise" 1779) wurde er zum Vers des klassischen deutschen Dramas.

Vor grauen Jahren lebt' ein Mann in Osten,
Der einen Ring von unschätzbarem Wert
Aus lieber Hand besaß. Der Stein war ein
Opal, der hundert schöne Farben spielte,
Und hatte die geheime Kraft, vor Gott
Und Menschen angenehm zu machen, wer
In dieser Zuversicht ihn trug . . .   (Lessing)

Ein weißer Glanz ruht über Land und Meer,
Und duftend schwebt der Aether ohne Wolken.   (Goethe)

Ihr kennet ihn - den Schöpfer kühner Heere,
Des Lagers Abgott und der Länder Geißel,
Die Stütze und den Schrecken seines Kaisers,
Des Glückes abenteuerlichen Sohn,
Der, von der Zeiten Gunst emporgetragen,
Der Ehre höchste Staffeln rasch erstieg
Und, ungesättigt immer weiter strebend,
Der ungezähmten Ehrsucht Opfer fiel.
Von der Parteien Haß und Gunst verwirrt,
Schwankt sein Charakterbild in der Geschichte;
Doch euren Augen soll ihn jetzt die Kunst,
Auch eurem Herzen menschlich näher bringen.   (Schiller)

    Seht, wie sie mit den Schenkeln
Des Tigers Leib inbrünstiglich umarmt!
Wie sie, bis auf die Mähn herabgebeugt,
Hinweg die Luft trinkt, lechzend, die sie hemmt!
Sie fliegt, wie von der Sonne abgeschossen:
Numid'sche Pfeile sind nicht hurtiger!

Das Heer bleibt keuchend, hinter ihr, wie Köter,
Wenn sich ganz aus die Dogge streckt, zurück!
Kaum daß ihr Federbusch ihr folgen kann!   (Kleist)

Wenn einer sagt:
Heinrich, der Herr, er trug sich wie ein Türk,
Der seidne Turban saß auf seinem Haupt,
Araberblut war sein milchweißer Hengst,
Und klingend unterm Zeichen Propheten,
Umhüpft von güld'nen Monden schritt das Tier:
Ihm hat dafür der Gott der Christenheit
Das Zeichen von Aleppo angeheftet:
Sieh, wer so spräche - löge nicht genug.   (Hauptmann)

Die Beispiele sollen zeigen, wie stark die Modulationsfähigkeit ist, die dem Blankvers trotz des festen metrischen Gerüstes eignet und wie sehr er zum Ausdrucksmittel verschiedenster Gehalte werden kann. Die Blankverse Lessings sind von wohltuender Schlichtheit und tiefer Innerlichkeit. "Der fremdartige und erhabene Stoff" (des "Nathan"), bemerkt Wilhelm Dilthey, "fordert den Vers; aber wie schwebt nun dieser zwischen Poesie und Prosa! Diese Jamben wollen nicht deklamiert, sondern gesprochen werden . . ." Die Verse Goethes aus einem in Sizilien entstandenen Fragment "Nausikaa" hat man mit Recht als die schönsten der deutschen Klassik bezeichnet: sie strahlen eine Ruhe, einen Glanz und eine Schönheit aus, die nur unter einem südlichen Himmel entstanden sein können. Der große Atem der Geschichte weht dagegen durch Schillers "Wallenstein"-Verse. Ihre Würde und Kraft läßt uns ahnen, daß "um der Menschheit große Gegenstände, um Herrschaft und um Freiheit" in diesem Werk gerungen wird. Kleists Verse aus "Penthesilea" hingegen offenbaren uns den "radikalen Expressivcharakter" dieser Dichtung: die alle Grenzen sprengende sprachliche Kraft, die schwer zu überbietende Kühnheit der Bildersprache, die über das Sagbare hinausdrängende Dynamik des Gefühls. Und für Gerhart Hauptmanns Verse aus dem "Armen Heinrich" hat Thomas Mann die Worte gefunden: "Nie sind herrlichere Blankverse geschrieben worden, als in dem dramatischen Gedicht, worin der stolzeste der Männer, ein Herr der Welt und Liebling der Götter, durch ekle Krankheit zum Jammerbild, zum Schreckgespenst für die Menschen gedemütigt wird . . . Durch die Jahrzehnte haben diese Verse mich begleitet, dem alten und neuen Schönheitsgut fremder Prägung angehörend, das ich, immer rezitierbar, mit mir trage, und als ich später den schon von weißem Haar umlohten Meister persönlich traf, habe ich ihm gesagt, daß mir "Der arme Heinrich", dies Poem von Glanz, Fall und Wiederaufrichtung, unter all dem Seinen am innigsten ans Herz gewachsen ist."[9]

A l e x a n d r i n e r: sechshebiger jambischer Vers mit einer Zäsur nach der dritten Hebung. Zuerst verwandt in der französischen Alexanderepik des 12. Jahrhunderts, daher sein Name. Später der Vers des klassischen französischen Dramas. In der deutschen Sprache klingt der Alexandriner meist klappernd und wirkt daher unbeholfen und künstlich. In bezug auf Goethes Übersetzung von Voltaires "Mahomet" sagt Schiller: "Die Eigenschaft des Alexandriners, sich in zwei gleiche Hälften zu trennen, und die Natur des Reims, aus zwei Alexandrinern ein Couplet zu machen, bestimmen nicht bloß die ganze Sprache, sie bestimmen auch den ganzen innern Geist des Stückes . . . Alles stellt sich dadurch unter die Regel des Gegensatzes . . . Die zweischenkelige Natur des Alexandriners leitet die Bewegung des Gemüts und die Gedanken. Der Verstand wird ununterbrochen aufgefordert, und jedes Gefühl, jeder Gedanke in diese Form wie in das Bett des Prokrustes gezwängt." Schiller hat daher in seiner Übersetzung der Racine'schen "Phädra" die Alexandriner in durch Enjambements belebte fünffüßige Jamben verwandelt. Nichtsdestoweniger hat der Vers da sein Recht, wo er etwa die Vorgänge auf der Bühne vom Mitempfinden im Zuschauerraum distanzieren und einen bestimmten klassischen Stilwillen zum Ausdruck bringen will. Man vergleiche die beiden hier nebeneinander gestellten Abschnitte aus Racines "Phädra" in der Übersetzung Schillers und Erich Kästners. Schillers Übersetzung ist vier Verse länger als das Original. Der Grund dafür ist, daß der fünffüßige Jambus kürzer ist als der Alexandriner.

AUS RACINES "PHÄDRA"

1. Akt, 3. Szene, Vers 299-320

Schillers Übersetzung in fünffüßigen Jamben

Ich sah ihn, ich errötete, verblaßte
bei seinem Anblick, meinen Geist ergriff
unendliche Verwirrung, finster ward's
vor meinen Augen, mir versagte die Stimme,
ich fühlte mich durchschauert und durchflammt.
Der Venus furchtbare Gewalt erkannt' ich,
und alle Qualen, die sie zürnend sendet.
Durch fromme Opfer hofft' ich sie zu wenden,
ich baut ihr einen Tempel, schmückt' ihn reich,
ich ließ der Göttin Hekatomben fallen,
im Blut der Tiere sucht ich die Vernunft,
die mir ein Gott geraubt - ohnmächtige
Schutzwehren gegen Venus' Macht! Umsonst
verbrannt ich köstlich Räuchwerk auf Altären;
in meinem Herzen herrschte Hippolyt,
wenn meine Lippe zu der Göttin flehte.
Ihn sah ich überall und ihn allein,
am Fuße selbst der rauchenden Altäre
war Er der Gott, dem ich die Opfer brachte.
Was frommte mir's, daß ich ihn überall
vermied - O unglückseliges Verhängnis!
In des Vaters Zügen fand ich ihn ja wieder!

1. Akt, 3. Szene, Vers 273-289

Versuch einer Übersetzung in Alexandrinern

Ich sah ihn, wurde rot und blaß, wenn ich ihn ansah.
Ein Strudel, wie im Fluß, entstand in meiner Seele;
die Augen wurden blind, ich konnte kein Wort sprechen;
ich fühlte meinen Leib erschauern und verbrennen!
Das mußte Venus sein mit ihren Feuerfackeln.
Die Qual in meinem Blut kam von der Göttin selber!
Mit Schwüren hoffte ich das Schicksal abzuwenden,
mit einem Tempel, den ich prächtig für sie baute.
Ich stand als Priesterin im Kreis der Opferstiere
und suchte nach Vernunft im Innern toter Tiere . . .
Heillose Leidenschaft ist dadurch nicht zu heilen.
Umsonst verbrannt ich Gewürz an den Altären.
Denn auch noch wenn mein Mund der Göttin Namen formte,
kniet' ich vor Hippolyt, ihn sah ich unaufhörlich.
Am Fuße des Altars und im Gewölk des Weihrauchs
war Er mein Gott, der Gott, den ich nicht nennen durfte.
Ich mied ihn. Doch man kann das Schicksal nicht belügen.
Ich floh ihn, und ich fand - ihn in des Vaters Zügen!

"S e r b i s c h e r   T r o c h ä u s": fünffüßiger Trochäus ohne Endreim. So benannt nach
seiner Verwendung in der serbischen Volksdichtung. Er ist wesentlich wirkungsvoller als
der vierfüßige Trochäus, der als sogenannter "anachreontischer Vers" bekannt ist und der
Vers des klassischen spanischen Dramas und des Schicksalsdramas der Romantik ist. Der
"serbische Trochäus" ist ungemein stimmungsvoll, wehmütig, melancholisch, klagend.
Goethe hat ihn gern verwandt.

Ach warum, ihr Götter, ist unendlich
Alles, alles, endlich unser Glück nur!
Sternenglanz, ein liebereich Beteuern,
Mondenschimmer, liebevoll Vertrauen,
Schattentiefe, Sehnsucht wahrer Liebe
Sind unendlich, endlich unser Glück nur.   (Goethe)

H e x a m e t e r: sechshebiger Vers aus sechs Daktylen oder Spondeen. Im Deutschen
auftaktloser Beginn und zweisilbige Senkung nach der fünften Hebung. Die Zäsur ist
beweglich; am günstigsten liegt sie nach der dritten Hebung. Außerordentlich traditions-
reicher Vers. Grundvers der griechischen und römischen Epen, seit dem 18. Jahrhundert
(Klopstocks "Messias") auch der deutschen Versdichtungen (Goethe, Hebbel, Gerhart
Hauptmann, R. A. Schröder). Zweifel, ob er wegen der Länge der Zeile und der dadurch
notwendigen Zäsuren dem deutschen Versempfinden entspricht. Trotzdem ist sein aus-
greifender Schwung und erzählerischer Elan nicht zu leugnen.

Ich verlasse dich hier; und wo ich jemals dich wieder
Finde - wer weiß es? Vielleicht sind diese Gespräche die letzten.
Nur ein Fremdling, sagt man mit Recht, ist der Mensch hier auf Erden,
Mehr ein Fremdling als jemals ist nun ein jeder geworden . . .
Alles regt sich, als wollte die Welt, die gestaltete, rückwärts
Lösen in Chaos und Nacht sich auf und neu sich gestalten.
Du bewahrst mir dein Herz; und finden dereinst wir uns wieder
'Über den Trümmern der Welt, so sind wir erneute Geschöpfe,
Umgebildet und frei und unabhängig vom Schicksal . . .
Heilig sei dir der Tag; doch schätze das Leben nicht höher
Als ein anderes Gut, und alle Güter sind trüglich.   (Goethe)

P e n t a m e t e r: ebenfalls ein sechshebiger Vers, meist ohne Senkung nach der dritten Hebung. Fallender Rhythmus; in Verbindung mit dem Hexameter von antithetischer Wirkung und als Distichon (Doppelvers) bekannt.

Schiller, "Das Distichon":
    Im Hexameter steigt des Springquells flüssige Säule,
    Im Pentameter drauf fällt sie melodisch herab.

S o n e t t: Die bekannteste, kunstvollste und vielleicht auch schönste Gedichtform; von italienisch sonetto = kleiner Tonsatz abgeleitet. Ursprungsort ist vermutlich der sizilianische Hof Friedrichs II. in Palermo. Die ersten vollendeten Sonette schrieb Petrarca (1304-1374): "Sonette an Laura". Das Petrarca-Sonett besteht aus zwei Quartetten und zwei Terzetten (insgesamt 14, meist 12-silbige Zeilen): die Quartette und die Terzette jeweils ineinandergereimt, oft mit einem von den Quartetten nach den Terzetten übergreifendem Reim. Aus Italien gelangt das Sonett nach England: Geoffrey Chaucer, Thomas Wyatt und Henry, Graf von Surrey, William Shakespeare. Dieser bildet das Sonett um: an die Stelle der beiden Quartette und Terzette treten drei in sich reimende Quartette und zwei abschließende Zeilen, die eine geistige Zusammenfassung in einer pointierten, formelhaften Art bringen.

In der Barockzeit (Martin Opitz, Paul Fleming, Andreas Gryphius) wurde es wegen der Möglichkeit, durch seine Struktur Gedankliches antithetisch zum Ausdruck zu bringen, zur beliebtesten Gedichtform. Goethe entschloß sich nur zögernd, es zu gebrauchen; die Romantik dagegen liebte die Virtuosität seiner Gestalt und variierte sie unaufhörlich (Eichendorff, Schlegel, Rückert, Platen). Es gibt wenige Dichter, die es nicht erprobt haben. Eine Erneuerung erlebte das Sonett im 20. Jahrhundert durch die französischen Lyriker sowie durch die deutschen Dichter Stefan George, R. M. Rilke ("Sonette an Orpheus"), Georg Heym, Franz Werfel, Georg Trakl, Josef Weinheber, R. A. Schröder, Reinhold Schneider, Rudolf Hagelstange u. a.

Als Schöpfung der Renaissance ist das Sonett die Idealform eines Kunstgedichts; ein Gedicht, das "den Impuls eines großen Gefühls bewußt in ein Höchstmaß klarer Symmetrie und virtuosester Reimverschlingungen auffängt" (Pongs). Es verlangt vom Dichter die völlige Beherrschung aller Kunstmittel und eine bewußte Gestaltung, die sich als Ergebnis eines Denkprozesses und nicht einer Stimmung niederschlägt. "In vierzehn Versen kann sich ein Gedanke entwickeln und ein Gefühl entfalten, und doch schweifen Geist und Gefühl nicht ins Uferlose. Die Zweigliedrigkeit (der beiden Quartette und der beiden Terzette) ermöglicht eine innere Spannung. In dem Oktett kann Voraussetzung, Verwicklung, Behauptung, Analyse gegeben werden, im Sextett Folgerung, Lösung, Beweis, Synthese... Natürlich liegt bei solcher Kunstfertigkeit die Gefahr nahe, in Formspielereien hineinzugeraten. Nur die Stärke des Gefühls und die Kraft der Gedanken vermag davor zu bewahren. Dort wo sie nicht vorhanden sind, stellt sich leere Artistik ein" (Ischreyt).[10] Dieser Gefahr ist die Sonettendichtung nicht immer entgangen.

Nach dem Vorbild Petrarcas, der 327 Sonette an Laura in einer Sammlung vereinigte, wurden Sonette gern zu "Sonettenkränzen" verbunden, die eine gedankliche Einheit darstellten: so von Shakespeare in den 154 Sonetten, von dem Portugiesen Camoes, dem Spanier Lope de Vega, von Eichendorff und Wilhelm von Humboldt, der zwölfhundert Sonette schrieb, von Platen in seinen "Venetianischen Sonetten", von der Engländerin Elizabeth Barret-Browning in ihren "Portugiesischen Sonetten", von Rilke in den "Sonetten an Orpheus", Albrecht Haushofer in den "Moabiter Sonetten", Rudolf Hagelstange im "Venezianischen Credo" u. a. m.

Als Beispiel für ein strenges Sonett, dessen Klassizität sowohl in dem klassischen Reimschema abba/abba/cdc/dcd als auch in der antithetisch bestimmten gedanklichen Struktur zum Ausdruck kommt, zitieren wir ein Sonett Platens:

Wer wußte je das Leben recht zu fassen,
Wer hat die Hälfte nicht davon verloren
Im Traum, im Fieber, im Gespräch mit Toren,
In Liebesqual, im leeren Zeitverprassen?

Ja, der sogar, der ruhig und gelassen,
Mit dem Bewußtsein, was er soll geboren,
Frühzeitig einen Lebensgang erkoren,
Muß vor des Lebens Widerspruch erblassen.

Denn jeder hofft doch, daß das Glück ihm lache,
Allein das Glück, wenns wirklich kommt, ertragen,
Ist keines Menschen, wäre Gottes Sache.
Auch kommt es nie, wir wünschen bloß und wagen:
Dem Schläfer fällt es nimmermehr vom Dache,
Und auch der Läufer wird es nicht erjagen.

Eine völlige Auflösung der Sonettstruktur, die durch die Druckanordnung nur noch für das Auge gegeben ist, finden wir bei Rainer Maria Rilke; das Gedicht vom "Brunnen-Mund" (Sonette an Orpheus II/15) kann trotz der Einteilung in zwei Quartette und zwei Terzette kaum noch ein Sonett genannt werden. Hier löst sich in einer für Rilke bezeichnenden Weise alles Sagbare ins Unsagbare, alles Gebundene in ein freies Dahinströmen auf.

O Brunnen-Mund, du gebender, du Mund,
der unerschöpflich Eines, Reines spricht, -
du, vor des Wassers fließendem Gesicht,
marmorne Maske. Und im Hintergrund
der Aquädukte Herkunft. Weither an
Gräbern vorbei, vom Hang des Apennins
tragen sie dir dein Sagen zu, das dann
am schwarzen Altern deines Kinns

vorüberfällt in ein Gefäß davor.
Dies ist das schlafend hingelegte Ohr,
das Marmorohr, in das du immer sprichst.

Ein Ohr der Erde. Nur mit sich allein
redet sie also. Schiebt ein Krug sich ein,
so scheint es ihr, daß du sie unterbrichst.

1.4 Die Sprachmelodie

Die Klangwirkung der Reime, die Lautfolge der Vokale und Konsonanten lassen die Wortmusik und Sprachmelodie entstehen. Über ihre rein akustische, schallnachahmende Wirkung hinaus erzeugt die Sprachmelodie auch Laut-Sinnbilder, die oft von entscheidender Bedeutung für den Gesamtcharakter und das Wesen des Gedichtes sind.

1.4.1 Der Reim

Der Reim verklammert und verzahnt nicht nur die Versenden, er stabilisiert nicht nur das Versgefüge, er ist auch zugleich ein Schmuck der dichterischen Aussage, ein "Echo der Gedanken" und bewirkt die Harmonie des Inhaltes und der Form.

Unter Reim versteht man einen gewissen Gleichklang der Vokale, in Verbindung mit gleichen Konsonanten an den Wortenden. Die Dichtung der Griechen und Römer kannte den Reim noch nicht, die germanische Dichtung bediente sich der sogenannten Alliteration, des Stabreimverses, der darauf beruht, daß zwei bis vier bedeutungsschwere Wörter einer Langzeile, die in zwei Halbzeilen zerfällt, den gleichen Anlaut haben. Erst seit dem 9. Jahrhundert n. Chr. gewinnt der Reim, insbesondere der Endreim, in der deutschen Dichtung zunehmend an Bedeutung.

Es gibt Freunde und Gegner des Reimes. Die Freunde des Reimes preisen seine lautmalende und sinnbildstärkende Kraft, die oft weitgehend den Bewegungsablauf und die Architektur eines Gedichtes bestimmt. Die Gegner des Reimes hören den durch ihn heraufbeschworenen "heimlichen Leierkasten" der "Reimklingelei", wittern die "Gefahr einer Erweichung und Verwischung der geistigen und sinnlichen Konturen" durch die Verwendung verbrauchter, platter, abgeschmackter, nicht mehr leuchtkräftiger Reime (Herz/ Schmerz, Sonne/Wonne, Sterne/Ferne), sehen in ihm eine Veräußerlichung und Schematisierung der dichterischen Aussage, der durch den Reim Zwang angetan wird und die unter Umständen durch ihn zur bloßen Lautspielerei herabgewürdigt werden kann.

Der echte Reim ist ein Sinnreim, das heißt, daß das Reimwort zugleich sinntragend ist. Wo dieses nicht der Fall ist, verliert der Reim seine volle Kraft und "läuft leer". Trotz seiner hohen reimkünstlerischen Fähigkeiten hat Rainer Maria Rilke, der häufig belanglose, nicht sinntragende Wörter als Reimworte benutzte, die eigentliche Aufgabe des Reimes, die Strophenbindung, entwertet.

Wir unterscheiden verschiedene Arten der Reimformen und Reimschemata:

a) Der Endreim (Gleichklang von der letzten Hebung an) am Ende einer Verszeile: erneust, freust, belebend, bebend, schwirrt, irrt, haben, begraben, Nacht Pracht, Sterne, Ferne.

b) Der Binnenreim im Innern einer Verszeile, der auf einen gleichlautenden Reim im Innern einer vorhergehenden oder nachfolgenden Verszeile reimt.

c) Der unreine Reim: Vokale und Konsonanten stimmen lautlich nicht völlig überein; z. B. wiegt - trügt, schleicht - bezeugt, Paläste - Feste.

d) Assonanz ist der lediglich in den Vokalen zum Ausdruck kommende Gleichlaut zweier Reimwörter: Traum - Brauch, Lied - wiegt.

e) Alliteration ist der mehrfach wiederkehrende gleiche Anlaut "stabreimender" Wörter einer Verszeile: Wieland kam gewandert den Weg, den weiten . . .

f) Reimzwang ist eine ungewöhnliche, gesuchte, gekünstelte und dadurch meist unecht wirkende Reimfolge um des Reimes willen: sichtbar - licht war.

g) Männlicher (stumpfer) Reim: Das Reimwort endet auf eine betonte Silbe: erneust, freust; schwirrt, irrt,; Nacht, Pracht.

h) Weiblicher (klingender) Reim: Das Reimwort endet auf eine unbetonte Silbe: belebend, bebend; haben, begraben; Sterne, Ferne.

Die wichtigsten Reimschemata sind:

a) Der Paarreim: Je zwei aufeinanderfolgende Verse reimen aufeinander (Reimschema aa, bb, cc, dd).

b) Der Kreuzreim: Paarweise gekreuzte Reimstellung, so daß der erste Vers mit dem dritten, der zweite mit dem vierten reimt (Reimschema abab, cdcd).

c) Umarmender Reim: ein Reimpaar wird von einem anderen umschlossen (Reimschema abba, cddc).

d) Schweifreim: innerhalb einer Gruppe von sechs Versen reimen der erste und zweite, der vierte und fünfte paarweise, der dritte dagegen mit dem sechsten (Reimschema aa, b, cc, b).

Hier noch einige Äußerungen über den Sinn, Wert oder Unwert der Reime:
Hebbel: "Daß der verwandte Gedanke durch einen verwandten Klang ausgedrückt wird,

ist wunderbar und erregt die Empfindung einer vorher bestimmten, unauflöslichen Harmonie zwischen Stoff und Form, was die Dichtkunst einzig und vor allem anstrebt. Dies ist die große Bedeutung des Reims."

Josef Weinheber: "Nicht immer ist der reinere der bessere Reim, aber der schlechteste ist immer der ohne innere Beziehung."

Bernt von Heiseler: "Wer den Reim hört, dem kommt Ruhe ins Herz. Das Anlangen, das Ruhigwerden einer durch Metrum und Tonfall aufgerührten seelischen Bewegung, das ist die Leistung des Reims."

Arno Holz: "Wozu noch der Reim? Der Erste, der - vor Jahrhunderten! - auf Sonne Wonne reimte, auf Herz Schmerz und auf Brust Lust, war ein Genie, der Tausendste, vorausgesetzt, daß ihn diese Folge nicht bereits genierte, ein Kretin. Brauche ich denselben Reim, den vor mir schon ein anderer gebraucht hat, so streife ich in neun Fällen von zehn denselben Gedanken. Und man soll mir die Reime nennen, die in unserer Sprache noch nicht gebraucht sind. Gerade die unentbehrlichsten sind es in einer Weise, daß die Bezeichnung "abgegriffen" auf sie wie auf die kostbarsten Seltenheiten klänge . . .

Ähnlich die Strophe. Wie viele prachtvollste Wirkungen haben nicht ungezählte Poeten Jahrhunderte lang mit ihr erzielt! Wir alle, wenn wir Besseres nicht zu tun wissen und alte Erinnerungen locken, wiegen uns noch in ihr. Aber ebensowenig wie die Bedingungen stets dieselben bleiben, unter denen Kunstwerke geschaffen werden, genau so ändern sich auch fortwährend die Bedingungen, unter denen Kunstwerke genossen werden. Unser Ohr hört heute feiner. Durch jede Strophe, auch durch die schönste, klingt, sobald sie wiederholt wird, ein geheimer Leierkasten. Und gerade dieser Leierkasten ist es, der endlich aus unserer Lyrik heraus muß. Was im Anfang Hohes Lied war, ist dadurch, daß es immer wiederholt wurde, heute Bänkelsängerei geworden . . ."[11]

Kein Dichter würde es heute wagen, Sonne auf Wonne, Sterne auf Ferne, Herz auf Schmerz, Liebe auf Triebe und Freuden auf Leiden zu reimen - wie Goethe es tat. Trotzdem haben seine Reime, seine Verse und Strophen sich ihre Frische und Leuchtkraft bis auf den heutigen Tag bewahrt, weil in ihnen ein unmittelbares Erlebnis Gestalt gewonnen hat:

> Ist es möglich! Stern der Sterne,
> Drück ich wieder dich ans Herz!
> Ach, was ist die Nacht der Ferne
> Für ein Abgrund, für ein Schmerz!
> Ja, du bist es! meiner Freuden
> Süßer, lieber Widerpart;
> Eingedenk vergangner Leiden
> Schaudr' ich vor der Gegenwart.
>
> Doch ach! schon mit der Morgensonne
> Verengt der Abschied mir das Herz:
> In deinen Küssen, welche Wonne!
> In deinem Auge, welcher Schmerz!
> Ich ging, du standst und sahst zur Erden,
> Und sahst mir nach mit nassem Blick:

Und doch, welch Glück geliebt zu werden!
Und lieben, Götter, welch ein Glück!
Ach, wie schmeichelts meinem Triebe,
Wenn man meinen Dichter preist;
Denn das Leben ist die Liebe,
Und des Lebens Leben Geist.

Die oben genannten Reimformen und Reimschemata sollen im folgenden durch einige Beispiele veranschaulicht werden:

Paarreim mit einem Paar männlicher (stumpfer) und einem Paar weiblicher (klingender) Endreime:

"Sprich! wie du dich immer und immer erneust?"
Kannsts auch, wenn du immer am Großen dich freust.
Das Große bleibt frisch, erwärmend, belebend;
Im Kleinlichen fröstelt der Kleinliche bebend. (Goethe)

Kreuzreim mit zwei paarweise gekreuzten männlichen (stumpfen) und weiblichen (klingenden) Endreimen:

Wenn dirs in Kopf und Herzen schwirrt,
Was willst du Beßres haben!
Wer nicht mehr liebt und nicht mehr irrt,
Der lasse sich begraben. (Goethe)

Umarmender Reim: ein männliches (stumpfes) Reimpaar umschließt ein weibliches (klingendes):

Quellende, schwellende Nacht,
Voll von Lichtern und Sternen:
In den ewigen Fernen,
Sage, was ist da erwacht? (Hebbel)

Umarmender Reim: ein weibliches (klingendes) Reimpaar umschließt ein männliches (stumpfes):

Wir sind die Treibenden.
Aber den Schritt der Zeit,
nehmt ihn als Kleinigkeit
im immer Bleibenden. (Rilke)

Schweifreim:

Ew'ge Kräfte, Zeit und Ferne,
Heimlich wie die Kraft der Sterne,
Wiegen dieses Blut zur Ruh.
Mein Gefühl wird stets erweichter;
Doch mein Herz wird täglich leichter,
Und mein Glück nimmt immer zu. (Goethe)

Binnenreim:

> Eine starke, schwarze Barke
> Segelt trauervoll dahin,
> Die verstummten und vermummten
> Leichenhüter sitzen drin.   (Heine)

Alliteration:

> Der Wald steht schwarz und schweiget
> Und aus den Wiesen steiget
> Der weiße Nebel wunderbar.   (Claudius)

> Du liebes Kind, komm geh mit mir!
> Gar schöne Spiele spiel ich mit dir;
> Manch bunte Blumen sind am Strand,
> Meine Mutter hat manch gülden Gewand.   (Goethe)

Assonanz:

> Das ist deine Stille.
> Ja, ich hör dich schon.
> Salbei und Kamille,
> Thymian und Mohn,
> und schon halb im Schlafen
> - Mohn und Thymian -
> landet sacht im Hafen
> nun der Nachen an.   (Weinheber)

Unreine Reime in je einem weiblichen (klingenden) und männlichen (stumpfen) Paarreim:

> Zum Kampf der Wagen und Gesänge,
> Der auf Korinthus' Landesenge
> Der Griechen Stämme froh vereint,
> Zog Ibykus, der Götterfreund.   (Schiller)

Reimzwang:

> Voll von Freuden war mir die Welt,
> Als noch mein Leben licht war;
> Nun, da der Nebel fällt,
> Ist keiner mehr sichtbar.   (Hesse)

Reimzwang erzeugt immer ein Unbehagen, wirkt peinlich und steht an der Grenze zum Kitsch. Der überbetonte Reim "licht war - sichtbar" ist gekünstelt und unecht; seine Härte zerstört die Stimmung des Gedichtes. Reimzwang, der zum Kitsch wird, haben wir auch in folgendem Beispiel:

> Der Geliebten gleitet von der Lippe Saum
> Das Gebet, wie Maiwind haucht Syringenschaum.

Johannes Pfeiffer urteilt über dieses "künstlerische Erzeugnis" folgendermaßen: "Daß der Geliebten Gebet "von der Lippe Saum" gleitet: diese gezierte und gewundene Veranstaltung, die von vornherein dem Beten jeden Ernst raubt, dürfte wohl vor allem durch den Reim erzwungen sein, der ebenso geschmacklos wie geschmäcklerisch die Brücke schlägt von "Saum" hinüber zum "Syringenschaum". Daß aber der Syringenschaum wie Maiwind haucht, ist eine um so vertracktere Zumutung, als sie sich mit dem Ansinnen paart, diesen hergeholten Schaum zurückzubeziehen auf einen Lippensaum, dem ein Gebet wie ein dekoratives Spruchband entgleitet."[12]

Die angeführten Beispiele sollen zeigen, daß der Reim im Ganzen des Gedichts eine große und bedeutende Rolle spielt, daß er schmückend, wirkungssteigernd und sinnstärkend, aber auch entstellend, wirkungsmindernd und sinnzerstörend sein kann. Der Kampf für oder gegen den Reim dauert immer noch an. Seine Gegner werfen ihm die Beschränkung der dichterischen Freiheit durch seine einschnürende Wirkung, die Klischeewirkung infolge seiner Abgegriffenheit und anderes vor; seine Freunde weisen darauf hin, daß er dem Ohr schmeichelt, den Sinn als "Echo des Gedankens" bindet und entkräften den Vorwurf der Abgegriffenheit mit dem Hinweis, daß in den letzten Jahrzehnten die Möglichkeiten des Reimens durch die Verwendung von Fremdwörtern, Fachwörtern, Eigennamen oder völlig unbedeutender Fürwörter, Bindewörter oder Artikel außerordentlich erweitert worden sind. So reimt z. B. Arno Holz auf Sterne Mietskaserne, auf Musik Fabrik, auf Mutter Butter; Rilke auf war Fragonard, auf Grüne Phryne, auf Volière Imaginäre; Benn auf Residenzen Pestilenzen, auf Stratosphären Unendlichkeitsschimären, auf Gefühl Kalkül, auf Wüstennot hibiskusrot usw. Die Beispiele lassen sich beliebig vermehren. Rilke entlockt den kleinen unscheinbaren Worten die eigenartigsten Effekte. Ein Beispiel mag hier für viele stehen:

DIE KURTISANE

Venedigs Sonne wird in meinem Haar
ein Gold bereiten: aller Alchemie
erlauchten Ausgang. Meine Brauen, die
den Brücken gleichen, siehst du sie

hinführen ob der lautlosen Gefahr
der Augen, die ein heimlicher Verkehr
an die Kanäle schließt, so daß das Meer
in ihnen steigt und fällt und wechselt. Wer

mich einmal sah, beneidet meinen Hund,
weil sich auf ihm oft in zerstreuter Pause
die Hand, die nie an keiner Glut verkohlt,

die unverwundbare, geschmückt erholt -
Und Knaben, Hoffnungen aus altem Hause,
gehn wie an Gift an meinem Mund zugrund.

Hier haben wir es schon mit einer Auflösung der gebundenen Rede zu tun, und es erhebt sich die Frage, ob es sich in diesen Versen Rilkes überhaupt noch um Reime im alten Sinne handelt, die am Ende einer Verszeile diese abschließen und ihren Sinn tragen helfen. Und doch erzeugen sie einen eigenartigen Reiz der Sprachmelodie, deren unverwechselbare Originalität etwas absolut Neues auf dem Gebiet der Reimkunst darstellt. Der Reim muß aus dem Ganzen des Gedichtes hervorgehen und mit dessen Wesen verschmelzen. Nur dann wird er nicht als Fremdkörper empfunden werden.

1.4.2 Die Lautfolge der Vokale und Konsonanten

Außer der Klanggestaltung des Gedichtes durch den Reim spielt die **Lautfolge der Vokale und Konsonanten für die sinnbildliche Wirkung der dichterischen Aussage eine wichtige Rolle.**

Es besteht kein Zweifel, daß in jedem Laut der menschlichen Sprache etwas Besonderes lebt, daß sozusagen jeder Laut ein Eigenleben führt. Die Laute unserer Sprache werden in zwei große Gruppen eingeteilt, die Selbstlaute oder Vokale (a, e, i o, u) und die Mitlaute oder Konsonanten (z. B. b, d, g, h, k, m, n, p, r, s, t, w, v, z). Zwischen beiden Lautarten besteht ein großer Unterschied. Man braucht nur hinzuhören, um ihn zu erkennen. Warum gebrauchen wir bei Ausrufen nur Selbstlaute, z. B. A und O? Weil Selbstlaute unser Innenleben, unsere seelischen Empfindungen am besten ausdrücken. Mitlaute drücken dagegen meist nur das Äußere aus und beschreiben die Dinge um uns.

So finden wir beim tieferen Eindringen in den "Wald" der Sprache als erstes das überall im Leben anzutreffende Gesetz der Gegensätze oder der Polarität, der zwei Pole, hier die Welt der Selbstlaute und der Mitlaute. Untersuchen wir nun jede Gruppe näher!

Am nächsten liegen uns die Selbstlaute, wie wir schon bei den Ausrufen gesehen haben. Wenn wir beim Staunen und Bewundern "Ah" sagen, dann offenbar deshalb, weil der A-Laut eben das innere Erlebnis des Staunens, der Bewunderung ausdrückt. Ist es da noch ein Zufall, daß wir ihn auch in Worten wie "baff", "platt", aber auch in "Macht", "Pracht", "Kraft", "stark", "lang", "Masse" und in "Strahl" wiederfinden? Je mehr man sucht, desto mehr Beispiele findet man, und desto weiter kann man in der eingeschlagenen Richtung gehen. Man stößt dabei, was hier nur angedeutet werden kann, darauf, daß der A-Laut auch noch das Flache ausdrückt und daher in Wörtern wie "Flachland", "Platz", "Dach", "Tafel" usw. anzutreffen ist.

Im Lateinischen heißt z. B. groß "magnus" und das Meer "mare" (also wiederum der A-Laut!) Die Philosophen (nicht die Sprachwissenschaftler, die sich weniger mit diesen Dingen befassen) gehen noch weiter und meinen, daß der A-Laut, mit dem wir das Flache, die Weite bezeichnen, überhaupt der Laut des Ungeformten sei, und verweisen dabei auf das bezeichnende, uns allen bekannte griechische Wort "Chaos" (-os ist nur die Endung und gehört nicht zum Wortstamm), das ja geradezu das Urwort für das Gegenteil aller Form, das Ungeformte, ist. Im "A" liege, erklären sie, überhaupt das reine, noch nicht geformte Gefühl, ganz allgemein das noch Unentwickelte. (Wer denkt da nicht an Wörter wie "Same" und "Saat"?) So bezeichnet das A den Anfang - auch ein Wort mit A-Lauten - und steht darum wohl auch am Anfang aller Alphabete.

Wir sehen bereits, welch große Zusammenhänge sich schon beim Betrachten des ersten

Selbstlautes auftun. Sie können hier nur angedeutet werden. Aber auf etwas besonders Interessantes sei noch hingewiesen: Es ist auffallend, daß die alten Sprachen besonders viele A-Laute enthalten. Im uralten Sanskrit gibt es bandwurmlange Wörter, in denen als einziger Selbstlaut immer wieder das A vorkommt.

Wer Griechisch gelernt hat, weiß, daß auch in dieser Sprache, ähnlich wie im Althochdeutschen, der **A-Laut** vorherrschend ist, während im heutigen Deutschen der E-Laut überwiegt. Wir ahnen bereits, warum dies so ist: die alten Völker lebten wie die Kinder in der Haltung des Staunens. Im Anfang hatten die Menschen noch wenig Erfahrung, und das drückte sich in den vielen A-Lauten der Sprache aus. Der Tod z. B. war etwas, worüber sie einfach staunten, weshalb der Grieche ihn mit "thanat (-os)" bezeichnete.

Je mehr der Mensch aber lernte, die Zusammenhänge der Dinge zu erkennen, desto mehr gebrauchte er in seiner Sprache das farblose E. Sein ursprünglich farbiges, staunendes Welterlebnis verarmte und wurde nüchtern. Es ist daher kein Zufall, daß wir unser Handeln nüchtern mit **E-Lauten** ausrücken, z. B. gehen, setzen, stellen, legen, heben, regen usw. Andererseits gebrauchen wir den E-Laut auch in dem Wort "Wehr". Wir benutzen ihn also zur Bezeichnung von Dingen, gegen die wir uns zur Wehr setzen, z. B. Schmerz. Für den Russen ist also der Tod ("smert") etwas, gegen das er sich innerlich zur Wehr setzt.

Und was schwingt und klingt im **I-Laut**? Es ist der Laut, den wir im Zusammenhang mit uns selbst verwenden, wenn wir "ich" (englisch I) sagen. Mit ihm drücken wir allgemein die obere Lage aus und verwenden ihn daher in "Spitze", "Gipfel", "Wipfel", "Himmel" usw. Nach oben richten wir uns innerlich auch, wenn wir "Ziel", "Richtung", "hin", "ringen", "überwinden" usw. sagen. Das I drückt auch das Spielerische, Wiegende, Singende und Klingende aus. Wie kommt es nun, daß wir im Deutschen in dem Wort "Kind" den I-Laut verwenden, andere Sprachen aber andere Laute? Im Schwedischen heißt "Kind" "barn". Müßte nicht in allen Sprachen der gleiche Laut vorkommen? Nein, die Sprachphysiognomie der einzelnen Völker ist durchaus verschieden und entspricht ihrem Sprachgefühl, das wieder seinen Ursprung im jeweiligen Volkscharakter hat. Wir Deutschen sehen im Kind das Lebewesen, das sich auf ein Ziel hinentwickelt, das um die Ich-Werdung ringt. Der Schwede aber sieht es als den Anfang; daher der A-Laut, der den Anfang, das noch nicht Entwickelte ausdrückt. Ähnlich ist es auch zu erklären, daß der Grieche den Tod mit "thanatos", der Russe aber mit "smert" bezeichnet.

Der **O-Laut** ist so farbig und volltönend wie der A-Laut. Es überrascht uns daher nicht, daß auch das O in den alten Sprachen häufiger vorkommt als in den neuen. Denken wir an die zahllosen schönen griechischen und lateinischen Worte, "Ordo", "Kosmos", "Nomos", "Logos" usw.! Im Deutschen haben wir das O in Wörtern wie "Form" und "Ordnung". Darin drückt sich das Wesen dieses Lautes aus. (Auch Kosmos heißt zunächst Ordnung und dann Welt, weil in der Welt Ordnung herrscht und alles nach bestimmten Gesetzen vor sich geht.) Der O-Laut bezeichnet darüber hinaus auch das Große (denken wir nur an Wörter wie "Koloß" oder "Moloch"). Das O ist rund, und so bezeichnet es auch die runde Form, weshalb wir es in "Sonne", "Mond", "Kopf", "Tonne" usw. finden. Aber diese runde Form, die sich um etwas legt und es umfaßt, hat auch eine übertragene Bedeutung, so daß wir mit dem O auch das seelische Umschließen ausrücken. Nun ist uns auch klar, warum wir beim Mitempfinden "Oh" rufen.

Und was hat es mit dem **U für eine Bewandtnis?** Es ist zunächst der Gegenlaut zum hohen "I" und drückt das Gegenteil davon aus, also das, was unten ist. Daher ist es in Wörtern wie "Gruft", "Grund", "Wurzel", "Fuß" usw. anzutreffen. Im Gegensatz zum hellen I-Laut drückt es auch die Dunkelheit aus ("dunkel").

Daß der Au-Laut, um ein Beispiel aus der Welt der Diphtonge zu nennen, der Laut der Fülle ist, sehen wir besonders schön an dem Ausdruck "Saus und Braus". Wer nachsinnt, wird noch auf andere Zusammenhänge stoßen. Mit jedem Wort kann man ein Spiel anfangen, seine Laute deuten und ihm ein inneres Geheimnis entlocken. Allerdings muß man dazu auch etwas von der Bedeutung der Mitlaute, der Konsonanten, wissen. Machen wir es kurz! Man teilt die Mitlaute in sogenannte Stoßlaute (b, p, d, t, g, k, m, n) mit zusammenziehender und sogenannte Blaslaute (f, h, s, w und z) mit ausdehnender Wirkung ein. Zwischen diesen beiden Gruppen liegen l und r. Das L soll die fließende, gleitende Bewegung ("Luft", "lachen", "lassen" usw.), das R dagegen die stürmische Bewegung ("rollen", "rasen", "rauschen", "Regen") ausdrücken. Im W schwingt das naturhafte Wogen. Daher finden wir es zu Beginn der Wörter "Welle", "Wasser", "Wallen" usw. Auch das S drückt eine starke Bewegung aus. Wir finden es in "Wasser", "fließen" usw.

Noch einige Beispiele seien genannt. Was bedeutet z. B. die Verbindung "st"? Das S drückt, wie wir sahen, eine starke Bewegung aus, aber der T-Laut zeigt ein starkes Einströmen, verweist auf ein Halt (siehe das Wort "tot"!) Das T bringt also die starke Bewegung des S zum Stehen, es tritt eine Stauung ein. Verstehen wir nun, warum Wörter wie "still", "stehen", "stauen", "stumm", "starr" usw. mit st beginnen?

Wörter wie "Baum", "ballen", "binden" usw. aber fangen mit einem B an, weil dieser Laut das Zusammenballen, Einhüllen ausdrückt.

Die Sprache ist ein Teil der Musik, in der unsere Welt schwingt. Wir müßten nur musikalischer sein, um ihre Melodie und die ihrer Wörter aus den Lauten herauszuhören. Die Dichter fühlen dies intuitiv und wählen gerade die Wörter, deren Laute der jeweiligen Stimmung Rechnung tragen. Sie nehmen z. B. für das Andachtsvolle und Feierliche den A-Laut, wie Schiller in seinem bekannten Gedicht:

"Zu Aachen in seiner Kaiserpracht
Im altertümlichen Saale . . ."

Das E drückt, trotz seiner Neigung zur Abstraktion, oft das Helle, Ferne, Leere, aber auch das Bewegte, Lebendige aus:

Seht den Felsenquell
freudehell,
wie ein Sternenblick!

Oder:

Sprich aus der Ferne
heimliche Welt,
die sich so gerne
zu mir gesellt! (Brentano)

Das spielerische Singen und Klingen dagegen verlangt, wenn es zum Ausdruck gebracht werden soll, die ständige Verwendung des I-Lautes:

>Du liebes Kind, komm, geh mit mir!
>Gar schöne Spiele spiel' ich mit dir . . .
>Willst, feiner Knabe, du mit mir gehn?
>Ich liebe dich, mich reizt deine schöne Gestalt,
>Und bist du nicht willig, so brauch' ich Gewalt.   (Goethe)
>Klingt im Wind ein Wiegenlied . . .   (Storm)

A-, Au-, O- und U-Laute geben einem feierlichen, getragenen Gefühl, aber auch dem Gefühl der Ruhe und der Gewißheit des Todes Ausdruck. In diesem Sinne werden sie immer wieder als Symbolträger verwandt, von Goethes

>Warte nur, balde
>Ruhest du auch

bis zu Weinhebers

>und schon halb im Schlafen
>- Mohn und Thymian -
>landet sacht im Hafen
>nun der Nachen an.

Die **Vokalharmonie eines Gedichts** kommt freilich da am besten zur Wirkung, wo sie ganz unauffällig, auf natürliche Weise aus dem innersten Wesen des Gedichtes entspringt. Dann entsteht jenes "beglückende Zusammenspiel der Klänge", das einem Gedicht seinen unvergleichlichen Reiz und geheimnisvollen, niemals auszuschöpfenden Zauber verleiht. Dieser kann selbstverständlich in keiner Weise schematisch erfaßt, gesetzmäßig festgelegt, sondern nur gefühlsmäßig nacherlebt werden. So etwa in der wundervollen, fein abgetönten Vokalharmonie des Abendliedes von Matthias Claudius:

>Der Mond ist aufgegangen,
>Die goldnen Sternlein prangen
>Am Himmel hell und klar.
>Der Wald steht schwarz und schweiget
>Und aus den Wiesen steiget
>Der weiße Nebel wunderbar.

Oder in den leise und sanft dahinfließenden Versen von Goethes Mondlied:

>Füllest wieder Busch und Tal
>Still mit Nebelglanz,
>Lösest endlich auch einmal
>Meine Seele ganz . . .
>Ich besaß es doch einmal,
>Was so köstlich ist . . .
>Daß man doch zu seiner Qual
>Nimmer es vergißt!

Aber **nicht nur die Vokale** erscheinen als Laut-Sinnbilder, sondern **auch die Konsonanten.** Wer könnte zum Beispiel die R, S, Sch, Pf überhören, die - dem Inhalt des Gedichtes adäquat - lautmalend das Dahinrasen eines D-Zuges wiedergeben?

Quer durch Europa von Westen nach Osten
rüttert und rattert die Bahnmelodie.
Gilt es die Seligkeit schneller zu kosten?
kommt er zu spät an im Himmelslogis?
Fortfortfort Fortfortfort drehn sich die Räder
rasend dahin auf dem Schienengeäder;
Rauch ist der Bestie verschwindender Schweif,
Schaffnerpfiff, Lokomotivengepfeif.   (Liliencron)

Wem käme es nicht zum Bewußtsein, daß Conrad Ferdinand Meyer in seinem Gedicht "Möwenflug" das Gleiten, Kreisen, Schwirren und Flitzen der Möwen durch die Laute ei, s, sch, sp, tz und w zum Ausdruck bringen will?

Möwen sah um einen Felsen kreisen
Ich in unergründlich gleichen Gleisen,
Auf gespannter Schwinge schweben bleibend,
Eine schimmernd weiße Bahn beschreibend,
Und zugleich in grünem Meeresspiegel
Sah ich um dieselben Felsenspitzen
Eine helle Jagd gestreckter Flügel
Unermüdlich durch die Tiefe blitzen.

W-Laute geben immer wieder das "Wandeln" der Wellen und Wehen der Winde wieder, deuten aber auch das Walten des Schicksals, Wehmut und Weh und Ungewißheit an.

Was unterscheidet
Götter von Menschen?
Daß viele Wellen
vor jenen wandeln
ein ewiger Strom:
uns hebt die Welle,
verschlingt die Welle,
und wir versinken . . .   (Goethe)

Weh mir, wo nehm ich, wenn
es Winter ist, die Blumen, und wo
den Sonnenschein
und Schatten der Erde?   (Hölderlin)

Wie sinnfällig wird die quirlende Lebendigkeit, das wirbelnde Durcheinander der schäumenden Brandung durch die Mischung der Konsonanten, der W, S, Z, Br, Sch, Sp, der alliterierenden F, M und N, wiedergegeben:

Und es wallet und siedet und brauset und zischt,
Wie wenn Wasser mit Feuer sich mengt,
Bis zum Himmel spritzet der dampfende Gischt,
Und Flut auf Flut sich ohn' Ende drängt,

Und will sich immer erschöpfen und leeren,
Als wollte das Meer noch ein Meer gebären.   (Schiller)

Alle Versuche, die Lautwerte der Vokale und Konsonanten auf bestimmte symbolische Bedeutungen festzulegen, werden scheitern, weil sie nur das subjektive Empfinden eines jeden einzelnen ansprechen. Die aus der jeweiligen Lautfolge sich bildende Sprachmelodie eines Gedichtes wird also immer wieder von Fall zu Fall und immer wieder aus dem Ganzen des Gedichtes heraus erfaßt und verstanden, erlebt und nacherlebt werden müssen. Nur um die Weise anzuzeigen, in der Selbst- und Mitlaute als Laut-Sinnbilder von Rimbaud in seinem Sonett "Vokale", von Ernst Jünger in seinem Essay "Lob der Vokale" und von **Joseph Weinheber** in seiner **"Ode an die Buchstaben"** gedeutet worden sind, sei hier die letztere wiedergegeben, weil sie neben den Vokalen auch die Konsonanten berücksichtigt:

ODE AND DIE BUCHSTABEN

Dunkles, gruftduckles U, samten wie Juninacht!
Glockentöniges O, schwingend wie rote Bronze:
Groß - und Wuchtendes malt ihr:
Ruh und Ruhende, Not und Tod.

Zielverstiegenes I, Himmel im Mittagslicht,
zitterndes Tirilli, das aus der Lerche quillt:
Lieb', ach Liebe gewittert
flammenzüngig aus deinem Laut.

E im Weh und im Schnee, grell und wie Messer jäh
schreckst das Herz du empor - aber wie Balsam legt
labend auf das Verzagte
sich das Amen des klaren A.
Bebend wagt sich das B aus einer Birke Bild.
Federfein und ganz Mund, flaumig wie Frühlingsluft,
flötenfriedlich - ach, fühl im
F die sanften Empfindungen!

Doch das girrende G leiht schon den runden Gaum
ihr, der Gier. Und das Glück, treulos und immer glatt,
es entgleitet den Gatten,
eh sich wandelt der Rausch in Scham.

Eh das H mit der Kraft heiliger Höhe heilt
das gebrochene Herz. Ob auch ein Buchstab nur,
H ist hoh: Allen Lebens
Atem ist sein erhabener Hauch.

Hauch, entstoßen der Brust, wildes empörtes K,
das voransteht der Kraft, das uns den Kampf befiehlt,
Gott ist milde und läßt dir
leise folgen der Liebe L.

Gab das M uns im Mahl, gab uns das Maß, den Mut.
Warm und heimatlich M, wahrhafter Mutterlaut!
Wie so anders dein Nachbar
hat das N nur ein näselnd Nein.

Springt das P mit Galopp über Gestrüpp und Klipp,
löst sich Lippe von Lipp und das hochherr'sche R
dreht, ein Reaktionär, das
Rad zurück und beraubt uns rasch.

Schwarze Luft, und sie dröhnt von der Drommeten Zorn,
und im Sturm steht das S, sausend und steil und stark,
und es zischen die Wasser
schäumend über Ertrinkende.

Doch das schreckliche Wort, tönend wie Tubaton,
formt das doppelte T. Treffendstes, tiefstes Wort:
Tot. Wer fände noch Trost nach
solchem furchtbaren Eisentritt?

Aber Gott will uns gut, gab auch das weiche W,
das wie wohliger Wind über das Weinen weht.
Gab das Z uns: Es schließt den
Tanz, den Glanz und die Herzen zu.

1.5 Die freien Rhythmen

Freie Rhythmen sind reimlose, metrisch ungebundene, aber rhythmisch stark beweg-te Verszeilen von beliebiger Länge mit drei bis vier Hebungen und freier Senkungs-füllung, unstrophisch, doch oft sinngemäß in Versgruppen verschiedener Länge gegliedert. Sie unterscheiden sich von rhythmischer Prosa durch einen bei aller Unregel-mäßigkeit ähnlichen Abstand der Hebungen, durch die Korrespondenz der Zeilen und den oft hymnischen Charakter. Die Sturm- und Drangzeit, die aus dem unmittelbaren Erleben heraus schaffen wollte, bevorzugte freie Rhythmen, weil sie sich durch sie der Fesseln des Reims, der gleichen Zeilenlänge, des metrischen Gleichmaßes und der Stropheneinteilung entledigen konnte. Sie war der Ansicht, daß Lyrik nicht strophisch sein könne im Sinne einer Wiederkehr des gleichen Gefüges, weil der Strom der Empfindung zu ungebärdig dahinströme, als daß er sich in regelmäßige, gleich lange Abschnitte aufteilen ließe. Demgemäß erscheinen als Stilwerte der freien Rhythmen die Beweglichkeit und Ungebun-denheit einer frei dahinströmenden Ausdrucksweise. Die vollendete Gestaltung gelang allerdings nur wenigen großen Dichtern: Klopstock, Goethe, Novalis, Hölderlin, Nietz-sche, Rilke, Werfel; Paul Claudel, T. S. Eliot, Walt Whitman. Klopstock beginnt 1747 die "Ode an die Freunde" mit der Frage, ob die Ode sich strophisch binden oder "frei der schaffenden Seele enttaumeln" solle. Klopstocks Vorbild sind die Psalmen des Alten Testaments. Lessing nennt die freien Rhythmen eine künstliche Prosa, die "in alle kleinen Teile ihrer Perioden aufgelöst wird". Herder kennzeichnet sie als die "natürlichste und unsprünglichste Poesie, die uns von vielen Übeln erlösen könnte". Goethe nimmt sich Pindars Dithyramben zum Vorbild und befreit die rhythmische Sprachbewegung vollends von jedem Zwang.

In kritischer Weise beleuchtet Rudolf Ibel das Problem der freien Rhythmen: "Freien Versen gegenüber ist Skepsis immer angebracht. Nur wo sie aus innerster Notwendigkeit als Ausdrucksmitttel ergriffen werden, sind sie berechtigt. Für die freien Verse gilt der Satz von Ludwig Klages, daß völlig ohne gegenspielendes Metrum nur ungewöhnlicher Lebensreichtum den Rhythmus sprachlich zu offenbaren vermag. Zu oft umgeht man mit freien Versen nur die technischen Schwierigkeiten der strengen Maße. Ist doch die Meinung weit verbreitet, dichten könne man, wie es das Herz eingebe ... Solche Versuche verkennen, daß eine rhythmische Bewegung im Gedicht eine über Einzelworte, Satz und Vers hinausgreifende Macht ist, die sich nie im einzelnen Wort, auch nicht in grammatisch wohlgegliederten Sinnzusammenhängen erfüllt, wie mancher "freie" Rhythmiker glaubt, der seine Erzeugnisse einfach entsprechend abteilt, rational zerhackt und solche Gebilde für Verse ausgibt. Der Rhythmus wird vielmehr bestimmt von der Folge der Vorstellungen und Bilder, wie sie der inneren Schau des Dichters entsprechen. Welche weiträumigen Bogen diese Schau von Bild zu Bild zu spannen ist ihr Ablauf auch am weitesten entfernt von den Gesetzen formalen Denkens und der entsprechenden grammatischen Fügung."[13]

Hier ein Beispiel aus Hölderlins "Mnemosyne" in der zweiten Fassung des Gedichts:

> Ein Zeichen sind wir, deutungslos,
> Schmerzlos sind wir und haben fast
> Die Sprache in der Fremde verloren.
> Wenn nämlich über Menschen
> Ein Streit ist an dem Himmel und gewaltig
> Die Monde gehn, so redet
> Das Meer auch und Ströme müssen
> Den Pfad sich suchen. Zweifellos
> Ist aber Einer. Der
> Kann täglich es ändern. Kaum bedarf er
> Gesetz.

Nur in frei dahinströmenden, von leidenschaftlicher Begeisterung und tiefer Sehnsucht erfüllten freien Rhythmen konnte das rauschhafte Unendlichkeitsgefühl der Romantik seinen adäquaten Ausdruck finden. Hier noch ein großartiges Beispiel - Novalis' "Hymne an die Nacht", von der ein Ausschnitt zitiert wird:

> Abwärts wend' ich mich
> zu der heiligen, unaussprechlichen,
> geheimnisvollen Nacht -
> fernab liegt die Welt,
> wie versenkt in eine tiefe Gruft;
> wie wüst und einsam

ihre Stelle!
Tiefe Wehmut
weht in den Saiten der Brust.
Fernen der Erinnerung,
Wünsche der Jugend,
der Kindheit Träume,
des ganzen langen Lebens
kurze Freuden
und vergebliche Hoffnungen
kommen in grauen Kleidern
wie Abendnebel
nach der Sonne
Untergang.
Hast auch du
ein menschliches Herz,
dunkle Nacht?
Was hältst du
unter deinem Mantel,
das mir unsichtbar kräftig
an die Seele geht?
Du scheinst nur furchtbar -
köstlicher Balsam
träuft aus deiner Hand,
aus dem Bündel Mohn.
In süßer Trunkenheit
entfaltest du die schweren Flügel des Gemüts
und schenkst uns Freuden,
dunkel und unaussprechlich,
heimlich, wie du selbst bist,
Freuden, die uns
einen Himmel ahnen lassen.
Du kommst, Geliebte -
die Nacht ist da -
entzückt ist meine Seele -
vorüber ist der irdische Weg,
und du bist wieder mein.
Ich schaue dir ins tiefe dunkle Auge,
sehe nichts als Lieb' und Seligkeit.

1.6 Die Sprachbilder (Metaphorik)

"Ein Gedicht ist um so mehr Gedicht, je weniger sich sein **Inhalt** in Begriffen darstellt. **Im Bild und Sinnbild soll er aufleuchten,** sichtbar werden, er-scheinen" (Ibel).

Der Dichter hat das Recht, ja vielleicht sogar die Pflicht, sein inneres Erlebnis in einer die Umgangs- und Alltagssprache hinter sich lassenden lebendigen Fülle, Anschaulichkeit und Gefühlsverdichtung b i l d h a f t zum Ausdruck zu bringen. Er darf die "nüchtern-sachliche Aussage durch eine eigene, eindringliche Gegenstandswelt, die durch ihre Gefühlshaltigkeit und Beseelung über der kalten Dingwelt steht", überhöhen und umgestalten.

Schon Goethe fragt im "Buch des Sängers" des "West-östlichen Divans":

> Sollt ich nicht ein Gleichnis brauchen
> Wie es mir beliebt?
> Da uns Gott des Lebens Gleichnis
> In der Mücke gibt?
> Sollt ich nicht ein Gleichnis brauchen,
> Wie es mir beliebt,
> Da mir Gott in Liebchens Augen
> S i c h im Gleichnis gibt?

Die Art der Bildgestaltung lyrischer Dichtung reicht von dem einzelnen, für sich stehenden Sprachbild über eine Aneinanderreihung und Verkettung mehrerer Sprachbilder, einer Bilderfolge, hinüber bis zum in sich geschlossenen, von tiefster Bedeutsamkeit und Allgemeingültigkeit erfüllten Sinnbild-Gedicht, bei dem das ganze Gedicht als ein Bild ausgestaltet ist.

Das einzelne, für sich stehende Sprachbild "überträgt" zunächst eine sinnliche Wahrnehmung auf einen anderen vergleichbaren Vorgang. Annette von Droste-Hülshoff steht am Fenster ihrer Turmwohnung im Schloß zu Meersburg und beobachtet die am Strand auflaufenden Wellen des Bodensees:

> Und drunten seh' ich am Strand, so frisch
> wie spielende Doggen, die Wellen
> sich tummeln rings mit Geklaff und Gezisch
> und glänzende Flocken schnellen.

Eduard Mörike, der dem noch großartigeren Naturschauspiel der in die Tiefe stürzenden Wasser des Rheinfalls bei Schaffhausen Ausdruck geben will, wählt ein anderes Bild:

> Rosse der Götter, im Schwung, eines über dem Rücken des andern,
> Stürmen herunter und streu'n silberne Mähnen umher;
> Herrliche Leiber, unzählbare folgen sich, nimmer dieselben,
> Ewig dieselben - wer wartet das Ende wohl aus?

In einer Aneinanderreihung und Verkettung mehrerer Sprachbilder, einer Bilderfolge schildert Nikolaus Lenau den Frühling in dem Gedicht "Liebesfeier":

> An ihren bunten Liedern klettert
> die Lerche selig in die Luft;
> ein Jubelchor von Sängern schmettert
> im Walde, voller Blüt' und Duft.

Da sind, so weit die Blicke gleiten,
Altäre festlich aufgebaut,
und all die tausend Herzen läuten,
zur Liebesfeier dringend laut.

Der Lenz hat Rosen angezündet
an Leuchtern von Smaragd im Dom,
und jede Seele schwillt und mündet
hinüber in den Opferstrom.

Während aber bei Lenau die einzelnen Bilder noch aufeinander bezogen sind und
e i n e m Sinnbereich angehören (die Lerche klettert an ihren Liedern in die Luft, die Herzen
läuten, Jubelchor von Sängern, Altäre, Liebesfeier, der Lenz zündet Rosen an, Leuchter
von Smaragd im "Dom" der Natur, Opferstrom), stehen in einem Gedicht von Georg Heym
die Bilder völlig unverbunden und scheinbar beziehungslos nebeneinander und werden nur
in der Überschrift des Gedichts "Die Ruhigen" wie in einem gemeinsamen Nenner
zusammengefaßt:

Ein altes Boot, das in dem stillen Hafen
Am Nachmittag an seiner Kette wiegt.
Die Liebenden, die nach den Küssen schlafen.
Ein Stein, der tief im grünen Brunnen liegt.

Der Pythia Ruhen, das dem Schlummer gleicht
Der hohen Götter nach dem langen Mahl.
Die weiße Kerze, die den Toten bleicht.
Der Wolken Löwenhäupter um ein Tal.

Das Stein gewordene Lächeln eines Blöden.
Verstaubte Krüge, drin noch wohnt der Duft.
Zerbrochne Geigen in dem Kram der Böden.
Vor dem Gewittersturm die träge Luft.

Ein Segel, das vom Horizonte glänzt.
Der Duft der Heiden, der die Bienen führt.
Des Herbstes Gold, das Laub und Stamm bekränzt.
Der Dichter, der des Toren Bosheit spürt.

Ihre tiefste Erfüllung findet die Bildkunst, die Metaphorik in der lyrischen Dichtung da, wo
das ganze Gedicht zum in sich geschlossenen Sinnbild wird, und zwar dadurch, daß ein
Besonderes ausgesprochen oder dargestellt wird, das zugleich das Allgemeine in sich
enthält. Ein Sinnbild-Gedicht dieser Art ist Goethes "Gesang der Geister über den
Wassern":

Des Menschen Seele
gleicht dem Wasser:
Vom Himmel kommt es,
zum Himmel steigt es,
und wieder nieder

zur Erde muß es,
ewig wechselnd . . .
Seele des Menschen,
wie gleichst du dem Wasser!
Schicksal des Menschen,
wie gleichst du dem Wind!

Das im Oktober 1779 unter dem Eindruck des Staubbachwasserfalls im Lauterbrunnental in der Schweiz entstandene Gedicht versinnbildlicht Bestimmung und Schicksal der menschlichen Seele in der Bewegung des herabströmenden Wassers, das nach der Überwindung mannigfaltiger Hindernisse ruhig dahinfließt, sich ausbreitet, die Gestirne des Himmels widerspiegelt ehe es durch den Wind wieder aufgewühlt wird und schließlich zum Himmel, woher es kam, emporsteigen kann, um dann den Kreislauf von neuem zu beginnen, "ewig wechselnd". Indem wir das Bild des strömenden Wassers, das der Wind bewegt, vor uns sehen, erleben wir eine bild-sinnliche Verkörperung einer Idee: des Werdeganges der Seele des Menschen, die das Schicksal in verschiedenem Grade zu bewegen vermag.

Aber noch verdeutlichen Vergleiche in der ersten und letzten Strophe des Gedichtes dem Leser das, was das Gedicht aussagen will. Der Dichter selber macht den sinnbildhaften Bezug des Gedichtes mit eigenen Worten deutlich, spricht ihn aus, so daß der Leser den Sinn nicht selber zu "suchen" braucht. Als volkommener empfinden wir dagegen die Sinnbild-Gedichte, bei denen uns der Dichter keine derartige "Aufschlüsselung" bietet, sondern uns unmittelbar und ohne jeden "Kommentar" hineinstellt in die Eigenmächtigkeit des dichterischen Bildes. Solche Gedichte, die nur noch Bild und Sinnbild sind und aus sich selbst heraus auf ein ganz Allgemeines deuten, sind etwa Goethes "Mahomets Gesang", "Mächtiges Überraschen", "An Schwager Kronos", die alle drei Sinnbilder einer Lebensfahrt sind. Deutungen dieser Gedichte finden sich in den Kapiteln "Interpretationen und Gedichtvergleiche", worauf hier verwiesen sei. Vollkommene Sinnbild-Gedichte sind auch Mörikes "Auf eine Lampe" (Versinnbildlichung der absoluten, zeitlosen Schönheit im Sinne von Keats' "A thing of beauty is a joy for ever"), C. F. Meyers "Römischer Brunnen" (Empfangen und Weitergeben von Einflüssen bei gleichzeitigem In-Sich-Beruhen), Rilkes "Der Panther" (Ruhelosigkeit und Willenskraft der unfreien Seele). Alle diese Gedichte sind so oft interpretiert worden, daß hier ein Hinweis auf einige dieser Interpretationen genügen mag.

Mörike, Auf eine Lampe: Romano Guardini, Gegenwart und Geheimnis, Eine Auslegung von fünf Gedichten Eduard Mörikes, Würzburg 1957, S. 25-33; Wilhelm Schneider, Liebe zum deutschen Gedicht, Freiburg 1952, S. 98-113; R. N. Maier, Das Gedicht, Düsseldorf 1961, S. 30-31.

C. F. Meyer, Der römische Brunnen: Johannes Pfeiffer, Umgang mit Dichtung, Hamburg 1952, S. 31-33; Johannes Pfeiffer, Was haben wir an einem Gedicht?, Hamburg 1955, S. 107-109; Wilhelm Schneider, Liebe zum deutschen Gedicht, a. a. O. S. 114-121; R. N. Maier, Das Gedicht, a. a. O. S. 109-110.

Rilke, Der Panther: R. M. Maier, Das Gedicht, a. a. O. S. 124-125; Ibel, Gestalt und Wirklichkeit des Gedichts, Düsseldorf 1954, S. 16 u. 32.

Die moderne Lyrik verschlüsselt ihre Aussage fast nur noch in reinen Bildern, die oft weithergeholt, wesensfremd und alogisch sind und sich daher völlig dem rationalen Verstehen entziehen. Sie werden vielfach zu Chiffren, die in besonderer Weise dechiffriert werden müssen. Die Schwerverständlichkeit der modernen Lyrik liegt unter anderem auch hierin begründet. Da in dem Kapitel "Moderne Lyrik" noch besonders darauf eingegangen wird, begnügen wir uns hier mit zwei Beispielen, die den Gebrauch der Sprachbilder in der modernen Lyrik zeigen und zugleich echte Sinnbild-Gedichte sind.

> An den langen Tischen der Zeit
> zechen die Krüge Gottes.
> Sie trinken die Augen der Sehenden leer und die Augen
>   der Blinden,
> die Herzen der waltenden Schatten,
> die hohle Wange des Abends.
> Sie sind die gewaltigsten Zecher:
> sie führen das Leere zum Mund wie das Volle
> und schäumen nicht über wie du oder ich.   (Paul Celan)

Hier wird das ganze Gedicht zu einer einzigen durchgehenden Metapher, die in den zechenden Krügen Gottes die göttliche Allmacht wirken sieht. Noch unausdeutbarer ist der vielumrätselte, rationalem Verstand nie völlig sich erschließende Grabspruch Rainer Maria Rilkes, der im Sinnbild der Rose die Antinomie des Lebens und ihre Auflösung zum Ausdruck bringt:

> Rose, o reiner Widerspruch,
> Lust, Niemandes Schlaf zu sein
> Unter soviel Lidern.

"Die Aufhebung der Zeit im Medium der Sprache" ist nach einem Aufsatz von Hans Leyser (Frankfurter Allgemeine Zeitung vom 12.8.61) der Sinn der Metaphorik. Wir entnehmen dem ausgezeichneten Aufsatz folgende Ausführungen:

"Seit Hofmannsthal den Chandos-Brief geschrieben hat, weiß der Dichter, daß nicht nur sprachliche Bilder und Vergleiche durch den Gebrauch und durch Reproduktion kraftlos verblichen und verschlissen werden können, sondern daß sich die Sprache selber in Frage stellt. Es ist dem heutigen Dichter nicht nur nicht mehr möglich, "Morgenstrahl" und "Herzensgrund" zu sagen, Klischees, die ein Romantiker dem anderen noch unbedenklich abgenommen hat, sondern der "Strahl" und das "Herz" sind an und für sich schon verdächtige Worte, von deren alltäglicher Verwendung, sei es in wissenschaftlichen und medizinischen Berichten, sei es in einer Predigt oder in einem Festprogramm, der schaffende Künstler sich distanzieren muß.

Tatsächlich sind ja die Worte der Sprache selber schon Metaphern, im eigentlichen Sinn des griechischen Wortes "Übertragungen". Baudelaire gebraucht dafür den Terminus "transport". Worauf geht das zurück? Darauf, daß Worte Namen für die Dinge sind. Und Namen für die Dinge sind nicht die Dinge selber, sondern Übertragungen der Gegenstände in die sehr subjektive Gefühls-, Erfahrungs-, Erlebnis- und Vorstellungswelt des geistigen We-sens, des Menschen, welcher die Dinge "mit Namen nennt". Damit hängt auch zusammen, daß der Sinn von Worten nicht beweisbar, auch nicht im wissenschaftlichen

Verstand axiomatisch ist, daß ihre Bedeutung jeweils um einen mehr oder weniger bestimmten, von jedermann begriffenen Kern Ränder und Felder von Ungenauigkeit und Vieldeutigkeit aufweist, wie jeder weiß, der nur einmal die gleiche Wortbedeutung von einer Sprache in die andere übertragen hat. Ein Wort ist zwar schon etwas anderes als ein Gestammel oder als eine bloß zufällige Folge von Lauten und Geräuschen, aber es ist auch noch nicht so bestimmt wie eine Formel oder ein Begriff. Der Macht des Triebs, dem Wallen des Bluts zwar entzogen, und doch mit der strengen Regel des Rationalen im Widerspruch, zwischen elementarer Kraft und Vergeistigung mitten inne, beschreibt uns die Sprache den schmalen, heiklen Grat des Menschlichen, das doppelt bedroht ist, "vom Chaos und von der Ordnung" (Valéry).

Soll nun das Spiel mit der Metapher nichts Absurdes sein, so muß aus ihrem Widerspruch zur Logik eine neue "Logik" sich ergeben, eine Logik höherer Art. Es kann kein Zweifel sein darüber, daß ihre Wahrheit ideell ist. Wenn Trakl von der "ergrünenden Schläfe des Einsamen", Lorca von dem "quecksilbernen Handschuh des Toten" spricht, oder wenn Rilke das alte, heidnische Bild aufnimmt:

> "... und die verwandelte Daphne
> will, seit sie lorbeern fühlt,
> daß du dich wandelst in Wind" -

so wird von manchem der Vorwurf erhoben werden, den schon Dostojewski seinen konsequenten Aufklärer und Rationalisten gegen das Dichterische erheben läßt. "Die Sonne tönt", so heißt es da mit Anspielung an Goethes Bild aus dem Prolog im Himmel zu Faust, "die Sonne tönt. Hat man schon so etwas gehört? Schön ist es, aber Unsinn". Und wenn in Goethes Ausdruck, in dem ein Gegenstand der optischen Erfahrung mit einer Tätigkeit aus der akustischen verbunden erscheint, dem Eingeweihten immerhin, das Tertium comparationis, etwa der Gedanke der pythagoreischen Sphärenharmonie begreiflich wird, um wieviel mehr trifft dieses Urteil auf moderne Dichter zu, die ja seit Baudelaire den Freibrief dafür haben, die Farben durch die Klänge, die Düfte durch die Farben auszudrücken.

"Schön, aber Unsinn", so wird mancher heute mit dem Ippolit aus dem "Idiot" zu den Versuchen der modernen Dichter sagen und ihre extravaganten Metaphern abtun mit der Bemerkung, daß alles bloß Ästhetische ein Beweis von geistigem Hochmut ist. Ich will nicht leugnen, daß etwas Erschreckendes an diesem metaphorischen Spiel mit Worten ist. Ich gebe zu, daß wir hier an die Grenze treten, wo das Gestaltete sich auflöst in den Strom und Wirbel der Materie, wo das Licht in der Nacht ertrinkt und aller Umriß sinnlicher Erfahrung sich verwischt. Ich will auch nicht abstreiten, daß Verkrampftes und Gewolltes, Überzüchtetes und Hektisches in unserer Epoche stärker hervortreten als in früheren, daß es schwerfallen mag, das wirklich Ungewöhnliche vom nur Gesuchten zu unterscheiden. Aber nicht unsere Zeit hat diese überzeitliche Natur der Sprache erst entdeckt. Mag sie die Spannung zwischen den Extremen auch erweitert haben, mag wie bei Rilke die Säule des Tempels von Karnak unmittelbar neben den Linien vom Flug eines Flugzeuges stehn, mag dieses Umgreifen alles Menschlichen, das die Jahrtausende überspringt, oft etwas Reflektiertes und bewußt Forciertes an sich haben, mögen Spuren des krampfhaften Widerstandes gegen das Zeitverhängnis nicht immer beseitigt sein - im Tiefsten führt die Metapher zum Ursprung der Sprache zurück und dieser Ursprung liegt im Paradox.

Der Fels ist zu Weide gut,
das Trockne zu Trank.
Das Nasse aber zu Speise.
Will einer wohnen,
so sei es an Treppen,
und wo ein Häuslein hinabhängt,
am Wasser halte dich auf.
Und was du hast, ist
Atem zu holen . . .
Denn wo die Augen zugedeckt
und gebunden die Füße sind,
da wirst du es finden.

Das Gedicht ist von Hölderlin, mehr als ein anderthalb Jahrhundert alt. Es könnte vom größten heutigen Dichter sein. Denn wo die Zeit im Medium der Sprache aufgehoben wird, ist auch das Jetzige nicht dem Zeitgeist untertan. Was der Dichter hier ausspricht, sind lauter paradoxe Bilder. Ihr Sinn heißt: Wandle dich, sei neu mit jedem Atemzug, brich auf, damit du bestehst, sei in der höchsten Freiheit!

Der Sinn ihres kühnen Spiels mit Metaphern ist nicht nur Lust am Wagnis und an der Gefährdung, nicht nur Vertrauen in ursprüngliche vitale Sinnenkraft - durch die Metapher wird das Irdische der Zeit entrissen und aufgehoben ins Ewige. Die Sprache nimmt die Dinge nicht, wie sie im logischen Zusammenhang, im zeitlich kausalen Nacheinander stehen, sondern im Nebeneinander des ewigen Augen-Blicks. Sie liegen wie Bilder aus der Seele eines Träumenden vor diesem Auge, das von ferne schaut und das, was Menschen in der Zeit wahrnehmen, sieht im Zugleich, vor dem Gewesenes noch anwesend und Zukünftiges schon geschehen ist."[14]

Abschließend geben wir noch einem Dichter unserer Zeit das Wort. Nach seiner Auffassung sind die Sprachbilder der wichtigste Bestandteil eines Gedichtes, sie sind "Fleisch und Sensorium" zugleich. Der aus Hannover stammende Lyriker Karl Krolow (geb. 1915) schreibt: "Ein Gedicht aktiviert sich durch seine Metaphern. In einem gewissen Sinne "interessiert" mich am Gedicht die Metapher am meisten. Sie ist Fleisch und Sensorium des Gedichts zugleich. Sie stiftet die Malheurs und die Entzückungen. Man muß deshalb ein Bild noch nicht als Rauschgift verstehen und die ganze Metaphernsprache der Lyrik damit lediglich reiztherapeuthisch zu behandeln suchen. Diese nervöse Auslegung des Bildes hat wenig mit seinem Wesen und seiner Aufgabe innerhalb des Gedichts zu schaffen. Eine Metapher hat nichts von der schönen Zufälligkeit und Unschuld der Äolsharfen, die ein Wind, ein Nichts tönen macht. Eine Metapher muß das Präziseste sein, das man sich denken kann, etwas, das "sitzt" und genau zutrifft. Eine Metapher, die für die zweite Zeile der ersten Strophe eines Gedichts gewählt wurde, gehört hierher und nirgends sonst hin. Sie wäre schon in der nächsten absurd und unanständig. Eine Metapher entscheidet über die Ökonomie des Einzel-Gedichts. Sie ist verantwortlich für seinen "inneren Haushalt", für die Gewichtsverteilung, für die Balance. Nicht so sehr sein Stoff, sein Thema kann ein Gedicht aus den Fugen geraten lassen, sondern vielmehr ein paar unglücklich gewählte Bilder. Metaphern machen ein Gedicht unter Umständen zu einem Monstrum. Sie tragen aber ebenso zu Anämie eines Gedichtes bei, zur Bilder-Armut . . .

Der Lyriker - meine ich - sollte sich von Zeit zu Zeit als ein Mann fühlen, der Singvögel unter seinem Hut hält und sie dann im rechten Augenblick in einen eingebildeten Äther entweichen läßt, als ein heiterer Zauberer, dem eine ganze Welt der Imagination zur Verfügung steht, wenn er nur will."[15]

1.7 Die moderne Lyrik

Vier Äußerungen sollen das Wesen der modernen Lyrik kennzeichnen:

1.

"Lyrik ist das Poetische schlechthin. Sie rangiert in unendlichem Abstand von der übrigen Literatur. Sie ist die feinste und reizvollste Blüte der Dichtung. Sie ist Magie. Jedes Wort ist Beschwörung. Der Dichter ist ein Zauberer. Seine Sprache will keine Mitteilung, er spricht wie mit mathematischen Formeln. Sie machen eine Welt aus, sie spielen nur mit sich selbst. Oft sind sie so dunkel, daß sie der Dichtende selbst nicht versteht. Seine Bilder sind Chiffren. Richtigkeit, Deutlichkeit, Reinheit, Vollständigkeit, Ordnung sind nicht das Ziel der Lyrik. Sie ist oft bloß wohlklingend, dabei ohne allen Sinn und Zusammenhang, höchstens einzelne Strophen sind verständlich; sonst sind es oft nur Bruchstücke, aus den verschiedensten Elementen zusammengesetzt. Die Radikalität des Dichters eilt seinem eigenen Denken und Dichten weit voraus. Ich möchte fast sagen, das Chaos muß in jeder Dichtung durchschimmern."

2.

"Moderne Lyrik ist eine kühle Angelegenheit geworden. Auch die Reflexion darüber wurde kühl. Man beurteilt sie mit technischer Kennerschaft. Dabei ist das durchaus mit dem Bewußtsein verbunden, daß Lyrik ein Geheimnis ist, ein dem kaum Sagbaren abgewonnener Grenzstreifen, ein Wunder und eine Gewalt. Aber man studiert ihre Gewalt wie eine experimentell ausgelöste Explosion gleichsam atomarer Wortkräfte, ihre geheimnisvolle Sprache wie das überraschende Ergebnis von erstmals versuchten chemischen Verbindungen.

Der Dichter wird zum Abenteurer in bisher unbetretenen Sprachfeldern. Doch ist er dazu ausgerüstet mit den Meßgeräten seiner Begriffe, die ihm jederzeit die Kontrolle über sich selbst gestatten und ihn sichern gegen die Überrumpelung durch das banale Gefühl. Die Verzauberung, die von modernen Gedichten ausgehen kann, ist männlich gezügelt. Auch über ihren Dissonanzen und Dunkelheiten waltet Apollo, das klare künstlerische Gewissen. Inspirative Ergriffenheit als alleiniger Ausweis dichterischer Qualität steht nicht mehr hoch im Kurs . . .

In der Poétique musicale von Strawinsky stehen folgende Leitgedanken (die auch gleichzeitig als Leitgedanken der modernen Lyrik gelten können): jedes künstlerische Arbeiten muß im "schattenlosen Licht" der Poetik, d. h. des Wissens vom Machen geschehen; der Künstler ist der höchste Typus des homo faber; sein Gott ist Apoll, nicht Dionysos; Inspiration ist eine Angelegenheit von sekundärem Rang; primär ist das operierende Entdecken, das an die Stelle des Improvisierens die Konstruktion setzt, an die Stelle der chaotischen Freiheit "das Königreich der künstlerischen Beschränkung, worin allein die Melodie wieder ihr Lächeln findet; Poetik aber ist, in ihrem letzten Grunde, eine Ontologie."[16]

3.

"Ein Gedicht entsteht überhaupt sehr selten - ein Gedicht wird gemacht . . . Das neue Gedicht, die Lyrik, ist ein Kunstprodukt. Damit verbindet sich die Vorstellung von Bewußtheit, kritischer Kontrolle, und, um gleich einen gefährlichen Ausdruck zu gebrauchen, die Vorstellung von "Artistik" . . . Der durchschnittliche Ästhet verbindet mit diesem Begriff die Vorstellung von Oberflächlichkeit, Gaudium, leichter Muse, auch von Spielerei und Fehlen jeder Transzendenz. In Wirklichkeit ist es ein ungeheuer ernster Begriff und ein zentraler. Artistik ist der Versuch der Kunst, innerhalb des allgemeinen Verfalls der Inhalte sich selber als Inhalt zu erleben und aus diesem Erlebnis einen neuen Stil zu bilden; es ist der Versuch, gegen den allgemeinen Nihilismus der Werte eine neue Transzendenz zu setzen: die Transzendenz der schöpferischen Lust . . .

Unsere Ordnung ist der Geist, sein Gesetz heißt Ausdruck, Prägung, Stil. Alles andere ist Untergang. Ob abstrakt, ob atonal, ob surrealistisch, es ist das Formgesetz, die Ananke des Ausdrucksschaffens, die über uns liegt . . ."[17]

4.

"Ein modernes Gedicht ist nicht naiv, fließt nicht unmittelbar aus dem Herzen, wird nicht ohne Bruch und Spiegelung aus dem kommunikativen ungefragten Leben der Volkssprache ("Sah ein Knab ein Röslein stehn") oder aus einer konventionellen Metaphorik ("grün wie Klee") gespeist . . .

Die Theorien der modernen Lyrik haben aufgehört, die Sprache ungefragt zu verwenden. Sie analysieren das mystische Ding "Wort" nach Laut, Bedeutung, metaphorischen Bezügen, Assonanzen, haben einen raffinierten Sinn für Stil und Gestik, syntaktische Fügungen und rhythmische Strukturen. Ein moderner Dichter steht vor einem ungeheuren Arsenal von Möglichkeiten . . .

Gedichte sind nun wirklich keine "gemalten Fensterscheiben" (Goethe) oder deskriptive Bilder mehr . . . Ganz neue Materialien strömen ins Gedicht: Eindrücke der Außenwelt, gelehrte Reminiszenzen, fremdsprachliche Zitate, direkte Reden, lexikalische Anmerkungen, filmische Einblendungen, Symbole vorrationaler Erfahrung usw. Das Entlegenste wird zusammengebracht, - ein bestürzendes Abbild moderner zivilisatorischer Zerrissenheit und Ichverlorenheit. "Form" ist nun nicht mehr bloß Metrik, Form ist jetzt Muster (pattern): Tonverlauf oder Neukombination von Inhalten.

> Keime, Begriffsgenesen,
> Broadways, Azimuth,
> Turf- und Nebelwesen
> mischt der Sänger im Blut,
> immer in Gestaltung,
> immer dem Worte zu

nach Vergessen der Spaltung
zwischen ich und du.

....

heute ist er Zersprenger
mittels Gehirnprinzip,
stündlich webt er im Ganzen
drängend zum Traum des Gedichts
seine schweren Substanzen
selten und langsam ins Nichts."   (Gottfried Benn)

Das artistische Gebilde genügt sich selbst, ist autark ruhend in seinem Gewebe von Spannungen und Kräften. Es ist hermetisch, d. h. es hat kaum einen Stützpunkt in der sachlichen und biographischen Wirklichkeit. Die Frage nach dem Erlebnis ist völlig abwegig. Die realen räumlichen und zeitlichen Ordnungen sind absichtlich aufgelöst, der Autor erstrebt eine ästhetische Neuordnung der Fragmente. Er tut dies mit Worten. Er sagt nicht, was er leidet, sondern ist Konstrukteur, Zauberer, ein hochbewußter Spieler mit suggestiven Sprachelementen, mit Bewegungsgefügen, Spannungen, unwirklichen Farben und Tonabläufen. Er spricht von seinem Tun als von einem Kalkül, von Operation, Algebra, Prismatik. Ehe die Physik die grobe Materie in Fluß brachte, hat das die Lyrik getan . . .

Auch der Lyriker entdinglicht die sogenannte Wirklichkeit, filtriert, zerlegt ihre Teile, prüft ihre faszinierende Wirkung, ehe sie ins Gedicht eingehen . . . Sein Gebilde ist ein Etwas aus Zeichen, Andeutungen, Gesten, Glanz und geheimen Kräften - ohne Gegenstand, Sujet, Motiv, ohne das gemüthafte Ich . . .

(Man) entdeckt den Reiz des Häßlichen, die Schönheit des Bizarren, Grotesken, und Absurden. Die höchste Intellektualität operiert mit dem Vorrationalen . . . Man verfremdet durch seltsame Adjektiva ("schwarzer Honig, kristallene Weiden, mondene Pfade, hyazinthenes Antlitz, grüne Sonne"), eigenartige Genetivattribute ("Gefieder der Kälte, Formel der Früchte, Schatten der kühlen Verzichte"), durch ungewöhnliche Wortfolge, offene Sätze. Ein ungewohnter Gebrauch von Adverbien, Präpositionen, Tempora hilft die räumliche und zeitliche Normalordnung durchbrechen, die Kausalität entmachten . . .

Das moderne Gedicht hat keinen Gegenstand mehr, es ist Reflexionsprodukt . . . Da zwischen Zeichen und Bezeichnetem eine ontologische Differenz besteht, da Idee und Reales nicht zum Realidealen verschmelzen können wie in der "naiven Sprache" frühgriechischer Lyrik, Goethes, Stifters, da die Existenz einen Riß, die Zeit eine Wunde hat, ist auch das Wort in sich gebrochen . . ."[18]

Die erste der hier wiedergegebenen Äußerungen stammt von einem Dichter, der wie kein zweiter Inhalt und Wesen der modernen Lyrik vorausgeahnt und vorausgesagt hat: N o v a l i s; die zweite ist dem Buche Hugo Friedrichs "Die Struktur der modernen Lyrik", Hamburg 1956, entnommen, einem Werk, mit dem jeder sich auseinandersetzen muß, der sich mit moderner Lyrik beschäftigt; die dritte ist die Stimme eines Dichters unserer Tage, der die Art seines Dichtens theoretisch dargestellt und begründet hat: Gottfried B e n n; die vierte ist dem Aufsatz eines Schulmannes entnommen, der es verstanden hat, die Wege und Ziele der modernen Lyrik knapp, klar und treffend aufzuzeigen: Friedrich G. H o f f m a n n,

Kleiner Kurs in moderner Lyrik in: Die Pädagogische Provinz, Frankfurt a. M., Sonderheft 1957.

Abschließend geben wir hier drei Zeitungsaufsätze wieder, die sich mit dem Problem der Schwerverständlichkeit der modernen Lyrik auseinandersetzen. Der erste Aufsatz erschien in der Zeitung "Die Welt". Als Verfasser zeichnete **Manfred Delling.**

"Zweierlei fällt an den modernen Lyrikern auf: ihre Produktivität und ihre Schwerverständlichkeit. "Keiner schriebe Verse", rief der italienische Poet Eugenio Montale aus, "wenn das Problem der Dichtung darin bestünde, sich verständlich zu machen." In seiner kürzlich erschienen Strukturanalyse der modernen Lyrik sagte Hugo Friedrich, daß man selbst dem willigen Leser einstweilen nichts Besseres raten könne, als seine Augen an die Dunkelheit der modernen Lyrik zu gewöhnen.

Form und Inhalt geben gleichermaßen feinsinnige und schwierige Rätsel auf. Die Form: weil, etwa seit Baudelaire und den Symbolisten, die Lyriker heftig und unversöhnlich den Bruch mit der Tradition vollzogen. "Desorientierung, Auflösung des Geläufigen, eingebüßte Ordnung, Fragmentarismus ... Umkehrbarkeit, entpoetisierte Poesie, Zerstörungsblitze, schneidende Bilder, brutale Plötzlichkeit ... Verfremdung" (Friedrich) sind die Kategorien der neuen Verspoesie.

Der Inhalt: weil sich die Lyriker so gar nicht mehr für die Themen interessieren, die eine nach Sicherheit und Wohlleben verlangende Öffentlichkeit beschäftigen. Sie lullen, im Gegenteil, nicht mehr ein, feiern keine Feste der Erbauung, sie schrecken auf, verstören. Sie sublimieren keine Gehalte mehr, die aller Welt vertraut sind. Von allen Vokabeln sind ihnen Ruhe und Gemüt die fremdesten.

Wie kommt der Eindruck der Schwerverständlichkeit, gar der Unverständlichkeit moderner Verse zustande? "Vor allem dadurch", schreibt der um die gegenwärtige Lyrik hochverdiente Lektor Leonhard, "daß sich das Gedicht schon seit Jahrzehnten nicht mehr damit begnügt, eine bestimmte lyrische Situation, die jedermann in seiner Umwelt erleben kann, eindeutig abzubilden. Im 19. Jahrhundert - und auch noch in der traditionellen Lyrik von heute - ist ja das klassische Vorbild eine Gedichtform, für die Goethes, 'Ein Gleiches' beispielhaft ist: eine bestimmte Umweltsituation wurde knapp umrissen und dann abschließend das Ich damit in Vergleich, meist in Übereinstimmung gesetzt ... Aus dieser Übereinstimmung oder doch Gegenüberstellung von Ich und Umwelt, die beide noch säuberlich getrennt und jedes für sich in ihren Definitionen unangezweifelt nebeneinander existieren, entstand die heute so verpönte 'Stimmung'.

Eines der ersten Kennzeichen des 'modernen Gedichts' scheint nun zu sein, daß ihm eine solche Eindeutigkeit nicht mehr genügt, daß es danach strebt, eine komplexere Wirklichkeitsvorstellung durch vielfältigere Verschränkungen von Ich und Umwelt zu erreichen, Verschränkungen auch von verschiedenen, oft sehr entlegenen Zeiten, Räumen, Situationen, die sich in der Erinnerungsdimension des Bewußtseins mit der einen, nur den Anstoß gebenden Ausgangssituation (wo es eine solche überhaupt noch gibt) zu einer einzigen allseitig geöffneten inneren Gegenwart verbinden. So entsteht eine Gestaltungsweise, die man oft mit der Aufhebung der Zentralperspektive in der Malerei verglichen hat."

Eine falsche Erwartung ist es also oft, die dem Leser von vornherein ein neues Gedicht schwer erfaßbar erscheinen läßt. Er erwartet eine zentralperspektivische Wiedergabe der dargestellten Dinge, während das Gedicht wie die Bildfläche des Malers zu einem Fluoreszenzschirm wird, "auf dem sichtbare und unsichtbare Strahlen aus Nähe und Ferne, so wie sie das Bewußtsein durchqueren, Erinnerung, Erfahrung, Erfindung, ununterschieden zum Aufleuchten gebracht werden".

Logische Zusammenhänge werden verworfen. Die neuen Lyriker empfinden sie plötzlich als Ballast. "Erst wenn die Dunkelheit die Worte selbst zum Aufleuchten bringt", schreibt Leonhard, "wenn die Worte gerade durch ihre Vieldeutigkeit, ja Unverständlichkeit, ihren eigenen Glanz, von praktischen Bedeutungsfunktionen befreit, entfalten können und in der Nacht des Bewußtseins unbekannte Sterne aufgehen, erst dann ist das Gedicht da. Es ist wieder da: denn das Wesentliche des Gedichts hat sich zu allen Zeiten der Verständlichkeit entzogen. Ein Gedicht ist nichts, wenn es nicht Geheimnis ist."[19]

Der zweite Aufsatz erschien in der **"Freiburger Studentenzeitung"** (Nummer 4, Juni 1962). Der Verfasser ist nicht genannt.

Ist es unbedingt nötig, daß unverständliche Gedichte gedruckt werden?"

"Nein, unbedingt nötig ist es natürlich nicht, wenn die Unverständlichkeit direkt proportional zum Schwulst verläuft, zur geschickt verschleierten Oberfläche, zum artifizierten Bluff, zum großen Dunst. Unverständlichkeit ist ja beileibe kein Kriterium für Güte, Verständlichkeit allerdings auch nicht. Jedoch habe ich das unbehagliche Gefühl, als ob in die Diskussion um das Nicht-so-ohne-weiters-Begreifen-Können eines Gedichtes und der daraus resultierenden vorschnellen Ablehnung desselben ein Faktor gerät, der da gar nicht hineingehört: daß dieses oder jenes Gedicht modern ist, das sieht man auf den ersten Blick. Überdies gibt es sich noch geheimnisvoll, verschlüsselt, als Kombination bewußt divergent gesetzter Metaphern, die beispielsweise exotische oder mythologischen Bereichen entlehnt sind. Muß das denn sein?, fragt der gebildete Laie. Und folgert flugs: Es muß keineswegs sein, hat doch Goethe . . ., hat doch Novalis . . ., hat doch Mörike . . ., hat doch Rilke . . .

Ich kann mir den Nachweis schenken, daß es lyrische Produktionen von Goethe, von Mörike, von Novalis, von Rilke, von vielen anderen gibt (die wir als "nicht modern" klassifizieren), die keineswegs auf Anhieb verständlich sind, ja die auch dem länger an ihnen Herumbohrenden irgendeine Tür verschlossen halten. Glücklicherweise!

E. Zimmer hat kürzlich (1962) bei der Untersuchung je eines Gedichtes von Goethe, Hölderlin, Brentano, Rilke und Wallace Stevens festgestellt, daß "eine innere Unverständlichkeit . . . auch noch dem offensten Gedicht eigen" sei; "nur die Gewöhnung täuscht darüber hinweg, und sie verschiebt mit der Zeit die Grenze von der äußeren Unverständlichkeit zur inneren hin."

Zimmer hat vornehmlich die "Ehrenrettung" der Gedichte in Angriff genommen, die hybriden Wenig- oder Nichtwissern Anlaß zur Behauptung geben, sie aufzuschließen, sie zu begreifen, bereite keine große Schwierigkeit. Oder: Wenn anfängliche Schwierigkeit, dann doch eine befriedigende Lösung. Daß sowohl diese als auch die modernen Gedichte, die nachgewiesenermaßen eine eigentümliche lyrische Kategorie darstellen, allzu falsch in Annahme und Ablehnung behandelt werden, gleichzeitig das "Warum?" zu dieser leichtsinnigen Therapie soll Hans Magnus Enezensberger erläutern: "Indem sie Sachverhalte vorzeigen, können Gedichte Sachverhalte ändern und neue hervorbringen. G e d i c h t e s i n d a l s o n i c h t K o n s u m g ü t e r, s o n d e r n P r o d u k t i o n s m i t t e l, Werkzeuge, mit deren Hilfe es dem Leser gelingen kann, Wahrheit zu produzieren. Da Gedichte endlich, beschränkt, kontingent sind, können mit ihrer Hilfe nur endliche, beschränkte, kontingente Wahrheiten produziert werden. Die Poesie ist daher ein Prozeß der Verständigung des Menschen mit sich und über sich selbst, der nie zur Ruhe kommen kann." (H. M. Enzensberger, Scherenschleifer und Poeten; aus: Mein Gedicht ist mein Messer, hrsg. von Hans Bender, List-Taschenbuch 187. Seite 146 f.).

Enzensberger will das Messer, das sein Gedicht ist, nicht zum "Kartoffelschälen" mißbrauchen, sondern seine Aufgabe darin begreifen, "Sachverhalte vorzuzeigen, die mit andern, bequemeren Mitteln nicht vorgezeigt werden können, zu deren Vorzeigung Bildschirme, Leitartikel, Industriemessen nicht genügen". Was er mit dem Prozeß der Verständigung meint, der nie zur Ruhe kommen kann (und nie kommen darf), hat Zimmer in dem Begriff "opak", d. h. undurchsichtig, dunkel umschrieben, hat von Herausforderung und Geheimnis gesprochen. "Ein Gedicht will nicht auf kürzestem Weg informieren, es spielt auf einer anderen Ebene der Mitteilung. Wo es in die Sprachgewohnheiten des Alltags verfällt, tötet es sich selbst. Je leichter es dem Ohr eingeht, desto oberflächlicher ritzt es auch das Bewußtsein. E s b r a u c h t d e n W i d e r s t a n d. Denn erst der Widerstand, den das Gedicht sich selbst und dann dem Leser bereitet, bewahrt es vor dem Sog der klischierten Denkbilder und schafft die Möglichkeit eines mitfühlenden, mitdenkenden Nachvollzugs. Und schließlich ist es nicht nur Mühsal, sondern Teil der ästhetischen Befriedigung, eine Schwelle zu überschreiten, Labyrinthe zu entwirren, Bezüge zu entdecken, fremdes Terrain zu rekognoszieren, Dunkelheiten zu klären."[20]

Der dritte Aufsatz ist der vom Verlag "Bücherei und Bildung" herausgegebenen Leserzeitschrift (1/1963) entnommen. Sein Verfasser ist **Dietrich Segebrecht.**

"Moderne Lyrik, soviel darüber geschrieben steht, sie wird kaum gelesen. Diese Tatsache freilich beruht auf einem Mißverständnis: daß man Gedichte dieser Zeit nur wenig zur Kenntnis nimmt, wird damit begründet, daß die Poesie heute etwas Unverbindliches sei, reiner Widerspruch, Chiffre ohne Schlüssel, etwas Esoterisches und Unbegreifliches. Das aber dürfte zumindest vorschnell geurteilt sein. Sicher, Gedichte sind heute nicht in dem Maße unmittelbarer Gefühlsausdruck wie z. B. im 19. Jahrhundert ("Frühling, ja du bist's! Dich hab ich vernommen"). Gedichte von heute geben vielleicht weniger Bestätigung und Trost als Gedichte der Vergangneheit (man kann zwar mit Goethe durch das Jahr gehen, aber wohl kaum mit Günter Grass oder Paul Celan). Dabei ist jedoch zu bedenken, daß Lyrik - heute mehr denn je - in erster Linie Wortkunst ist, Sprachgestaltung; und daß jemand ein Stück Poesie als Antwort auf seine Fragen empfindet, ist eine mögliche (aber nicht zu fordernde) Nebenwirkung des Gedichts.

Beim Lesen eines Lyrikbuchs also sollte niemand erwarten, was Bücher sonst möglicherweise vermitteln: Spannung und Unterhaltung beispielsweise. Derlei ist an Handlung und Stoffausbreitung gebunden (Gedichte jedoch haben keine Handlung). Auch wer mit der Erörterung von Problemen beschäftigt sein möchte, wird besser einen Roman zur Hand nehmen als Gedichte. Freilich kann er, um sich zu unterhalten, ebensogut sein Fernsehgerät einschalten oder er kann, wenn Probleme ihn interessieren, zu philosophischen Traktaten greifen. Eines allerdings vermag allein das Buch ihm nahezubringen: Dichtung. Und Lyrik ist gewissermaßen Dichtung als Konzentrat der Dichtung.

Im Gedicht geht es zuerst und zuletzt und immer wieder um die Sprache. Es kommt im Gedicht etwas zum Wort, zum Ausdruck, und wo es gut ist, findet das Gedicht Worte für das Wollen und Handeln dieser Zeit, es nennt Sachverhalte und Tatbestände unserer Welt beim Namen. Es sind vielfach ungeläufige Namen, die das Gedicht findet, denn es spricht eine Sprache, die mit alltäglichem Gerede nur wenig gemein hat. Im Gedicht wird vielmehr eine nachdenkliche, bedachte Sprache gesprochen. Denn die Poesie entwirft neue Bedeutungen für altbekannte (oder für noch unbekannte) Dinge, sie macht Unterschiede klar und sie ordnet, was uns umgibt, zu neuen Konstellationen. Immer ist, was ein gutes Gedicht bezeichnet, sinnlich erfüllt, bildhaft, anschaulich - zugleich aber auch fragwürdig, unendlich vieldeutig und bereit zu immer neuen Verknüpfungen mit den persönlichen Erfahrungen des Lesers: Lyrik stellt ein Szenarium für die Phantasie.

Gedichte dieser Zeit jedenfalls lassen sich nicht festlegen, sie tragen ihren offenen Charakter ausdrücklich zur Schau. Sie spielen mit Bedeutungen, sie sind uneindeutig, weil sie als dies und das interpretiert sein wollen. So bewirkt das Gedicht Erneuerung und Veränderung der Sprache und der Welt (das eine ist das andere), denn es wendet sich gegen die substanzlose, unscharfe, verwischte oder einseitig deutliche Sprache des täglichen Gebrauchs, die Worte nur als Zeichen der Verständigung oder Verbergung benützt. Das Gedicht gibt der Sprache ihre ursprüngliche Kraft zurück: es glaubt an die sinnerschließende Macht der Sprache. Bedeutung, Klang und geheime Symbolkraft wollen zu gleichen Teilen erkannt werden, wo im Gedicht Worte gesetzt sind.

Bei alldem ist besonders in den letzten Jahren zu beobachten, daß die Lyrik den Weg in die Isolation, ins Absolute und endgültig Verschlüsselte wieder verlassen hat. Es scheint so, als kündige sich in den Versen einiger jüngerer deutscher Lyriker (etwa Bachmann, Enzensberger, Grass, Rühmkorf, Meckel, Bobrowski) eine neue Unmittelbarkeit der Aussage an. Die Techniken und Ausdrucksmittel des neuen lyrischen Stils freilich sind deshalb keineswegs preisgegeben: paradoxe Zusammenfügungen und Montage, groteskes Umschlagen von Pathos in Ironie, Einbeziehen von Jargon und Redensart in die Sprache des Gedichtes, Anspielung, Zitat, indirekte Methode und Evokation - das sind einige Merkmale dieses Stils, der im übrigen eine lange Geschichte hat (theoretisch-kritisch wurde er schon von Herder und Schiller vorbereitet).

Diese Gedichte aber verlangen, das ist ganz offenkundig, nach ihren Lesern. Sie haben neue Formen der Verbindlichkeit entwickelt, sie fordern auf zur Teilnahme an sprachlichen Spielen und Erkenntnissen, die aus der Sprache gewonnen werden können, sie enthalten mitunter Rufe, sie tragen Zweifel und Fragen vor."[21]

2. Interpretationen

2.1 Vorklassik

MATTHIAS CLAUDIUS: DER MENSCH

Empfangen und genähret
  Vom Weibe wunderbar,
Kömmt er und sieht und höret
  Und nimmt des Trugs nicht wahr;
Gelüstet und begehret
  Und bringt sein Tränlein dar;
Verachtet und verehret,
  Hat Freude und Gefahr;
Glaubt, zweifelt, wähnt und lehret,
  Hält nichts und alles wahr;
Erbauet und zerstöret
  Und quält sich immerdar;
Schläft, wachet, wächst und zehret;
  Trägt braun und graues Haar.
Und alles dieses währet,
  Wenns hoch kommt, achtzig Jahr.
Dann legt er sich zu seinen Vätern nieder.
Und er kömmt nimmer wieder.

In 18 Zeilen schildert der Dichter den Ablauf des Menschenlebens. Zwischen Empfängnis und Tod ist das Werden, Wachsen, Gedeihen, Reifen, Welken und Vergehen des Menschen eingespannt. Matthias Claudius bedient sich keiner Bilder, keiner Metaphern; aus einer "trockenen Aufzählung", einer Aneinanderreihung menschlicher Tätigkeiten wird ein Gedicht, das den immer gleichmäßigen Werdegang des Menschen, jenes "Stirb und Werde" als ein Erlebnis der Gleichordnung vor dem Gesetz des Lebes zum Ausdruck bringt. Wie ist das möglich? Feierlich setzt das Gedicht ein, indem es auf den Ursprung zurückweist:

Empfangen und genähret
Vom Weibe wunderbar ...

Die wohl sachlichste und kürzeste Beschreibung des Menschenlebens stellt die Unbegreiflichkeit, das Wunder des Menschwerdens an den Anfang: "denn ein Rätsel ist Reinentsprungenes". Das biblische "Vom Weibe" verstärkt den feierlich-archaischen Eindruck; die leise Zäsur nach "Weibe" hebt das "wunderbar" besonders ins Bewußtsein, wozu überdies nicht nur die Alliteration (Weibe - wunderbar), sondern auch die Wortstellung beiträgt, die ein wenig die Beziehung des Wortes "wunderbar" offen läßt und in der Schwebe hält. Man erinnert sich an das Abendlied" des Dichters, in dem das Wort "wunderbar" als das letzte Wort der ersten Strophe des Gedichts in einer ähnlichen Situation steht und eine ähnliche Funktion besitzt:

> Und aus den Wiesen steiget
> Der weiße Nebel wunderbar.

Dann beginnt der Mensch wahrzunehmen, kommt, sieht, hört; Wünsche, Begehrungen flackern auf; das Leben reißt ihn hinein in Freundschaft und Feindschaft, ohne daß er von Anfang an Schein und Sein, Lüge und Wahrheit klar unterscheiden kann: "und nimmt des Trugs nicht wahr."

Die Erkenntnis, daß das Leben nicht immer ein harmonisches Ganzes ist, daß des Lebens ungemischte Freude keinem Sterblichen zuteil wird, läßt Wahn, Zweifel, Hoffnung, Glauben entstehen und führt zum Wissen um die Relativität allen Seins und aller Erscheinungen: "hält nichts und alles wahr".

Dieser erschütternden Erkenntnis der anima contemplativa steht der Tätigkeits- und Lebensdrang der anima vegetativa gegenüber: aufbauen, zerstören, sich quälen, schlafen, wachen, wachsen und zehren. In immer neuen Antithesen versinnbildlicht der Dichter das im Hin und Her des Lebens mühsam sich vollziehende Werden der Persönlichkeit, das langsame, durch Widerstände gehemmte Heranreifen zur eigenen geistigen und sittlichen Entscheidung. Die Feststellung, daß aus braunem unmerklich graues Haar geworden ist, läßt den Menschen innehalten: er beginnt die hinter ihm liegenden und ihm noch verbleibenden Jahre zu zählen: "Unser Leben währet siebzig Jahre, und wenn's hoch kommt, so sind's achtzig Jahre, und wenn's köstlich gewesen ist, so ist es Mühe und Arbeit gewesen; denn es fährt so schnell dahin, als flögen wir davon" (Psalm 90, V. 10).

Von der monotonen Gleichmäßigkeit der rhythmischen Bewegung, die als formales Element dem Inhalt des Gedichtes entspricht und durch die achtmal wiederkehrende gleiche Reimfolge (ab) noch verstärkt wird, weichen die beiden letzten Verszeilen metrisch und reimmäßig ab und deuten so, auch von der Metrik und Reimfolge her etwas neu Eintretendes an. Die Dehnung der Verszeile "Dann legt er sich zu seinen Vätern nieder . . ." ist wie ein letztes langes Ausatmen, ein Aushauchen des Lebens, das einst "vom Weibe wunderbar empfangen und genähret" ward, vor einem unwiderruflichen Ende, das geheimnisvoll wie der Anfang ist: "Und er kömmt nimmer wieder." Aber selbst trotz der veränderten rhythmischen Bewegung und trotz des neuen Reimklanges betont die vorletzte Verszeile noch einmal den Gedanken der ewigen Gleichordnung im Ablauf des Menschlichen Daseins: Das Sich-Niederlegen zu den "Vätern" ordnet den Menschen ein in sein überzeitliches Schicksal. **Wie im Leben so im Tod ist er nur das Glied einer unendlichen Kette,** innerhalb deren er nirgendwo einen Ausnahmefall darstellt.

> Ein kleiner Ring
> Begrenzt unser Leben,
> Und viele Geschlechter
> Reihen sich dauernd
> An ihres Daseins
> Unendliche Kette.

2.2 Sturm und Drang

JOHANN WOLFGANG GOETHE: AUF DEM SEE

Und frische Nahrung, neues Blut
Saug' ich aus freier Welt;
Wie ist Natur so hold und gut,
Die mich am Busen hält!
Die Welle wieget unsern Kahn
Im Rudertakt hinauf,
Und Berge wolkig, himmelan,
Begegnen unserm Lauf.

Aug', mein Aug', was sinkst du nieder?
Goldne Träume, kommt ihr wieder?
Weg, du Traum, so gold du bist;
Hier auch Lieb' und Leben ist.

Auf der Welle blinken
Tausend schwebende Sterne;
Weiche Nebel trinken
Rings die türmende Ferne;
Morgenwind umflügelt
Die beschattete Bucht,
Und im See bespiegelt
Sich die reifende Frucht.

Wie kaum ein zweiter Dichter deutscher Sprache hat Johann Wolfgang Goethe die Fähigkeit besessen, unmittelbar Erlebtes in Worte umzusetzen, in Verse zu bannen und als geprägte Form Gestalt werden zu lassen. Er selbst sagt: "Und so begann diejenige Richtung, von der ich mein ganzes Leben über nicht abweichen konnte, nämlich dasjenige, was mich erfreute oder quälte oder sonst beschäftigte, in ein Bild, ein Gedicht zu verwandeln und darüber mit mir selbst abzuschließen ... Alles, was daher von mir bekannt geworden, sind nur Bruchstücke einer großen Konfession." Es ist das Einzigartige an Goethes Gedichten und Dichtungen, daß das persönliche Erleben des Dichters bis heute in seinen Worten fühlbar ist, nachschwingt, nacherlebt werden kann; daß es seine lebendige Frische und Unmittelbarkeit bis auf den heutigen Tag bewahrt hat. Der Grund hierfür ist eine meist bis ins letzte gegebene **Übereinstimmung von Inhalt und Form, von Gehalt und Gestalt, von Erlebnis und Aussage.**

Das oft interpretierte Gedicht !Auf dem See" bestätigt diese Übereinstimmung von Inhalt und Form in besonders eindrucksvoller Weise. Deswegen wird es als Beispiel hier herangezogen.

Der Vorgang ist folgender: Der Dichter rudert auf den Züricher See hinaus (vergl. "Dichtung und Wahrheit", 18. Buch: "Den 15. Junius 1775. Donnerstags morgen aufm Zürchersee."), zieht, auf der Höhe des Sees angelangt, die Ruder ein, überläßt sich Erinnerungen, Träumen, Gedanken, bis ihn das umgebende Landschaftsbild, die weichen

Nebel der Ferne, die lichten Umrisse der Berge, die nahe, obstbaumumkränzte Bucht, vom Vergangenen auf das Gegenwärtige lenkt: "Hier auch Lieb und Leben ist."

Die erste Strophe des Gedichts, die das Hinausrudern auf den See zum Inhalt hat, setzt mit dem "Und" der ersten Verszeile voll und kräftig ein; ein "innerer Monolog" des Dichters ist vorausgegangen; er versucht seinen Erinnerungen (an den gesellschaftlichen Zwang des Frankfurter Lebens) dadurch zu entfliehen, daß er sich nun der frischen und freien Natur anvertraut, in der er neue Zuversicht zu gewinnen hofft. (Vergl. Schiller: "Ins Freie, wo der Mensch erleichtert alle Fesseln von sich wirft und an dem Mutterbusen der Natur sich frei und froh und selig wiederfindet.") Der kräftige, vorwiegend jambische Rhythmus hält die ganze erste Strophe hindurch an und bringt die weit ausholende Bewegung des Ruderns, den R u d e r t a k t, sinnfällig zum Ausdruck.

Der trochäische Charakter der zweiten Strophe, die zahlreichen, leichten Zäsuren (Aug'/ mein Aug'; Goldne Träume/kommt ihr . . .; Weg, du Traum/so gold . . .), die dunkleren Vokale entsprechen der gedämpften Stimmung der Strophe. Erinnerungen (an Lili Schönemann) bedrängen den Dichter, der sie verscheucht, um sich dem Genuß der Gegenwart, der Natur und der Freundschaft mit seinen Schweizer Freunden (Lavater und Bodmer) hinzugeben.

Der auf der Höhe des Sees angelangte Kahn, in dem der Dichter die Ruder eingelegt hat, beginnt langsam dahinzutreiben, zu schaukeln; der Dichter selbst überläßt sich dem Anblick der herrlich frischen Natur. Der paarweise in den Verszeilen wechselnde Rhythmus - die Trochäen der ersten, dritten, fünften und siebenten Verszeile werden von den eingefügten Daktylen der zweiten, vierten, sechsten und achten Verszeile untermalt - versinnbildlicht durch seine weiche, gelöste Bewegung das Wiegen und Schaukeln des Kahnes, ein Eindruck, der noch unterstützt wird durch die metrische Form des Versausganges, durch die weiblichen Reime, die nur am Ende des Gedichtes durch den kräftigen männlichen Reim "Bucht - Frucht" abgelöst werden.

Das Gedicht gibt dem **Lebensgefühl des jungen Goethe Ausdruck.** Die belebende und heilende Wirkung der Natur befreit den Dichter von "erlebtem Graus", reißt ihn neu empor ("hinauf, himmelan") und macht ihn zu neuer Entwicklung bereit. Auch der Gebrauch der Mittelwörter - vom jungen Goethe stets besonders bevorzugt (Einfluß Herders!) - deutet sein Empfinden für das neu Entstehende, Werdende an; so in der letzten Strophe die Mittelwörter "schwebende, türmende, reifende", die das Gefühl einer alles durchwaltenden Bewegung noch verstärken.

JOHANN WOLFGANG GOETHE: A N S C H W A G E R K R O N O S

Spute dich, Kronos!
Fort den rasselnden Trott!
Bergab gleitet der Weg;
Ekles Schwindeln zögert
Mir vor die Stirne dein Zaudern.
Frisch, holpert es gleich,
Über Stock und Steine den Trott
Rasch ins Leben hinein!

Nun schon wieder
Den eratmenden Schritt
Mühsam Berg hinauf!
Auf denn, nicht träge denn,
Strebend und hoffend hinan!

Weit, hoch, herrlich der Blick
Rings ins Leben hinein,
Vom Gebirg zum Gebirg
Schwebet der ewige Geist,
Ewigen Lebens ahndevoll.

Seitwärts des Überdachs Schatten
Zieht dich an
Und ein Frischung verheißender Blick
Auf der Schwelle des Mädchens da.
Labe dich! - Mir auch, Mädchen,
Diesen schäumenden Trank,
Diesen frischen Gesundheitsblick!

Ab denn, rascher hinab!
Sieh, die Sonne sinkt!
Eh' sie sinkt, eh' mich Greisen
Ergreift im Moore Nebelduft,
Entzahnte Kiefer schnattern
Und das schlotternde Gebein.

Trunknen vom letzten Strahl
Reiß mich, ein Feuermeer
Mir im schäumenden Aug',
Mich geblendeten Taumelnden
In der Hölle nächtliches Tor!

Töne, Schwager, ins Horn,
Raßle den schallenden Trab,
Daß der Orkus vernehme: wir kommen!
Daß gleich an der Türe
Der Wirt uns freundlich empfange!

Das am 10. Oktober 1774 während einer Postwagenfahrt von Darmstadt nach Frankfurt
entstandene Gedicht ist **ein vollkommenes Sinnbild-Gedicht,** das die Fahrt im Postwagen
als Sinnbild einer Lebensfahrt darstellt. Der Lenker des Postwagens, "Schwager" Chronos,
der Gott der Zeit - Goethe legt ihm irrtümlicherweise den Namen des Göttervaters Kronos
bei -, wird aufgefordert, den Dichter möglichst rasch allen äußeren Hemmungen und
Hindernissen zum Trotz ins Leben hinein zu führen, empor zur Gipfelsituation schöpferischer Muße, Selbstbesinnung und heiteren Lebensgenusses, damit er schließlich vor
Anbruch des Greisenalters in der Vollkraft der Jahre aus dem Leben scheiden und in die
Unterwelt eingehen kann, die antike Vorstellung entsprechend als großes Gasthaus

gedacht ist, als dessen Wirt Orkus (Pluto) erscheint. Das Gedicht ist inhaltlich wie sprachlich ein echtes Erzeugnis der Sturm- und Drang-Zeit, das alle typischen Kennzeichen dieser literarischen Epoche an sich trägt.

Inhaltlich spricht das Gedicht die übermütig-kraftvolle, genialische Lebensauffassung des jungen Goethe aus, dem Selbstbehauptung, Lebensgenuß, pantheistisches Allgefühl, Schöpfertum zum Sinn und Ziel des Lebens werden, ehe die stürmisch-dionysische Lebensfahrt sich dem unausweichlichen Ende nähert. Der von Goethe immer wieder ausgesprochene Gedanke einer solchen Lebensfahrt des Menschen zu einem Wagen, als dessen - sogar Gott überlegene - Lenker Schicksal und Zeit erscheinen, hat ihm in seiner sogenannten Sturm- und Drangzeit besonders nahegelegen. Wir denken dabei an Egmonts Worte: "Wie von unsichtbaren Geistern gepeitscht, gehen die Sonnenpferde der Zeit mit unseres Schicksals leichtem Wagen durch; und uns bleibt nichts, als mutig gefaßt die Zügel festzuhalten, und bald rechts, bald links vom Steine hier, vom Sturze da, die Räder wegzulenken. Wohin es geht, wer weiß es? Erinnert er sich doch kaum, woher er kam." Zeit und Schicksal erscheinen immer wieder als die Mächte, denen der Mensch unterworfen ist. So auch in dem Gedicht "Prometheus", das im gleichen Jahr (1774) wie "An Schwager Kronos" entstanden ist:

> Hat mich nicht zum Manne geschmiedet
> Die allmächtige Zeit
> Und das ewige Schicksal,
> Meine Herren und deine?

Und doch fühlt sich das genialische Selbstgefühl des jungen Dichters diesen Mächten, Schicksal und Zeit, überlegen; er, der im Wagen sitzt und gefahren wird, ist der "Fürst", vor dem sich, wie es in der ersten Fassung des Gedichtes heißt, "von ihren Sitzen die Gewaltigen lüften", der Herr, der den Gott der Zeit antreibt:

> Spute dich, Kronos!
> Fort den rasselnden Trott!

Als "Schwager" erscheint Kronos in dienender Stellung, ein als Postillion verkleideter Gott in der Travestie.

Einmal nur wird die Situation ernst, wird fast die Ebene verlassen, auf der man einen Gott mit "Schwager" anreden kann:

> Trunknen vom letzten Strahl
> Reiß mich, ein Feuermeer
> Mir im schäumenden Aug',
> Mich geblendeten Taumelnden
> In der Hölle nächtliches Tor!

"Der über allem zu stehen schien, will sich hier im Todesrausch vergessen, aus der Travestie wird eine Dionysosdithyrambe. Aber nur "fast": wo das Ende scheint, wo im Bild des Geblendeten, des Taumelnden schon fast das Ursprüngliche des im Wagen Sitzenden verlassen wird wo es ernst zu werden scheint, da steigt unverfälscht wieder der erste, übermütige Ton heraus":

> Töne, Schwager, ins Horn,
> Raßle den schallenden Trab . . .

Und so wie das Wort "Schwager" den ehrfurchtgebietenden Namen des Gottes Kronos ins Burschikose wendet, so erscheint auch der mächtige Gott der Unterwelt, der finstere Herr des Orkus als freundlicher Wirt, der den vornehmen Gast dienstbeflissen an der Türe empfängt: "Wer Herr über Kronos war, der wird auch Herr über Hades bleiben."

In sprachlicher Hinsicht ist das Gedicht eines der kühnsten Gedichte Goethes und vielleicht eines der kühnsten der deutschen Sprache überhaupt. In einer fast expressionistisch anmutenden expressiven Kraft und Ausdrucksstärke mischt es "Übermut, Hoheit, Ernst, Naturalismus und Burleske." Kühn gebaute Sätze spotten mitunter jedes üblichen syntaktischen Zusammenhanges:

> Seitwärts des Überdachs Schatten
> Zieht dich an,
> Und ein Frischung verheißender Blick
> Auf der Schwelle des Mädchens da.

Oder:

> Trunknen vom letzten Strahl
> Reiß mich, ein Feuermeer
> Mir im schäumenden Aug',
> Mich geblendeten Taumelnden
> In der Hölle nächtliches Tor!

Kühne Wortbildungen (der eratmende Schritt, ewigen Lebens ahndevoll, Frischung verheißend, Gesundheitsblick, Nebelduft, entzahnte Kiefer), die dem Sturm- und Drang-Stil Goethes eigene Vorliebe für Präpositionen der Bewegung (hinein, hinauf, hinan, hinab) und für Mittelwörter, die eine lebendige Entwickung, ein Entstehen, ein Werden ausdrücken (rasselnd, eratmend, strebend, hoffend, verheißend, schäumend, schlotternd, taumelnd, schallend) kennzeichnen die Sprachgebung des Gedichtes.

Der Rhythmus schließlich bildet das holperige Rattern der Räder, das Hinauf und Hinab der bewegten Fahrt unter Verwendung eines vorwiegend trochäischen-daktylischen Metrums ab.

Die drei ersten und drei letzten Verszeilen der ersten Strophe geben mit ihren kräftigen männlichen Endreimen das Harte, Stößige der Wagenfahrt wieder; die gedehnten Worte der beiden Mittelverse ("Ekles Schwindeln zögert / Mir vor die Stirne dein Zaudern . . .") mit ihren langatmigen weiblichen Kadenzen deuten dagegen das Zaudern und Zögern des Postillions deutlich an. Die zweite Strophe, indem sie den bewegten Rhythmus der ersten Strophe verlangsamt, läßt durch die vielen, leichten, fast unmerklichen Zäsuren spüren, wie der bergauf Fahrende - oder Wandernde? - Schritt für Schritt, immer wieder atemholend, emporsteigt. Fast hinter jedem Wort der ersten vier Zeilen der zweiten Strophe steht eine Zäsur, vollzieht sich ein Atemholen:

Nun / schon wieder /
Den eratmenden Schritt /
Mühsam / Berg / hinauf! /
Auf denn, / nicht träge denn, /
bis die müheloser dahinfließenden Worte
Strebend und hoffend hinan!

das leichtere Fortschreiten auf der erklommenen Höhe des Gebirges, des Lebens andeuten.

Die folgenden Verszeilen, in denen Bild und Gegenbild zu einem unzertrennlichen Ganzen verwachsen, bilden Mitte und Höhepunkt des Gedichtes. Vers 14, durch drei hintereinander stehende Hebungen ("Weit, hoch, herrlich der Blick . . .") eingeleitet, versinnbildlicht so die auf der Höhe des Gebirges, des Lebens und Wirkens gewonnene geistige Überschau.

Zu ihr gesellt sich die Liebe, die, "Frischung verheißend", als "schäumender Trank", als "Gesundheitsblick" dargeboten wird. Das Leben scheint erfüllt zu sein, und unter Verwendung lautmalerischer und alliterierender Elemente

Ab denn, rascher hinab!
Sieh, die Sonne sinkt!

fällt der Rhythmus nun ab, immer noch schwungvoll-bewegt, aber doch schon im Bewußtsein des Endes. Eine Erinnerung noch an das Vergangene:

. . . ein Feuermeer
Mir im schäumenden Aug',
und dann unwiderruflich hinab
In der Hölle nächtliches Tor.

Die Lebensfahrt ist zu Ende. Inhalt und Form bedingen sich gegenseitig, verschmelzen miteinander und erzeugen aus der Realität des Erlebnisses heraus die höhere Realität des Gedichts.

JOHANN WOLFGANG GOETHE: *HERBSTGEFÜHL*

Fetter grüne, du Laub,
Am Rebengeländer
Hier mein Fenster herauf!
Gedrängter quellet,
Zwillingsbeeren, und reifet
Schneller und glänzend voller!
Euch brütet der Mutter Sonne
Scheideblick, euch umsäuselt
Des holden Himmels
Fruchtende Fülle;
Euch kühlet des Mondes
Freundlicher Zauberhauch,
Und euch betauen, ach!

Aus diesen Augen
Der ewig belebenden Liebe
Vollschwellende Tränen.

Das Gedicht "Herbstgefühl", der Reihe der Lili-Lieder angehörend, im September 1775 entstanden, darf mit Recht eines der vollendetsten Goethe-Gedichte genannt werden. Vollendet deswegen, weil hier **der schöpferische Wachstumsvorgang der Natur sinnhaft erlebt, gestaltet und als ewig-gesetzlicher, biologischer Prozeß ganz hineingenommen wird in das Leben der menschlichen Seele,** so daß - nach Goethes Wort - "Natur von außen zugleich Natur von innen" wird.

Indem der Dichter mit "liebendem Imperativ" das an seinem Fenster heraufquellende Reblaub, die glänzend-vollen, quellenden und reifenden Zwillingsbeeren anspricht, ist die unmittelbare Beziehung des Ich zu der "fruchtenden Fülle" der Natur hergestellt. Weit davon entfernt, "unfühlend" zu sein (vergl. "Das Göttliche": "Denn unfühlend ist die Natur: / Es leuchtet die Sonne über Bös' und Gute, / und dem Verbrecher glänzen wie dem Besten / Der Mond und die Sterne.") entfaltet die Natur hier kosmische Kräfte: die Wärme der mütterlich brütenden Sonne, die sanft wehenden Lüfte und wachstumsfördernden Regenschauer des Himmels, den freundlichen Zauberhauch des Mondes. Das aber, was dem schaffenden Vorgang der Natur, dem Wachstum, der Reifung, Befruchtung und Frucht, die tiefste Erfüllung bringt, ja ihn eigentlich erst vollendet, ist die Kraft der "ewig belebenden Liebe", die sich hier in den vollschwellenden Tränen eines zutiefst ergriffenen, leidenschaftlich erregten Menschenherzens offenbart: der Allwaltende, der sich in ihm auf diese Weise äußert, wirkt auch in dem nach ewigen Gesetzen sich vollziehenden, von seiner Liebe umschlossenen Wachstums- und Reifeprozeß der Natur.

Jedes Wort dieses herrlichen Gedichtes ist von einer vitalen, durch und durch gesättigten Anschauungskraft. Die in den ersten sechs Zeilen verwandten Komparative "fetter, gedrängter, schneller, voller" setzen schon ein reiches Wachstum voraus, rufen aber zu noch stärkerer Intensität lebendigen Krafteinsatzes auf. Fast jedes Wort trägt einen vollen, starken Ton:

Gedrängter / quéllet /
Zwillingsbeeren / und reifet /
Schnéller / und glänzend / vóller!

Nachdrücklich und kräftig ist die drängende rhythmische Bewegung des Gedichtes, die erst in der Zäsur hiner dem "Ach!" zum Stillstand kommt und von da an langsam den inneren Ergriffensein des Dichters entsprechend abzusinken beginnt.

Auch in diesem Gedicht begegnen wir der wortschöpferischen Kraft Goethes, die sich in der Bildung von Nominalkomposita äußert: Rebengeländer, Zwillingsbeeren, Scheideblick, Zauberhauch; die Anschauungsfülle verdichtet sich in Worten, die ganz dem Naturbereich und dem menschlichen Bereich entnommen sind und in Bild und Klang Symbolgehalt besitzen: Sonne, Himmel, Mond, Augen, Liebe, Tränen; die Verben sowie der für den jungen Goethe bezeichnende Gebrauch von Partizipien (grünen, quellen, reifen, brüten, umsäuseln, kühlen, betauen; glänzend, fruchtend, belebend, vollschwellend) sind ein Ausdruck dafür, daß der Dichter Natur und Menschenleben als ein sich stetig Entwickelndes, Werdendes, Wachsendes, daß er die Welt als einen Organismus, in dem nichts für sich steht, sondern alles durch innere Übereinstimmung zueinandergehört, wahrnimmt und empfindet.

Die durchgängig lebendige Einheit der Welt, die Natur und Menschenseele, Bios und Eros in wechselseitiger Beglückung verbindend umfaßt, ist Goethes tragende Grundansicht, die in dem Gedicht "Herbstgefühl" in einer kaum später wieder erreichten, sinnkräftigen Plastizität der dichterischen Aussage, gleichnishaften Transparenz und Geschlossenheit der Form zum Ausdruck kommt.

2.3 Klassik

JOHANN WOLFGANG GOETHE:

VERMÄCHTNIS AL TPERSISCHEN GLAUBENS

> Wenn wir oft gesehn den König reiten,
> Gold an ihm und Gold an allen Seiten,
> Edelstein' auf ihn und seine Großen
> Ausgesät wie dichte Hagelschlossen:
> Habt ihr jemals ihn darum beneidet?
> Und nicht herrlicher den Blick geweidet,
> Wenn die Sonne sich auf Morgenflügeln
> Darnawends unzähligen Gipfelhügeln
> Bogenhaft hervorhob? Wer enthielte
> Sich des Blicks dahin? Ich fühlte, fühlte
> Tausendmal, in so viel Lebenstagen,
> Mich mit ihr, der kommenden, getragen,
> Gott auf seinem Throne zu erkennen,
> Ihn den Herrn des Lebensquells zu nennen,
> Jenes hohen Anblicks wert zu handeln
> Und in seinem Lichte fortzuwandeln.
> Aber stieg der Feuerkreis vollendet
> Stand ich als in Finsternis geblendet,
> Schlug den Busen, die erfrischten Glieder
> Warf ich, Stirn voran, zur Erde nieder.
> Und nun sei ein heiliges Vermächtnis
> Brüderlichem Wollen und Gedächtnis:
> Schwerer Dienste tägliche Bewahrung,
> Sonst bedarf es keiner Offenbarung.

Unauflösbares Geheimnis solcher Sprachklänge und ihrer immer neuen atemversetzenden Pracht! Man kann nicht sagen warum, aber man hört und spürt, so oft man sich Goethes "Vermächtnis altpersischen Glauben" vorsagt: eine Dichterstimme, wie sie hier vernehmbar wird, besitzt ein solches eigenstes Volumen, eine Trag- und Schallweite vor dem inneren Ohr, daß sich hier ein kühnes Gleichnis von selbst einstellt und man sagen möchte: **diese Stimme "füllt" den Weltraum.**

Was ist es nur, das den Leser mit dem rechten inneren Gehör für solch höchste, gleichsam absolut gewordene Dichtung - absolut wie die Musik Bachs, Beethovens oder Bruckners - immer wieder in Bann schlägt?

Ist es der wahrhaft trunkene Übermut der ersten Strophe, die sich vor Gold und Edelsteinen nicht zu lassen weiß und nur darum das an sich zunächst groteske Gleichnis mit den Hagelschlossen wagen darf, so daß es "sitzt", wie der unersetzliche Farbfleck auf irgendeinem Gemälde? Ist es das Bild und Klang gewordene unaufhaltsame Nahen der Sonne "auf Morgenflügeln"? Wird die jähe Majestät ihrer Ankunft auf "Darnawends unzähligen Gipfelhügeln" hier nicht wahrhaft Ereignis, und das allein durch das grandios gelungene grammatische Wagnis dieses Dativs vor dem dunklen vokalischen Glanz des "Bogenhaft hervorhob", das so königlich die neue Strophe einleitet? Welches Bild von Malerhand könnte den in diesen zweieinhalb Verszeilen eingefangenen und in einer großen Sprachkurve auf seinen letzten Bild- und Empfindungsgehalt gebrachten Naturvorgang je annähernd so wiedergeben, wie es hier geschieht? Ist es das in dem "wer enthielte" zunächst so kostbar negativ und indirekt ausgedrückte Blickverlangen, das dann in dem gedoppelten Jubel des "fühlte" seine Erfüllung findet? Ist es die prachtvoll grelle Polarität von Feuerkreis und Finsternis, vollendet und geblendet? Oder auch die nahezu derwischhafte Erregung des Parsen in der Ekstase seiner glühenden Verehrung - mit der überwältigend jähen Geste des "Stirn voran"? Und welchem Umstand verdankt diese ihre große Eindringlichkeit? Wiederum einer grammatischen Kühnheit, diesmal der Stellung im Satze.

Gewiß ist es all dieses auch; aber wie wird nun das wundervolle Detail dieser Sprachtextur gleichsam getragen durch den Rhythmus! Wie erhält es erst durch ihn seine allseitig ausstrahlende Magie! Durch diesen seltsamen und übrigens in deutscher Dichtung äußerst seltenen fünffüßigen Trochäus. Wie ist er mit seiner, dem zart modulierenden Blankvers der "Iphigenie" und des "Tasso" so durchaus gegenläufigen Bewegung, seinem ständigen ruckhaften Einsetzen und Fortschreiten, mit all den darin enthaltenen und wieder überwundenen Spannungen seines Tempos - wie ist er mit alledem der heimlichen Glut und Weltseligkeit dieser Strophen einzig gemäß, aus denen die weise Erkenntnis dessen, was dem Menschen angesichts des "hohen Anblicks" Gottes nötig ist zu tun,, als "Offenbarung" und als "heiliges Vermächtnis" emporsteigt.

Gedichte von solch äußerster Durchbildung der Form und Diktion sind in Goethes Lyrik nicht allzu häufig und kennzeichnen sie als Gesamtphänomen durchaus nicht. Sie sind das Ergebnis einer aus langen Erfahrungen hervorgegangenen dichterischen Sprachkunst, die klassische Vollendung erreicht hat.

FRIEDRICH SCHILLER: D E R T A N Z

Sieh, wie schwebenden Schritts im Wellenschwung sich die Paare
Drehen, den Boden berührt kaum der geflügelte Fuß.
Seh ich flüchtige Schatten, befreit von der Schwere des Leibes?
Schlingen im Mondlicht dort Elfen den luftigen Reihn?
Wie, vom Zephyr gewiegt, der leichte Rauch in die Luft fließt,
Wie sich leise der Kahn schaukelt auf silberner Flut,

Hüpft der gelehrige Fuß auf des Takts melodischer Woge,
Säuselndes Saitengetön hebt den ätherischen Leib.
Jetzt, als wollt es mit Macht durchreißen die Kette des Tanzes,
Schwingt sich ein mutiges Paar dort in den dichtesten Reihn.
Schnell vor ihm her entsteht ihm die Bahn, die hinter ihm schwindet,
Wie durch magische Hand öffnet und schließt sich der Weg.
Sieh! Jetzt schwand es dem Blick, in wildem Gewirr durcheinander
Stürzt der zierliche Bau dieser beweglichen Welt.,
Nein, dort schwebt es frohlockend herauf, der Knoten entwirrt sich,
Nur mit verändertem Reiz stellt die Regel sich her.
Ewig zerstört, es erzeugt sich ewig die drehende Schöpfung,
Und ein stilles Gesetz lenkt der Verwandlungen Spiel.
Sprich, wie geschiehts, daß rastlos erneut die Bildungen schwanken
Und die Ruhe besteht in der bewegten Gestalt,
Jeder ein Herrscher, frei, nur dem eigenen Herzen gehorchet
Und im eilenden Lauf findet die einzige Bahn?
Willst du es wissen? Es ist des Wohllauts mächtige Gottheit,
Die zum geselligen Tanz ordnet den tobenden Sprung,
Die, der Nemesis gleich, an des Rhythmus goldenem Zügel
Lenkt die brausende Lust und die verwilderte zähmt.
Und dir rauschen umsonst die Harmonien des Weltalls,
Dich ergreift nicht der Strom dieses erhabenen Gesangs,
Nicht der begeisternde Takt, den alle Wesen dir schlagen,
Leuchtende Sonnen schwingt in kühn gewundenen Bahnen?
Das du im Spiele doch ehrst, fliehst du im Handeln, das Maß.

Das im Spätsommer 1795 entstandene, 1799 umgearbeitete Gedicht "Der Tanz" ist der vollendetste Ausdruck der klassischen Weltanschauung Schillers. Wilhelm von Humboldt schreibt am 18. August 1799 an den Dichter: "Die Idee dieses Gedichtes drückt die Individualität Ihres Geistes, der immer in dem Verwirrten das Gesetz aufsucht und das gefundene Gesetz wieder in scheinbare Verwirrung zu verbergen sucht, sehr treffend aus." Das Erlebnis tanzender Paare entwickelt in dem Dichter die Idee, daß alle flüchtigen Wandlungen, alle schnellen Veränderungen einem bestimmten Gesetz unterworfen sind und daß sie ihm gehorchen müssen. Dieses Gesetz aufzufinden, ist der Dichter bemüht.

> Alle Gestalten sind ähnlich, und keine gleichet der andern;
> Und so deutet das Chor auf ein geheimes Gesetz,
> Auf ein heiliges Rätsel. O, könnt' ich dir, liebliche Freundin,
> Überliefern sogleich glücklich das lösende Wort!

So hatte Goethe schon empfunden beim Anblick "tausendfältiger Mischung dieses Blumengewühls", so empfindet Schiller beim Anblick der sich drehenden Paare.

Aus dem Erlebnis des Tanzes gewinnt Schiller die Erkenntnis des ihm zugrundeliegenden Gesetzes, aus der Anschauung die Abstraktion, worauf schon Goethe bei seiner Würdigung dieses Gedichtes in seinem Brief an Schiller vom 6. Oktober 1795 hingewiesen hatte.

Als das "stille Gesetz", das alle scheinbar willkürlichen Bewegungen, das "der Verwandlungen Spiel" lenkt, erkennt Schiller "des Wohllauts mächtige Gottheit an des Rhythmus goldenem Zügel."

Wohllaut und Rhythmus verschaffen dem ästhetisch und frei sich bewegenden Menschen Genuß und Halt. Wohllaut und Rhythmus sind die entscheidenden Formelemente, auf die sich die klassischen Bestrebungen zur Verwirklichung der Schönheit und Harmonie gründen. Wohllaut und Rhythmus garantieren "Form"; und die Form ist dem klassischen Geiste alles: sie zwingt ihn zu regelmäßiger Bildung der Stoffmassen, zum Maß, zur Objektivität, sie ermöglicht ihm durch die "Vertilgung" der Stoffmassen die Vollendung:

> Aber dringt bis in der Schönheit Sphäre
> Und im Staube bleibt die Schwere
> Mit dem Stoff, den sie beherrscht, zurück.
> Nicht der Masse qualvoll abgerungen,
> Schlank und leicht, wie aus dem Nichts gesprungen,
> Steht das Bild vor dem entzückten Blick.
> Alle Zweifel, alle Kämpfe schweigen
> In des Sieges hoher Sicherheit;
> Ausgestoßen hat es jeden Zeugen
> Menschlicher Bedürftigkeit.

Daher konnte Schiller gerade an diesem Gedicht nicht die geringste metrische oder rhythmische Unregelmäßigkeit oder Abweichung bestehen lassen; das Streben nach klassischer Vollendung erforderte die strengste Zucht; 1799 arbeitete er das Gedicht mit größter Sorgfalt um, auf größte Reinheit des Silbenmaßes bedacht, weil die "sinnliche Darstellung der inneren Notwendigkeit des Gedankens" dienen sollte.

Die an den Leser gerichtete Frage am Schluß des Gedichtes wendet den Sinn des Ganzen **vom Ästhetischen ins Ethische:** den Rhythmus, den der Mensch im Spiele, im Tanz erkannt und ehren gelernt hat, möge er auch im Leben zur Richtschnur seines Handelns machen. Er ist das Maß, dem er nicht entfliehen darf.

Den gleichen Gedanken der Notwendigkeit rhythmischen Lebensvollzuges, dem Schillers Gedicht "Der Tanz" Ausdruck gibt, hatte Goethe in der "Metamorphose der Tiere" folgendermaßen ausgesprochen:

> Dieser schöne Begriff von Macht und Schranken, von Willkür
> Und Gesetz, von Freiheit und Maß, von beweglicher Ordnung,
> Vorzug und Mangel, erfreue dich hoch: die heilige Muse
> Bringt harmonisch ihn dir, mit sanftem Zwange belehrend.
> Keinen höhern Begriff erringt der sittliche Denker,
> Keinen der tätige Mann, der dichtende Künstler; der Herrscher,
> Der verdient es zu sein, erfreut nur durch ihn sich der Krone.
> Freue dich, höchstes Geschöpf, der Natur, du fühlest dich fähig,
> Ihr den höchsten Gedanken, zu dem sie schaffend sich aufschwang,
> Nachzudenken. Hier stehe nun still und wende die Blicke
> Rückwärts, prüfe, vergleiche und nimm vom Munde der Muse,
> Daß du schauest, nicht schwärmst, die liebliche volle Gewißheit.

FRIEDRICH HÖLDERLIN: PATMOS

Nah ist
Und schwer zu fassen der Gott.
Wo aber Gefahr ist, wächst
Das Rettende auch.
Im Finstern wohnen
Die Adler und furchtlos gehn
Die Söhne der Alpen über den Abgrund weg
Auf leichtgebaueten Brücken.
Drum, da gehäuft sind rings
Die Gipfel der Zeit, und die Liebsten
Nah wohnen, ermattend auf
Getrenntesten Bergen,
So gib unschuldig Wasser,
O Fittiche gib uns, treuesten Sinns
Hinüberzugehn und wiederzukehren.
Doch bald, in frischem Glanze,
Geheimnisvoll
Im goldenen Rauche, blühte
Schnellaufgewachsen,
Mit Schritten der Sonne,
Mit tausend Gipfeln duftend,
Mir Asia auf, und geblendet sucht'
Ich eines, das ich kennete, denn ungewohnt
War ich der breiten Gassen, wo herab
Vom Tmolus fährt
Der goldgeschmückte Paktol
Und Taurus stehet und Messogis,
Und voll von Blumen der Garten,
Ein stilles Feuer; aber im Lichte
Blüht hoch der silberne Schnee;
Und Zeug' unsterblichen Lebens
An unzugangbaren Wänden
Uralt der Efeu wächst und getragen sind
Von lebenden Säulen, Zedern und Lorbeeren
Die feierlichen,
Die göttlichgebauten Paläste . . .

Der Hymnus versucht - wie alle späten Hymnen - die Situation der Zeit, wie sie vom
Schicksal bestimmt ist, vollkommen zu beschreiben, die Lage mit allen Gründen und
Folgen vorzustellen, in der er erklingt, und die also über sein Glück oder Unglück,
Erreichung des Göttlichen, Kraft der Verkündigung oder irrende Sehnsucht entscheidet. Er
durchmißt mit seinen Worten, Sprüchen und Metaphern noch einmal die ganze Gedanken-
welt des Dichters.

Nah is
Und schwer zu fassen der Gott.

So beginnt die Hymne, und in diesem kurzen Wort sind alle die großen, tröstlichen oder bitteren Lebenserfahrungen Hölderlins in bezug auf das Göttliche zusammengefaßt. Die Worte sind schwer und vieldeutig: Das Wort "nah" kann die Erfahrungen ausdrücken, die der Dichter von Jugend auf, vor den schönen, lebendigen Dingen der Natur und in dem oft wunderbaren Einssein mit ihren Genien gehabt hat, und es kann ebenso die Erwartung ausdrücken, die sich erst jetzt so gewiß auf eine nahe Zukunft richtet. Daß aber die Gottheit doch "schwer zu fassen" oder gar unerreichbar ist, das ist das älteste, tiefste Leid Hölderlins, das immer gegen jene Erlebnisse und auch noch gegen diese jüngste Erwartung bestehen blieb und sich unüberwindlich zeigte. Es ist eine Lage der Gefahr, in der diese Dichtung beginnt, und sie kann sich zunächst an nichts anderes halten als an eine allgemeine Wahrheit: "Wo aber Gefahr ist, wächst / Das Rettende auch." Diese Wahrheit gibt Trost und Hoffnung auch in der gefährlichen Lage des Augenblicks, vor dem nahen, unerreichten Göttlichen, und sie ist unzweifelhaft auch ohne Beweis, sie gilt gleichsam durch die beiden lebendigen, dichterischen Bilder, die sie darstellen: "Im Finstern" - als in ihrer besonderen Gefahr - "wohnen" doch auch "die Adler", und "die Söhne der Alpen" gehen leicht und sicher "über den Abgrund".

So ist in den ersten Versen die allgemeine Gefahr, in der der Dichter mit seiner Sehnsucht und seinem Glauben leben muß, und eine allgemeine Hoffnung dargestellt. Doch was so vorgestellt wird, ist ja nicht das Menschenschicksal, die einzige Art, in der Menschen mit der Gottheit leben, überhaupt. Der Dichter findet sich selbst an einem Ort der Geschichte und sieht so deutlich Zeiten und Völker, in denen jenes "nah und schwer zu fassen" nicht gilt, in denen Gegenwart des Göttlichen, Gafahrlosigkeit, Innigkeit und Schönheit das Leben bestimmen. Das ist ja auch eine alte Erfahrung Hölderlins, daß der Friede, den er entbehrt, zu anderen Zeiten und am meisten unter den Griechen Wirklichkeit war. In dem Wort von den "Gipfeln der Zeit" ist dieses Wissen hier gefaßt. Und zugleich ist alles Leid, alle furchtlose Sehnsucht, die Hölderlin je nach Griechenland gefühlt hat, darin enthalten, wenn es heißt, daß "die Liebsten nahe" - nämlich sich wohl kennend - "wohnen, ermattend auf / Getrenntesten Bergen". So enthüllt die allgemeine Not den besonderen, konkreteren Zug, daß sie auf die Zeit, welcher der Dichter angehört, beschränkt ist, und daß es wohl schon helfen könnte, wenn er diese seine Zeit verließe und die "Liebsten", die vergangenen, glücklichen "Gipfel der Zeit" aufsuchte. Darauf richtet sich die Hoffnung im besonderen, das also erfleht der Hymnus, der das Göttliche sucht, daß die Trennung der Zeiten aufgehoben sein möge:

Drum . . .
So gib unschuldig Wasser,
O Fittiche gib uns, treuesten Sinns
Hinüberzugehn und wiederzukehren.

Und die Hoffnung trügt nicht, die Bitte ist nicht vergeblich.

Doch bald, in frischem Glanze,
Geheimnisvoll
. . . blühte . . .
Mir Asia auf . . .

So betritt der Dichter die Zeit und Welt, der immer schon seine Sehnsucht und Liebe galt. Und in den folgenden Versen ist denn auch in gedrängter Fügung all das dargestellt, was Asien oder vielmehr die griechische Welt der kleinasiatischen Inseln bedeutet als das Land, in dem zu ihrer Zeit die Götter gegenwärtig lebten. Worte werden von diesem Lande gebraucht, die ein Überfülle von sinnlicher Anschauung und tiefer Bedeutung enthalten, und die alle zusammen die große und ausgebildete Anschauung vertreten, die Hölderlin von einem Leben der Götternähe und der Schönheit, von seinen Gründen und Auswirkungen sich geschaffen hat. Der frische Glanz ist das erste, was in dem zuerst gefühlten Gegensatz zu dem stumpfen, starren Dasein der eigenen Zeit an dieser alten Welt hervortritt. "Geheimnisvoll" ist sie, so wie überhaupt Schönheit, Mythos und Glaube sich der ratio entziehen. Sie "blüht im goldenen Rauche", und aus anderen Gedichten Hölderlins geht hervor, daß dieser goldene Rauch das Bild für das Dasein einer lebendigen, poetischen Überlieferung von Sagen, Fabeln und Mythen ist. Kaum vermögen wir mit anderen, abstrakten Worten zu fassen, was das wunderbare Bild von dem "mit Schritten der Sonne" gehenden Lande ausdrückt, wir fassen es nur als irgendein Zeichen höchsten Glanzes oder tatenreichen, mächtigen Lebens, und das Bild: "mit tausend Gipfeln duftend" scheint die Sinnlichkeit und Fülle darzustellen, die Hölderlin immer als einen Gegensatz seines eigenen erstarrten und schmerzlichen Daseins erkannt hat.

Aber statt das Glück dieser so oft ersehnten Einkehr in Asia ganz zu genießen und sich diesem vollkommeneren Leben anzuvertrauen, steht der Dichter geblendet. Da er durch ein Wunder den Gegenstand seiner langen Sehnsucht und Liebe vor sich sieht, um dessen unerreichbare Ferne er immer trauert, sucht er Bekanntes und ihm wirklich Vertrautes: ". . . und geblendet sucht' / Ich eines, daß ich kennete . . .". Die Schönheit Asiens befriedigt doch das Herz nicht ganz, sie ist "ungewohnt" mit der sichtbaren Fülle einzelner Dinge und Bilder, die sie jetzt vor dem Auge des Dichters enthüllt: Noch einmal tauchen hier, in der Schilderung Asiens, Bilder und Worte auf, die seit den begeisterten Beschreibungen des Hyperion und des Wanderers fast vergessen waren. Der "Tmolus", der "goldgeschmückte Pactol", "Taurus" und "Messogis", das sind Namen, in deren Klang allein schon die Herrlichkeit Griechenlands, wie es Hölderlin gesehen hat, beschlossen ist. Der Dichter sieht einzelne, ganz konkrete Bilder: "von Blumen der Garten", "Feuer" und "Licht", die Blüte des "silbernen Schnees" auf den Bergen, "Epheu" in der Wildnis und den Wald von "Lorbeern" und "Cedern", der ihm wie "feierliche, göttlichgebaute Paläste" erscheint. Die Bilder stehen hart nebeneinander, wie zufällig zusammengebracht, aber sie haben doch mit ihrer Pracht, mit dem Klang ihrer Laute und durch die rhythmische Form, die sie umschließt, die Kraft, die ganze griechische Welt, mit all der Bedeutung, die sie für Hölderlin hat, zu repräsentieren.

Die Heimat der alten Götter und der Schönheit, das Land der Sehnsucht, das Hölderlin wirklich immer ein "Liebstes" war, liegt vor ihm, und hier durch ein Wunder wirklich einen Augenblick eingekehrt sollte er wohl die Kraft und Freudigkeit haben, die alten Götter zu besingen.

(Hans Gottschalk)[22]

FRIEDRICH HÖLDERLIN: *DIE TITANEN*

Nicht ist es aber
Die Zeit. Noch sind sie
Unangebunden. Göttliches trifft Unteilnehmende nicht.
Dann mögen sie rechnen
Mit Delphi. Indessen, gib in Feierstunden
Und daß ich ruhen möge, der Toten
Zu denken. Viele sind gestorben
Feldherrn in alter Zeit
Und schöne Frauen und Dichter
Und in neuer
Der Männer viel
Ich aber bin allein.

Mit gedrängten Worten wird die Lage des Dichters, das Verhältnis der göttlichen und menschlichen Welt, in der die Hymne erklingt, dargestellt in einem weiten Zusammenhang von Gründen, Erklärungen, Ursachen und geschichtlichen Beziehungen. Mit dem einen Wort "Zeit" tritt die Fülle der Vorstellungen auf, die Hölderlin von dem Schicksal, der Erscheinung des Göttlichen in einem bestimmten Augenblick, ja überhaupt von dem Leben der Götter erlangt. Die Lage seiner eigenen mythen- und götterlosen Gegenwart, von der er in seinem Leben so viele und mächtige Erfahrungen gesammelt und so vieles gedacht hat, ist bezeichnet mit dem Satz: "Nicht ist es aber / Die Zeit." Und in kürzester Darstellung stehen daneben zwei einzelne Tatsachen, welche das Schicksal begreifen und aus einem geheimnisvollen Gesetz erklären: Die Titanen sind noch "unangebunden"; so wird die Welt beschrieben, in der es "noch nicht die Zeit" ist; und "Göttliches trifft Unteilnehmende nicht"; so begründet ein allgemeines Faktum das besondere, augenblickliche Schicksal der "Unzeitigkeit" und der "Unangebundenheit" der Titanen. Das bloße Nebeneinander der kurzen Hauptsätze, ja der schweren, inhaltreichen Worte vertritt eine logische Verknüpfung, die pragmatische Beschreibung, nähere, spezielle Bezeichnung und allgemeine Begründung oder auch Beziehung auf einen Grundsatz zusammenfügt. Was "Zeit" hier bedeutet, mögen wir noch aus der Entwicklung und dem uns erkennbaren Zusammenhang von Hölderlins Denken begreifen können; es liegt jedenfalls eine weite und tiefe Bedeutung in dem Wort.

Was es heißt, daß die Titanen "noch unangebunden" sind, ist schon unübersehbar. Wir denken etwa an die Bindung oder Fassung göttlicher und mythischer Wesen, die - durch die Dichtkunst - nach dem Glauben Hölderlins erst eintreten kann, wenn es Zeit ist, oder wir erinnern uns auch an die Wesenszüge der Unruhe, Wildheit, Roheit, Ordnungs- und Maßlosigkeit, die in Hölderlins Vorstellungen überhaupt die Welt vor der Zeit, vor dem Göttertag und ohne inniges Verhältnis von Göttern und Menschen kennzeichnet.

Das Wort "Unteilnehmende" endlich, von dem auch kaum - nach Sinn und Stellung - zu erkennen ist, ob es von allen Menschen oder Titanen gilt, scheint alle die Vorstellungen heraufzubeschwören, die Hölderlin je in Bildern und abstrakten Spekulationen von einer zur Erlösung und zur Herstellung eines innigen Verhältnisses zwischen Göttern und

Menschen nötigen wechselseitigen Zuneigung, Bereitschaft oder Annäherung der getrennten Welten sich gebildet hat.

Und das alles, dieser Zusammenhang weitreichender Gedanken und Anschauungen, soll, so schnell wie die Melodie des Hymnus fortgeht, mit einer solchen Lebendigkeit und Deutlichkeit hervorgerufen werden, daß die folgende bestimmte Bitte und Klage des Dichters mit ihrem Anspruch und ihrer notwendigen Beschränkung und besonderen Art einen festen Grund hat. Ja, auch der dazwischenstehende Satz: "Dann mögen sie rechnen / mit Delphi", den ich nicht zu deuten wage, soll doch, wie wir annehmen müssen, sich in den voraufgehenden, gedrängten Zusammenhang vollkommen einordnen. "Indessen" oder weil also das Schicksal und der Augenblick so beschaffen sind und das Gesetz der Welt so die Lage bestimmt, spricht der Dichter die Bitte aus, die ihm gleichsam vor der "Zeit", vor der allgemeinen Wende des Schicksals etwas verschaffen soll, was er wie eine beschränkte, vorläufige, aber doch nicht länger zu entbehrende Verwirklichung der "Ruhe", der "Feier" des Glaubens und des Gesanges ansieht, die eigentlich erst die Zeitwende ganz schaffen kann. Zu seiner Ruhe, für seine - offenbar einsamen - Feierstunden bittet er, daß er "der Toten denken" dürfe oder könne. Sie zu feiern, ihrer zu denken macht sich in der zweiten Hälfte der Strophe - die Erfüllung der Bitte voraussetzend - der Gesang auf und bezeichnet voraus noch die Lage, in der der Dichter sich mit seinem Versuch gegenüber diesem Gegenstand findet, eine Lage, die offenbar auch noch von dem zu Anfang dargestellten Schicksal bestimmt ist. Denn es sind viele Tote sichtbar, sie sind bekannt nach Namen, Art, Lebenszeit und Ort und also offenbar erreichbar als Göttliches im allgemeinen. Nur der Dichter ist allein.

Welche Last von Bedeutung und Anschauung ist in diesen wenigen Worten zusammengepreßt! Der Hymnus hat Worte gefunden und hart zusammengefügt, die zu seinem Zweck wohl geeignet sind. Aber wie schwer realisieren sich im Fluß der Strophe wirklich alle notwendigen Vorstellungen, wie übermäßig ist die Sprache in Anspruch genommen und wie auf das äußerste gespannt ist der Zusammenhang der Form. Der Hymnus schreitet schwer und gehemmt dahin, und die Anstrengung, die seinen erhabenen Schwung erzeugt und erhält, ist fast schmerzlich fühlbar. Es ist eine Dichtungsart, die bei gleichem Ziel und ähnlichen Mitteln doch in Klang und Wirkung grundverschieden ist von der durch überlieferten Kult und Mythos bestimmten Dichtung Pindars, in der auch die Dunkelheiten, die im Fluge undeutbaren Worte sich noch selbstverständlich dem Fortgange des Gesanges einfügen, - gleichsam "liturgisch" - und nicht als die unbegreiflichen, verlorenen Gedanken eines einsamen, dem Abgrund nahen Geistes, sondern als die heiligen, längst verwitterten und doch vertrauten Trümmer des alten Mythos, die nur die Ehrfurcht und der geheiligte Brauch, nicht aber mehr das Verstehen im Strom der Überlieferung erhält. Hölderlins hymnischer Stil ist das Zeugnis leidvollen Strebens und höchster Kühnheit, aber nicht der stillen, selbstverständlichen Vollkommenheit und kunstreichen Schönheit, nach der er sich sehnt, und die ihm allein hätte Frieden schaffen können. Er selbst hat eine Anschauung von der Funktion des Dichters vor dem Göttlichen gehabt, die besser als alles andere fühlen läßt, wie fern er selbst noch mit der Art der späten Hymnen davon ist, diese Funktion selbst zu erfüllen. "Mühelos", glücklich, ungefährdet, heißt es ja immer wieder, empfangen die Dichter das "Feuer vom Himmel", singen und teilen "freudig" das Göttliche mit.

(Hans Gottschalk)[23]

FRIEDRICH HÖLDERLIN: H Ä L F T E   D E S   L E B E N S

Mit gelben Birnen hänget
Und voll mit wilden Rosen
Das Land in den See,
Ihr holden Schwäne,
Und trunken von Küssen
Tunkt ihr das Haupt
Ins heilignüchterne Wasser.

Weh mir, wo nehm' ich, wenn
Es Winter ist, die Blumen, und wo
Den Sonnenschein,
Und Schatten der Erde?
Die Mauern stehn
Sprachlos und kalt, im Winde
Klirren die Fahnen.

Dies Wunderwerk sprachlicher Darstellung gestaltet in seinen beiden sprachlich so verschiedenen Hälften zwei polar-entgegengesetzte Welten. Im ersten Teil: die selige Erfülltheit der reifen, satten Landschaft, vor der sich der Dichter selbst in seligem Zusammenhang mit der lebendigen Natur empfindet. Im zweiten Teil die aufsteigende Vision der winterlich erstarrten, kalten, toten Welt, mit der sein eigenes beseeltes Ich nicht mehr zusammenklingen kann. Und nun die sprachliche Darstellung. Im ersten Teil: die ganz parataktische Struktur, das ruhige und klar entfaltete Nebeneinander der Sätze. Dann aber, sofort einsetzend mit dem Beginn des zweiten Teils die Zerrissenheit und schmerzliche Verwirrung im Satzgefüge: "Weh mir, wo nehm' ich, wenn es Winter ist, die Blumen, und wo den Sonnenschein und Schatten der Erde?" Und dann die harten, abgerissenen, unmelodischen Sätze: "Die Mauern stehn / sprachlos und kalt, im Winde / klirren die Fahnen." Im ersten Teil hat fast jedes Ding sein beseelendes Beiwort: *gelbe* Birnen, *wilde* Rosen, *holde* Schwäne, *heilig-nüchternes* Wasser. Denn in der Eigenschaft liegt für Hölderlin die Seele der Dinge. Ohne Eigenschaft sind sie erstarrt, kalt, entseelt, sprachlos und sprechen den Menschen in ihrer Nacktheit nicht an, und die Seele des Menschen findet keinen Zugang zu ihnen. Im zweiten Teil also stehn die Dinge ohne Beiworte da, nackt und bloß, kahl und kalt, sprachlos. In Beiwort und Beiwortlosigkeit hat sich hier sprachlich Leben und Tod, Beseeltheit und Erstarrung dargestellt. Im ersten Teil sind es lebendig-individuelle Dinge: gelbe *Birnen*, wilde *Rosen*, holde *Schwäne*, im zweiten Teil dagegen allgemeine und abstrakte Schemen: *Blumen* und *Schatten* oder so tote, kalte, unorganische Sachen wie *Mauern* und *Wetterfahnen*. Im ersten Teil der schöne Zusammenfall von sprachlicher und rhythmischer Gliederung. Kein sprachlicher Übergriff von einem in den andern Vers. Im zweiten Teil der wehvolle Riß zwischen Sprache und Rhythmus:

Weh mir, wo nehm ich, wenn
es Winter ist, die Blumen, und wo
den Sonnenschein und Schatten der Erde?

und jäh erschreckend setzen nun im Unterschied von dem sanft steigenden Rhythmus des ersten Teils (Mit gélben Birnen hänget) die Verse des zweiten ein: Wéh mir, wo néhm ich, wénn . . . Das Ende des ersten Teils: ins héilig-nüchterne Wásser, des zweiten: klírren die Fáhnen. Der Vokalharmonie der ersten Hälfte schrillen die Dissonanzen des zweiten grell entgegen. Im ersten Teil, da eine beseelte Welt den Dichter anspricht und er sich selbst in ihre Einheit eingebettet fühlt, kann er des eigenen Ich vergessen und ihr mit liebender Anrede antworten: *ihr* holden Schwäne. Im zweiten Teil steht das beseelte Ich in fruchtbarer Isolierung der entseelten Welt ohne Beziehung gegenüber: Weh *mir,* wo nehm *ich,* wenn . . . Er redet die Welt nicht mehr an. Er fragt. Denn seine ganze Existenz ist in dieser sprachlosen Welt fragwürdig geworden. Das nenne ich sprachliche Darstellung.

(Fritz Strich)[24]

2.4 ROMANTIK

FRIEDRICH SCHLEGEL: WEISE DES DICHTERS

Wie tief im Waldesdunkel Winde rauschen,
Ihr Lied dazwischen Nachtigallen schlagen,
Der muntre Vogel singt in Frühlingstagen,
Daß wir dem fernen Ruf bezaubert lauschen:

So seht ihr hier jedwede Weise tauschen,
Betrachtung, linde Seufzer, tiefe Klagen,
Der Scherze Lust, der Liebe kühnes Wagen,
Und was den Seher göttlich mag berauschen.

Anklänge aus der Sehnsucht alten Reichen
Sind es, die bald sich spielend offenbaren,
Uns ihr Geheimnis bald mit Ernst verkünden;
Sinnbilder, leise, des gefühlten Wahren,
Des nahen Frühlings stille Hoffnungszeichen,
Die schon in hellen Flammen sich entzünden.

In diesem Gedicht gibt Friedrich Schlegel eine Art Programm der Romantik. Er wählt dafür die Form der petrarchischen Sonette aus je zwei Strophen von vier fünffüßigen Jamben (Quartetten) mit dem Reimschema abba abba und zwei dreizeiligen Strophen aus gleich-gebildeten Verszeilen (Terzetten) mit der Reimfolge cde dce. Die beiden Quartette geben die Inhalte der romantischen Poesie an. Das erste schildert das Naturerlebnis, das jedem romantischen dichterischen Erlebnis identisch gesetzt wird, weil auch Natur und Poesie für den Romantiker identisch sind. Der Waldeszauber wird beschworen, in dessen geheimnis-vollem Dunkel die Nachtigall ihr zauberhaftes Lied singt. So wie in der Natur sich tiefes, nur dem ahnenden Gefühl zugängliches Geheimnis und den Sinnen und dem Verstand Erkennbares zusammenfinden, so verbinden sich auch in der Weise des Dichters aus seiner natürlichen schöpferischen Willkür tiefe Betrachtung und hohes Gefühl mit "der Scherze Lust", eigenes Erleben mit seherischer Größe, dem nur der schöpferischen Phantasie möglichen Blick in Vergangenheit und Zukunft. Die Sehnsucht dringt in alte Reiche vor, sie zaubert sie, wie der belebende Frühling das Lied der Nachtigall, aus dem Dunkel hervor. Manchmal offenbart sich das Vergangene spielend, manchmal verkündet es sich mit Ernst. Nie wird es in seiner Ganzheit erfaßt. Aber der Dichter vermag Sinnbilder des Wahren, die nur seiner Phantasie und seinem Gefühl zugänglich sind, zu setzen. Der Autor wird wieder zum "Urheber". In seinem "Gespräch über die Poesie" (1800) sagt Friedrich Schlegel: "Die neue Poesie muß aus der tiefsten Tiefe des Geistes herausgebildet werden; sie muß das künstlichste aller Kunstwerke sein, denn sie soll alle anderen umfassen, ein neues Bett und Gefäß für den alten, ewigen Urquell und ein unendliches Gedicht, welches die Keime aller anderen Gedichte verhüllt". In seinem Aufsatz "Über Lessing" (1792) fordert er: "Jedes Gedicht, jedes Werk soll das Ganze bedeuten, wirklich und in der Tat bedeuten, und durch die Bedeutung und Nachbildung auch wirklich und in der Tat sein, weil ja außer dem Höheren, worauf sie deutet, nur die Bedeutung Dasein und Realität hat". Weiter heißt es: "Die höhere Kunst ist selbst Natur und Leben und schlechthin eins mit diesen." Durch Allegorie, durch "Symbolik" wird "der Schein des Endlichen mit der Wahrheit des Ewigen in Beziehung gesetzt und eben dadurch in sie aufgelöst". An Stelle der Täuschung und über alles Dasein erhaben ist". Schlegel glaubte, daß die Poesie an der Schwelle dieser neuen höheren Kunst stehe. In den Werken der Dichter seiner Zeit sah er die Zeichen eines neuen Frühlings des menschlichen Geistes, der, wie der Frühling der Natur deren Schönheit offenbart, auch die Menschheit einer neuen Größe und Herrlichkeit entgegenführen würde.

(Karl Brinkmann)[25]

JOSEPH VON EICHENDORFF: N A C H T Z A U B E R

Hörst du nicht die Quellen gehen
Zwischen Stein und Blumen weit
Nach den stillen Waldesseen,
Wo die Marmorbilder stehen
In der schönen Einsamkeit?
Von den Bergen sacht hernieder,
Weckend die uralten Lieder,
Steigt die wunderbare Nacht,
Und die Gründe glänzen wieder,
Wie du's oft im Traum gedacht.

Kennst die Blumen du, entsprossen
In dem mondbeglänzten Grund?
Aus der Knospe halb erschlossen,
Junge Glieder blühend sprossen,
Weiße Arme, roter Mund,
Und die Nachtigallen schlagen,
Und rings hebt es an zu klagen,
Ach, vor Liebe todeswund,
Von versunknen schönen Tagen -
Komm, o komm zum stillen Grund!

Dieses Gedicht trifft den Leser schon beim ersten Lesen unmittelbar und ganz: es geht ins Ohr ein und dringt ins Gemüt. Da wird vor allem die Bewegung in Wort und Melodie offenbar: trotz der vorwiegend vierhebigen trochäischen Taktfüllung und dem regelmäßig dahinfließenden, sacht schwebenden Rhythmus ist kein absolutes Gleichmaß, sondern ein ständiger Wechsel der Bewegung zu spüren, der den ganz spezifischen Reiz dieses Gedichtes ausmacht.

Der Dichter sagt uns, was ihn bewegt; das Gedicht, dem 11. Kapitel des Versepos "Octavian" entnommen, hat die Lockung und Verführung zur Liebesvereinigung durch eine schöne Frau, die göttlich und dämonisch zugleich ist, zum Inhalt.

> Hörst du nicht die Quellen gehen
> Zwischen Stein und Blumen weit
> Nach den stillen Waldesseen,
> Wo die Marmorbilder stehen
> In der schönen Einsamkeit?

Das Gedicht beginnt mit einer Frage; diese Frage nimmt die ersten fünf Zeilen der ersten Strophe ein. Schon darin zeigt sich, daß die Frage nicht nebenher gestellt wird, sondern mit starker Intensität vom Verlangen der fragenden Person getragen wird. Diese fünf ersten Verszeilen bilden auch in bezug auf den Reim eine Einheit; das Reimschema ist abaab, wobei der Kreuzreim die Zeilen verbindet, die eine inhaltliche Entsprechung aufweisen.

Der Anfang des Gedichtes könnte auch lauten:

> Hörst du nicht die Quellen gehen
> Nach den stillen Waldesseen,
> Wo die Marmorbilder stehen?

Oder:

> Hörst du nicht die Quellen gehen
> Zwischen Stein und Blumen weit
> In der schönen Einsamkeit?

Beide Fassungen, für sich gelesen, ergäben einen Sinn; daß die fragende Person der Frage jedoch über fünf Zeilen hin einen nahezu beschwörenden Ausdruck verleiht, zeigt, wie tief die Sehnsucht nach dem Du ist, wie stark der Versuch, es in die schöne Einsamkeit der Natur hineinzulocken.

> Von den Bergen sacht hernieder,
> Weckend die uralten Lieder,
> Steigt die wunderbare Nacht . . .

Auffallend ist an dieser Aussage, daß die behutsam hereinsinkende Dämmerung und der Einbruch der Nacht nicht etwa Grauen erwecken, sondern als "wunderbar" empfunden werden, weil sie die "uralten Lieder" der Sehnsucht und der Liebe heraufbeschwören.

> Und die Gründe glänzen wieder,
> Wie du's oft im Traum gedacht.

Die Nacht wird die Erfüllung dessen bringen, was der Dichter in sehnsuchtsvollen Träumen gedacht und herbeigehofft hat, die glänzenden Gründe der Natur und der Seele sind ihm Zeichen des Glückes, des Ewigen und Göttlichen. Sie sind vom Unendlichen durchwaltet.

Das Reimschema der letzten fünf Zeilen der ersten Strophe ist ccdcd; die Verteilung der c-Reime der zweiten Strophenhälfte entspricht der Verteilung der a-Reime der ersten Strophenhälfte, nur mit dem Unterschied, daß der Paarreim der ersten Strophenhälfte von einem Kreuzreim umschlossen wird, während dieser in der zweiten Strophenhälfte dem Paarreim folgt. Die Versausgänge der ersten Strophe sind alternierend klingend und stumpf; jede Halbstrophe endet stumpf und bringt damit die vorangegangenen klingenden Kadenzen, die gewissermaßen, im Raum verschwebend, der Unendlichkeit des Gefühls entsprechen, zum Abschluß.

Beiden Teilen der ersten Strophen aber ist eins gemeinsam: sie stehen, inhaltlich und formal, nicht zuletzt durch die reizvolle reimtechnische Verklammerung, in einem engen Zusammenhang, als Abbild der geheimnisvollen, unendlichen Natur. Die Welt ist verzaubert, denn nur in der Verzauberung ist es möglich, dem Alltäglichen und Zufälligen einen Sinn zu geben und dadurch zum göttlichen Ursprung zu gelangen. Daher die Sehnsucht nach der entlegenen Gegend (nach stillen Waldesseen, zu denen man auf weiten Wegen zwischen Stein und Blumen gelangt), nach verklärter Vergangenheit (uralte Lieder, versunkene schöne Tage), nach dem Gefühlsabgrund des Transzendenten und Jenseitigen (wunderbare Nacht, glänzende Gründe), nach dem Traum, der das wahre Leben ist.

Auch die zweite Strophe beginnt mit einer Frage:

> Kennst die Blumen du, entsprossen
> In dem mondbeglänzten Grund?

Die Antwort lautet:

> Aus der Knospe, halb erschlossen,
> Junge Glieder blühend sprossen,
> Weiße Arme, roter Mund . . .
> Komm, o komm zum stillen Grund!

Damit ist das Liebesthema, das in der ersten Strophe bereits anklang, ganz deutlich aufgenommen worden. Die Knospe, anfangs noch halb verschlossen, entfaltet sich und aus ihr erwächst ein lebendiges, blühendes, lockendes Wesen, den verführerisch schönen Blumenmädchen der Parzivalsage vergleichbar. Das Verlangen findet in der Entfaltung der Blume seine erste Erfüllung: weiße Arme, roter Mund. Es sind die Waffen der Liebe, die nunmehr in Erscheinung treten.

> Und die Nachtigallen schlagen,
> Und rings hebt es an zu klagen,
> Ach, vor Liebe todeswund,
> Von versunknen schönen Tagen -

Diese Wendung scheint zunächst unerwartet zu sein; bisher war die Natur friedvoll, nun setzt das Klagen ein. Die Lockung verstärkt sich. Die Liebe macht "todeswund" und sieht keinen andern Ausweg mehr als die Erfüllung der Sehnsucht oder den Tod. Daher die unverhüllte Bitte des Schlusses:

> Komm, o komm zum stillen Grund!

Die Entsprechung von Inhalt und Form läßt die letzte Zeile als wirklichen Abschluß erscheinen. Die stumpfe, volle Kadenz von "Grund" läßt weiteren Deutungen keinen Raum: die Sehnsucht, im Zauber der Nacht mit dem Geliebten vereinigt zu werden, findet ihre Erfüllung in der Ruhe und Einsamkeit des stillen Grundes der unendlichen Liebe, der - während **der Gedanke der Erfüllung auf mystische Weise mit dem Todesmotiv** **verschmilzt** - zum göttlichen Urgrund wird, aus dem alles Leben entsteht und in den alles Leben mündet.

Das Reimschema der ersten Strophe wiederholt sich in der zweiten, die die gleiche vierhebige trochäische Taktfüllung und den gleichen gleitenden Rhythmus wie die erste besitzt, aber von noch stärkerer Geschlossenheit ist. Den vier verschiedenen Reimen der ersten Strophe stehen in der zweiten nur drei gegenüber. Die vierfache Wiederkehr der einzigen männlichen Kadenz gibt der Strophe einen starken Nachdruck und unterstreicht damit zusammen mit der Lautmelodie der dunklen, vollen Vokale und den zahlreichen Verben der Bewegung, Verben, die voller Aktivität und Leben sind (entsprießen, erschließen, sprießen, anheben), das Drängen und das kaum zu beschwichtigende Verlangen nach Erfüllung. Die Natur selbst wird Wort, Klang und Melodie und singt die Weise von Liebe und Tod.

2.5 REALISMUS

THEODOR STORM: M E E R E S S T R A N D

Ans Haff nun fliegt die Möwe,
Und Dämmrung bricht herein;
Über die feuchten Watten
Spiegelt der Abendschein.

Graues Geflügel huschet
Neben dem Wasser her;
Wie Träume liegen die Inseln
Im Nebel auf dem Meer.

Ich höre des gärenden Schlammes
Geheimnisvollen Ton,
Einsames Vogelrufen -
So war es immer schon.

Noch einmal schauert leise
Und schweiget dann der Wind;
Vernehmlich werden die Stimmen,
Die über der Tiefe sind.

Es ist für Storms Wesen bezeichnend, daß sein erstes Gedicht in der Fremde, entstanden am 4. Juni 1854 in Potsdam, der heimatlichen Landschaft gilt. Aber die tiefe Heimwehstimmung, aus der heraus es geschrieben ist, wird als solche gar nicht fühlbar, sondern ist völlig im Anschaun des reinen künstlerischen Bildes untergegangen. Wie andere Gedichte

Storms ist auch dieses offen, eigentlich ohne Anfang und Ende, ein Ausschnitt aus der Unendlichkeit, nicht begrenzt und nicht begrenzbar. Nur durch das Einfallen der Dämmerung und das Hereinsinken der Nacht ist eine zeitliche Linie in das ruhende Bild der Unendlichkeit gebracht. Und doch ist das scheinbar Ruhende von stärkstem selbsteigenem Leben erfüllt, geheimnisvoll aufsteigend und verschwebend, mit den Worten nicht auszusagen, nur im Bilde anzuschauen und im Rhythmus der Verse nachzuempfinden. Diese Bilder sind weit und grenzenlos, verschwimmen im Dämmer des Abends und im Grau des Nebels. Auch das Leben der Tierwelt, die in diesem Zwischenreich lebt, ist unbestimmt ("Graues Geflügel huschet..."), taucht auf und verschwindet in der Weite. Da das Auge das Gestaltlose nicht zu fassen vermag, tritt mit der dritten Strophe das Ohr als aufnehmendes Organ an seine Stelle, um die zeitlose Melodie der Unendlichkeit aufzufangen. Dabei vertieft sich von dem klaren optischen Eindruck des Anfangs her ("Ans Haff nun fliegt . . .) das Bild der Landschaft immer mehr ins rein Symbolische ("Vernehmlich werden die Stimmen..."). Diese Symbolik wird durch die Zweiteilung der Strophen schon vorbereitet: die beiden ersten Verszeilen geben den sinnlichen Eindruck, die beiden anderen die sinnbildliche Vertiefung (". . . spiegelt der Abendschein, wie Träume liegen die Inseln, einsames Vogelrufen). Fast nur durch diesen Akt der Sinnbeziehung wird die Verbindung mit dem fühlenden und denkenden menschlichen Ich hergestellt und bleibt doch ganz in der Schwebe; denn die Natur lebt ja hier ganz aus sich selber, sie braucht keinen Zuschauer, ja, sie duldet ihn kaum.

Nur einmal an bedeutsamer Stelle in der Mitte, wo der optische Eindruck in den akustischen umspringt, wo der Traum in die Wirklichkeit zurückgleitet, steht das Wörtchen "Ich", gewissermaßen ganz eingeschlossen in das All-Leben der Natur. So befindet sich alles in schwebendem Bezug an der Grenze zwischen Geist und Wirklichkeit, wie das Gedicht selber angesiedelt ist in dem geheimnisvollen Zwischenreich zwischen Land und Meer.

Und dieser Schwebezustand drückt sich auch im Rhythmus der Verse aus, in ihrem Auf- und Abschwellen, der Verschiebung der Gewichte und Akzente, dem leisen Verklingen. Ein heutiger, sehr kunstbewußter Dichter, Albrecht Schaeffer, urteilt über Storms "Meeresstrand": "Ich glaube, daß heute kaum noch Gebilde von solcher Kunst hergestellt werden." Und in der Tat gehört dieses ganz schlichte Gedicht zum Höchsten, was die deutsche Lyrik in der Mitte des 19. Jahrhunderts hervorgebracht hat.

(Franz Stuckert)[26]

THEODOR STORM: J U L I

> Klingt im Wind ein Wiegenlied,
> Sonne warm herniedersieht,
> Seine Ähren senkt das Korn,
> Rote Beere schwillt am Dorn,
> Schwer von Segen ist die Flur -
> Junge Frau, was sinnst du nur?

Natur und Schicksal sind eine Sinneinheit. Am stärksten hat Theodor Storm diese Einheit in dem kurzen Gedicht "Juli" (1860) gestaltet. Scheinbar ist nur eine Reihe von Einzelbildern gegeben, die unverbunden nebeneinander stehen und nur in dem Gedanken "Wachstum und Fruchtbarkeit" ihren inneren Zusammenhang finden. Aber gerade in dieser Reihung, in der Aufeinanderfolge der Einzelbilder, vollzieht sich das Hinüberwachsen des Bildlichen in das Sinnbildliche. Es ist ein Bewegungsvorgang, der jede Verszeile wie das Gedicht als Ganzes durchwirkt, und zwar nicht nur in seinem Bild- und Vorstellungsgehalt, sondern auch in seinem klanglichen und rhythmischen Ablauf. Aus dem hellen Klang der I-Laute führt die Bewegung über das Ä (E) und O der Mitte zu den U- und Au-Lauten der letzten Verszeile. Dasselbe wiederholt sich im Rhythmus. Der leichte, schwebende Ton der ersten Zeile verstärkt sich von Vers zu Vers zu immer schwererem Gewicht. Dieses erreicht in der fünften Zeile sein Höchstmaß und klingt langhin aus. Die sechste Zeile stellt dann eine Lage her, die alles umgreift. Diese innere Bewegung des Gedichtes im Gedanklichen, im Bildhaften und Klanglichen, die von Anfang bis Ende durchläuft, wird durch einen Gegenstrom zwar nicht gestaut, aber doch gestillt . . .

Im Aufbau vollzieht sich ein Fortschreiten anderer Art: von innen nach außen, vom Allgemeinen zum Besonderen, Individuellen und wieder zurück; und zwar so, daß die Verszeilen von oben und unten, vom Anfang und Ende her einander immer korrespondieren: Verszeile 1 und 6, 2 und 5, 3 und 4.

Die Linie beginnt im Menschlichen und endet im Menschlichen. Aber das Entscheidende darüber wird im Bilde der Natur ausgesagt. Das gibt dem Gedicht die satte Fülle der Anschauung und bewahrt es vor symbolischer Verflüchtigung. So baut sich die Sinneinheit des Gedichtes im Nacheinander rein anschaulich-bildhaft auf. Sinnliches und Seelisches sind in der unberührten Keuschheit des Natürlichen völlig zum Einklang gebracht. In der Form solcher ganz kurzer, aber anschauungsgesättigter und sinnschwerer Gedichte hat Theodor Storm als Lyriker mit sein Höchstes geleistet. Höchste Kunst ist Natur geworden.

(Franz Stuckert)[27]

2.6 MODERNE LYRIK

(Der Begriff "Moderne Lyrik" wird in diesem Abschnitt in weitestem Sinne verstanden; er umfaßt Erscheinungen, die dem Impressionismus nahestehen wie Rainer Maria Rilke, den Expressionismus Georg Trakls und wird schließlich verdeutlicht durch einige Beispiele aus der Lyrik der Gegenwart.)

RAINER MARIA RILKE: D E R M A G I E R

Er ruft es an. Er schrickt zusamm und steht.
Was steht? Das andre; alles, was nicht er ist,
wird Wesen. Und das ganze Wesen dreht
ein raschgemachtes Antlitz her, das mehr ist.

O Magier, halt aus, halt aus, halt aus!
Schaff Gleichgewicht! Steh ruhig auf der Waage,
damit sie einerseits dich und das Haus
und drüben jenes Angewachsene trage.

Entscheidung fällt. Die Bindung stellt sich her.
Er weiß, der Anruf überwog das Weigern.
Doch sein Gesicht, wie mit gedeckten Zeigern,
hat Mitternacht. Gebunden ist auch er.

Ungefühltes fühlbar, Ungesagtes sagbar machen: das ist die Kunst der "Lianengeschmei-
digkeit" der Rilkeschen Sprache.

Rilke beschwört. Er beschwört mit Worten das Wesen der Dinge, vergegenwärtigt das, was
in den Dingen, hinter den Dingen ist und deutet, indem er sie "rühmt", ihr Eigentliches.

So beschwört Rilke Tiere wie das Einhorn, den Panther, die Gazelle, den Schwan, die
Flamingos, die Papageien, die Schlangen (eines seiner Gedichte trägt den Titel "Schlan-
genbeschwörung"); Menschen, wie die Dame am Klavier, die Dame vor dem Spiegel, die
Kurtisane, den Schauenden, den Liebenden, den Blinden, den Goldschmied, den Dichter;
Blumen wie die Rose, die Hortensie; so beschwört Rilke die Musik, Gärten, köstliche
Brunnen und Fontänen, Statuen, Tempel, Städte, so beschwört er endlich biblische
Gestalten, Propheten, Heilige, Engel, Götter, den Gottessohn und Gott selbst.

Wie kaum einem anderen Dichter war Rilke die Gabe der Einfühlung gegeben; aus allen
Dingen winkt es ihm "zu Fühlung".

Durch alle Wesen reicht der e i n e Raum:
Weltinnenraum. Die Vögel fliegen still
durch uns hindurch. O, der ich wachsen will,
ich seh hinaus, und in mir wächst der Baum.

Ich sorge mich, und in mir steht das Haus.
Ich hüte mich, und in mir ist die Hut.
Geliebter, der ich wurde: an mir ruht
der schönen Schöpfung Bild und weint sich aus.

"Oft ist der Widerschein im Gedicht stärker als der Strahl, den die Wirklichkeit sandte, oft
das Gleichnis bedeutungsvoller als der Ursinn. Der Gott des Gesanges entzückt und
befeuert, er vergöttlicht das Große und erhöht das Gemeine. Seine reinste Inkarnation aber
erfährt er im Dichter", der in Wahrheit ein Magier ist.[28]

Rilke selbst ist der Magier. Indem er die Dinge anruft, beschwört er sie, sie werden Wesen;
sie werden sichtbarer und erkennbarer als vorher, da sie ungerufen waren.

Die erste Zeile des Gedichtes zeigt das Ungewöhnliche, fast Unheimliche des Vorganges.
Die Verkürzung "Es schrickt zusamm" spricht aus, daß sich das Angerufene des plötzli-
chen Zwanges der Magie, der Beschwörung "bewußt" wird. Es steht. Es ist gebannt. Das
Nicht-Ich wird Ich. "Die Bindung stellt sich her."

Aber es bedarf der ganzen Kraft des Beschwörenden, des Magiers, dieses Nicht-Ich, das
sich so sehr dem Ich verweigert, das sich so leicht ihm wieder entzieht, festzuhalten. Daher

das dreifach beschwörende "Halt aus, halt aus, halt aus!", das nunmehr dem Magier selbst gilt.

Der Vorgang der Beschwörung verlangt ein Äußerstes an Kraft. Er bringt den Magier bis an den Rand der völligen Erschöpfung. Sein Gesicht hat "Mitternacht". Seine Stunde ist da. Denn auch er kann die Dinge, über die er für die Dauer der Beschwörung Gewalt ausübt, nicht für immer halten. Auch er ist nur ein Werkzeug in der Hand eines Höheren, der durch ihn hindurch wirkt. So wirkt auch der Gott durch Orpheus hindurch und erteilt ihm den Auftrag, Dasein in Gesang zu verwandeln und als sein berufener Künder ihn selbst, den Gott, zu verkünden.

"Gebunden ist auch er": **Der Magier ist Meister und Zauberlehrling zugleich.** Er übt eine Gewalt aus, der er selbst unterliegt. Darin liegt die Größe und Tragik seiner Bestimmung.

RAINER MARIA RILKE: A R C H A I S C H E R T O R S O A P O L L O S

> Wir kannten nicht sein unerhörtes Haupt,
> darin die Augenäpfel reiften. Aber
> sein Torso glüht noch wie ein Kandelaber,
> in dem sein Schauen, nur zurückgeschraubt,
>
> sich hält und glänzt. Sonst könnte nicht der Bug
> der Brust dich blenden, und im leisen Drehen
> der Lenden könnte nicht ein Lächeln gehen
> zu jener Mitte, die die Zeugung trug.
>
> Sonst stünde dieser Stein entstellt und kurz
> unter der Schultern durchsichtigem Sturz
> und flimmerte nicht so wie Raubtierfelle;
>
> und bräche nicht aus allen seinen Rändern
> aus wie ein Stern: denn da ist keine Stelle,
> die dich nicht sieht. Du mußt dein Leben ändern.

Rilkes Sonett "Archaischer Torso Apollos" hat als bewegte Beschreibung eines Kunstwerkes einen Vorläufer. Es ist der berühmte Prosa-Hymnus Johann Joachim Winckelmanns auf den Torso des Herakles im Belvedere zu Rom aus dem Jahre 1759. Auch dieser Hymnus ist wie Rilkes Sonett aus einer "herrlichen Bestürzung", einem "glühenden Ernst", aus einer zwischen "Andacht, Divination und Enthusiasmus" entstandenen dichterischen Einfühlung geboren worden. Sowohl Winckelmann wie Rilke befinden sich nicht dem Gegenstand gegenüber, sondern sprechen von ihm her, aus ihm heraus. Der erfühlte, dargestellte, bewunderte Gegenstand bleibt nicht nur Motiv, nicht nur Thema, sondern wird Imagination, Symbol, lebendiges Abbild des Seins und ein "Ritus, durch den Du genannt werden magst":

> . . . denn da ist keine Stelle,
> die dich nicht sieht. Du mußt dein Leben ändern.

Daß ein Torso oft eindrucksvoller als das vollendete Ganze eines Kunstwerkes sein kann, eine einzelne, freistehende griechische Säule oft bewegender als ein wohlerhaltener Tempel, weiß jeder, der solchen Dingen schon einmal gegenübergestanden hat.

"Der erste Anblick wird dich vielleicht nicht als ein ungeformter Stein sehen lassen: vermagst du aber in die Geheimnisse der Kunst einzudringen, so wirst du ein Wunder derselben erblicken, wenn du dieses Werk mit einem ruhigen Auge betrachtest. Alsdann wird dir der Held und der Gott in diesem Stücke zugleich sichtbar werden" (Winckelmann).

Sowohl Winckelmann wie Rilke ergänzen das Fehlende aus dem Torso selbst heraus: "Scheint es unbegreiflich, außer dem Kopfe in einem anderen Teile eine denkende Kraft zu legen, so lernt hier, wie die Hand eines schöpferischen Meisters die Materie geistig zu machen vermögend ist. Mich deucht, es bilde mir der Rücken, welcher durch hohe Betrachtungen gekrümmt scheint, ein Haupt, das mit einer frohen Erinnerung seiner erstaunenden Taten beschäftigt ist; und indem sich so ein Haupt voll von Majestät und Weisheit vor meinen Augen erhebt, so fangen sich an, in meinen Gedanken die übrigen mangelhaften Glieder zu bilden: es sammelt sich ein Ausfluß aus dem Gegenwärtigen und wirkt gleichsam eine plötzliche Ergänzung.

Die Macht der Schulter deutet mir an, wie stark die Arme gewesen . . . seine Schenkel und das Knie geben mir einen Begriff von den Beinen . . . Durch eine geheime Kunst aber wird der Geist bis zur Vollkommenheit seiner Seele geführt, und in diesem Torso ist ein Denkmal derselben . . . Die vorzügliche und edle Form einer so vollkommenen Natur ist gleichsam in die Unsterblichkeit eingehüllt, und die Gestalt ist bloß wie ein Gefäß derselben; ein höherer Geist scheint den Raum der sterblichen Teile eingenommen und sich an die Stelle derselben ausgebreitet zu haben . . ." (Winckelmann).

Auch in Rilkes "Archaischem Torso Apolls" ist "das Schauen nur zurückgeschraubt"; auch er ist nur ein "Gefäß der Unsterblichkeit". Wäre dieses nicht so, dann könnte weder der "Bug der Brust" uns blenden, noch könnte "die Kraft der Lenden" unseren lächelnden Blick "zu jener Mitte lenken, die die Zeugung trug", sondern der Torso wäre entstellt, kurz" und unlebendig ("und flimmerte nicht so wie Raubtierfelle und bräche nicht aus allen seinen Rändern wie ein Stern"). Während der erste "Sonst-Satz" die dem Torso innewohnende potentielle Energie in positivem Sinne zum Ausdruck bringt, spricht der zweite "Sonst-Satz" in negativem Sinn die Folgerung aus 'die sich ergäbe, wenn diese in den Stein gebannte potentielle Energie fehlen würde; beide Sätze aber machen den Betrachter des Torso zu einem von ihm Betrachteten: der Stein lebt, ist Auge, ist Anruf an den Menschen:

. . . denn da ist keine Stelle,
die dich nicht sieht. Du mußt dein Leben ändern.

In gleichem Sinne haben es Plato, Shaftesbury, Winckelmann, Goethe und Schiller ausgesprochen: Das Große, schöne und Erhabene, das uns begegnet und "anblickt", übt eine ethische Wirkung auf uns aus. Das höchste Schöne und das tiefste Ethische sind identisch. Kunst adelt den Menschen, entäußert ihn von aller Prätention, schenkt ihm Klarheit und innere Ruhe und weist ihn auf die Enthüllung des Lebens hin. Goethe hat es in diesem Sinne empfunden, als er in Rom den "großen Gegenständen" gegenüberstand: "Wer sich mit Ernst hier umsieht und Augen hat zu sehen, muß solid werden, er muß einen Begriff von Solidität fassen, der ihm nie so lebendig ward. Der Geist wird zu Tüchtigkeit gestempelt, zu einem gesetzten Wesen mit Freude. Mir wenigstens ist es, als wenn ich die Dinge dieser Welt nie so richtig geschätzt hätte als hier. Ich freue mich der gesegneten Folgen auf mein ganzes Leben ... Ob ich gleich noch immer derselbe bin, so mein ich doch bis aufs innerste Knochemark verändert zu sein."

> ... denn da ist keine Stelle,
> die dich nicht sieht. Du mußt dein Leben ändern.

Auch in bezug auf die sprachlich-stilistische Gestaltung ihrer Torso-Beschreibungen besteht bei aller inhaltlichen wie formalen Verschiedenheit eine Vergleichmöglichkeit zwischen Winckelmanns "Beschreibung des Torso im Belvedere zu Rom" und Rilkes "Archaischem Torso Apollos". Beiden Verfassern ist eine didaktische Absicht eigen: so wie nach Winckelmanns Auffassung die Erhebung des Menschen durch die Erhabenheit der künstlerischen Aussage bewirkt werden soll, die Winckelmann mit den Bezeichnungen "würdiger, pindarischer, hymnischer, hoher und höchster Stil" kennzeichnet, will sie Rilke durch die von ihm sogenannte "Übersteigung" oer "reine Übersteigung" erreichen, die sich in ungewohnten, fremdartigen Wendungen, kühnen Bildern und Vergleichen, versteckten oder seltenen Reimformen, Binnenreimen, Enjambements und einer unerhört artistischen Verfeinerung, einer Subtilität und einem Raffinement der Darstellung ausspricht, mit der Absicht, ein Nur-Gefühltes, Unsagbares so zu vergegenwärtigen, daß **die dichterische Aussage sich selber transzendiert.**

GEORG TRAKL: U N T E R G A N G

Über den weißen Weiher
Sind die wilden Vögel fortgezogen.
Am Abend weht von unseren Sternen ein eisiger Wind.

Über unsere Gräber
Beugt sich die zerbrochene Stirne der Nacht.
Unter Eicheln schaukeln wir auf einem silbernen Kahn.

Immer klingen die weißen Mauern der Stadt.
Unter Dornenbogen
O mein Bruder klimmen wir blinde Zeiger gen Mitternacht.

Der Untergang betrifft unsere Zivilisation; Dichter wie Trakl weisen auf ihn hin, ohne selbst die Stunde zu wissen; nicht mit ihrem Wort allein, sondern mit ihrem Sein. Die sparsamen gegenständlichen Züge aus der Wirklichkeit (Zeile 1, 2, 3 und 7) sind wie ein Abflugplatz in ein anderes Reich. Ein Gedicht ohne Farbe, bei Trakl eine Seltenheit, winterliches Weiß herrscht allein. Weiß ist für Trakl aber auch das Wort für Erstarrung der Natur, für Blutleere, für Lebensschwäche, für Todesnähe. Die Welt ist leer geworden, ursprüngliches, kreatürliches Leben ist fortgezogen. Der Flug ins Sinnbildliche beginnt mit dem Wort "unseren Sternen": die Sterne sind Träger oder Sinnbilder des Schicksals; von ihnen weht es wie Todeshauch. "Unsere Gräber" wird schwerlich die Bedeutung wie Klopstocks "Die frühen Gräber" haben; es meint nicht die Gräber von lieben Menschen, sondern dieses Leben ist für Trakl ein einziges Gräberfeld. "Die zerbrochene Stirne der Nacht", eine Lieblingswendung Trakls, hat ihren Anschauungsgrund im zerrissenen

Wolkenhimmel von Nächten; der tiefere Sinn ist das zerstörte Gedenken hinter einer Stirn, das vom Menschen und seiner Umgebung (nicht Wahnsinn) auf die Nacht übertragen wird, in der Leib und Grab, Denken und Gedächtnis versinken. "Silbern" ist bei Trakl das Wort für Zartes, Zartklingendes; das gebrechliche Spiel ihrer Dichtung auf den Fluten ihres Erdenwinkels, überwölbt von dem, was noch stark und bodenständig ist, ist mit dem silbernen Kahn unter Eichen gemeint. In dem Schweigen des Ganzen ist allein noch laut das ahnungslose, blutleere Leben der Stadt. "Mitternacht heißt unsere Stunde." Die unerschöpfliche Schönheit der beiden letzten Zeilen in Ton, Bild und Sinnbild sucht in der Weltlyrik ihresgleichen.

(Erwähnt sei noch, daß die zwei ersten der drei dreizeiligen Strophen jeweils mit einer richtungsweisenden Ortsbezeichnung beginnen, die auch in der dritten Strophe nicht fehlt, wo sie aber, da sie assoziativ die Beziehung zum leidvollen Schicksal des Menschen herstellt ("Unter Dornenbogen" = unter der Dornenkrone), in der Mitte der Strophe unmittelbar vor der Schlußzeile steht.)

Es wird eben immer deutlicher, daß die heutige Kunst die Wirklichkeit auf eine neue Weise auflöst. Aufgelöst hat die Kunst die Wirklichkeit immer; auch die alte Kunst, die wir meist viel zu stofflich auffassen, ist vom Stofflichen, von der Wirklichkeit viel weiter weg, als wir gemeinhin denken; wir verkennen es nur, weil sie die Wirklichkeit transparent bestehen läßt. Die neue Kunst bricht die Brücken zur Wirklichkeit ab, und wenn Rilke über Trakls "Sebastian im Traum" gesagt hat: "Trakls Erleben geht wie in Spiegelbildern und füllt seinen ganzen Raum, der unbetretbar ist, wie der Raum im Spiegel", so hat er damit im Grund alle moderne Kunst gekennzeichnet, die sich durch Weglassen der stofflichen Sachverhalte der Wirklichkeit enträckt.

(Paul Wanner)[29]

GEORG TRAKL: N A C H T S

Die Bläue meiner Augen ist erloschen in dieser Nacht,
Das rote Gold meines Herzens. O! wie stille brannte das Licht.
Dein blauer Mantel umfing den Sinkenden;
Dein roter Mund besiegelte des Freundes Umnachtung.

Was diese vier Zeilen auszeichnet, ist die literarische Figur, die das Erlöschen der Augen und das Sinken in die blaue Nacht angenommen hat. Eigentlich ist es die Nachbildung des Entsinkens, aber die fallende Kurve wird von der Kehre: "O! wie stille brannte das Licht" aufgehalten und wendet sich in einer Gegenbewegung vom Ich zum Du. Das Entsinken in Schlaf und Traum wird zur Begegnung mit der Nacht, die durch Attribute (dein blauer Mantel, dein roter Mund) und durch Gebärden (umfangen und besiegeln) beinah personifiziert wird. Das Ich-Bewußtsein ist nur noch in metaphorischen Sensationen da und die Nachtsensationen nur in metaphorischen Gebärden. Die Metaphorik schafft also jene Schwebe, in der das Entsinken des Ich zum Umfangensein von der Nacht wird. So ist das Gedicht auf den Farbmetaphern und ihrer verbalen Ausdeutung aufgebaut. Die Bläue der Augen meint Ruhe, Frieden, Schlummer. Von Elis' Augen heißt es: "Ihre Bläue spiegelt den Schlummer der Liebenden." Mit dem Erlöschen der Bläue tritt das "rote Gold" des Herzens hervor: die innere Welt voll Schimmer und Glanz, ein Gegenbild zum still-brennenden Licht. Dann wird der innere Entsinkungsvorgang auf das Nachterlebnis übertragen: das Sinken ist ein Umfangenwerden vom blauen Mantel der Nacht; der Anfang der inneren Welt ist die Umnachtung in der Liebesumarmung der Nacht. Die Gegenbewe-gung der letzten Zeilen ist zugleich eine Parallel-Bewegung zu den ersten Zeilen. Man mag fragen, warum die Metaphorik hier nicht bis zu jener geistigen Klarheit wie in dem späten Gewitter-Gedicht durchgeführt ist. Man könnte auf die Lust an den Farbsensationen hinweisen, auf die Liebes-Metaphorik, vor allem auf die Traumgegenständlichkeit des Vorgangs. Ist dies Entsinken, das gleichzeitig ein Beseligtsein ist, deutlicher auszuspre-chen? Durch das Nicht-Festlegen der Bedeutung taucht eine schwebende Bezüglichkeit zwischen Traum und Umnachtung, zwischen Tod und Liebe auf. Die Niederschrift der Traumerfahrung ist auf dem Wege zum reinen metaphorischen Gedicht.

(Clemens Heselhaus)[30]

ROLF KRAPPEN: T O S K A N A

Toskana!
Miniatur göttlicher Einsamkeit!

Hier ist die Angst gestorben.
Alles liegt abseits. Was lebt,
Zittert im Leuchten der Olivenhaine.

Ein Haus lauscht seinem Zerfall.
Eine Straße führt vorbei.
Eine Katze liegt im Staub mit dem
Haupt der Sibylle.

Die Sonne wandert in ihrem Schatten.
Der Glanz der Olivenwälder erlischt zu
Billigen Farben. Der Faltenwurf ist
Durchgerieben. Das Schweigen reift

Der Stunde entgegen. Da ist kein Anfang
Für die Schatten, kein Tor
Öffnet sich dem abendlichen Wanderer.
Wie soll die Nacht hier werden?

Auf dem Feigenbaum blüht
Der Mond. Seine Hand umschließt
Eine kleine grüne Frucht.

Das Naturgedicht, von Goethe, der Romantik, Mörike, Storm, Anette von Droste-Hülshoff noch sehr gepflegt, fand zunächst in der modernen Lyrik keinen besonderen Ausdruck. Während George, Hofmannsthal, Rilke noch von kunstvollen Gärten, Parkanlagen mit langen Alleen, terrassenförmig angelegten Ziergärten mit Wasserspielen und Fontänen sangen, erfaßte die Thematik der allermodernsten Lyriker andere Gebiete; ihr Interesse galt mehr der Großstadt, der Industrielandschaft mit ihren Straßen, Häfen, Tunnels, Brücken oder sogar der Hinterhausatmosphäre der Elendsviertel und Barackengegenden. Die Darstellung der reinen, unverfälschten Naturlandschaft tritt erst seit verhältnismäßig kurzer Zeit wieder stärker hervor. Hierbei bemüht sich der Dichter, **die Natur nicht mehr als den Spiegel eigener Empfindungen und Gefühle zu erfahren und sich selber in narzissischer Selbstbespiegelung in ihr wiederzufinden, wie dies in der Goethezeit und noch mehr in der Romantik der Fall war, sondern er versucht, sie als Eigenwesen zu erfassen, ihr Einmaliges, unverwechselbar Typisches in Worte zu bannen.** Die Naturgedichte der modernen Lyriker sind also keine Gedichte der Landschaft im Sinne eines bloßen Landschaftsbildes; was in ihnen wirkt und zum Ausdruck kommt, ist die Kraft und das Schicksal der Landschaft schlechthin oder ihr absolut reiner Bezug zu demjenigen, der in ihr steht.

Rolf Krappens "Toskana" ist ein solches Naturgedicht, das Wesen und Geheimnis einer uralten, geschichtsträchtigen Landschaft in Worte bannt. "Der Name Toskana weckt Assoziationen. Schlagworte stellen sich ein: das Herzstück Italiens, die Wiege der Renaissance, geistige Heimat des Abendlandes. Alle erdenklichen Formen natürlicher Schönheit sind hier zum einmaligen Landschaftsbild verschmolzen. Was an Kunst auf diesem Boden gewachsen ist, erhebt den Eindruck ins Geistige und ins Historische. Das Historische wird von dem ewigen Bestand dieser Natur getragen. Die Olivenhänge bei Vinci, die der junge Leonardo gemalt hat, sehen wir noch heute so, die kleinen Bergstädte blicken noch immer wie in den Zeiten des frühen Mittelalters auf die Gartenanmut der Täler, und die alten Palazzi haben die Solidität ihrer Ahnen bewahrt . . ." So steht es im Reiseführer.

Die Jahrhunderte sind spurlos an dieser Landschaft, die die einbrechenden Germanen, die marschierenden Kohorten der Römer, die Geschlechterkämpfe des Mittelalters, Aufstände, Revolutionen, Kriege, Ängste und Nöte erlebt hat, vorübergezogen; sie hat trotzdem ihren Charakter bewahrt.

Wer könnte die Verlassenheit und den Zerfall der alten toskanischen Landhäuser, Villen und Herrensitze, die, meist von dunkelragenden Zypressen und breitausladenden Schirmpinien umgeben, inmitten silbrig schimmernder Olivenhaine und Weingärten auf ihren Anhöhen liegen und den dazugehörigen Grundbesitz überschauen, wer könnte die Geschichtsträchtigkeit dieser uralten, geheimnisvollen, sphinxhaften und doch offenen Landschaft, durch die die großen Verkehrsstraßen hindurch führen, besser wiedergeben als Krappen mit den Worten:

> Ein Haus lauscht seinem Zerfall.
> Eine Straße führt vorbei.
> Eine Katze liegt im Staub mit dem
> Haupt der Sibylle.

Der Anruf"Toskana!", zu dem der zweite Satz eine Apposition bildet, überwölbt das ganze Gedicht. Der dreizeiligen Anfangsstrophe folgen drei vierzeilige Strophen, die auf einen Wanderer bezogen sind, dem sich das dem Verfall preisgegebene Landhaus, an dem er vorbeischreitet, nicht öffnet; die Ungewißheit seines Schicksals, in der Frage "Wie soll die

Nacht hier werden?" beschlossen, wird aber doch gelöst durch die letzte, wiederum
dreizeilige Strophe, die an die erste anzuknüpfen scheint.

Das schöne dichterische Bild des auf dem Feigenbaum blühenden Mondes, der beschüt-
zend und ostentativ zugleich eine kleine grüne Frucht in der Hand hält, schließt das Gedicht
ab. **Die kleine grüne Frucht des Feigenbaumes, Frucht und Blüte zugleich, uraltes
Symbol der Fruchtbarkeit und Zeugung, ist das Symbol des Lebens und der Zu-
kunftshoffnung** einer Landschaft, in die die Kontinuität der Geschichte ihre tiefen Runen
und Narben eingegraben hat, die sich aber immer noch allen kommenden Entscheidungen
offen hält:

"Das Schweigen reift der Stunde entgegen."

PAUL CELAN: MATIERE DE BRETAGNE

Ginsterlicht, gelb, die Hänge
eitern gen Himmel, der Dorn
wirbt um die Wunde, es läutet
darin, es ist Abend, das Nichts
rollt seine Meere zur Andacht,
das Blutsegel hält auf dich zu.
Trocken, verlandet
das Bett hinter dir, verschilft
seine Stunde, oben,
beim Stern, die milchigen
Priele schwatzen im Schlamm, Steindattel,
unten, gebuscht, klafft ins Gebläu, eine Staude
Vergänglichkeit, schön,
grüßt dein Gedächtnis.
(Kanntet ihr mich,
Hände? Ich ging
den gegabelten Weg, den ihr wiest, mein Mund
spie seinen Schotter, ich ging, meine Zeit,
wandernde Wächte, warf ihren Schatten -
kanntet ihr mich?)
Hände, die dorn-
umworbene Wunde, es läutet,
Hände, das Nichts, seine Meere,
Hände, im Ginsterlicht, das
Blutsegel
hält auf dich zu.
Du
lehrst
du lehrst deine Hände
du lehrst deine Hände du lehrst
du lehrst deine Hände
          schlafen

Ein großes Gedicht: Jahrtausende auf einem unscheinbaren Fleckchen vereint, Geschichte versammelt im Raum, Mythos konzentriert in einem flimmernden Punkt. Alles ist ganz konkret, anschaulich und plastisch - die Beschreibung eines Stechginsterhangs an der französischen Küste: ein blutrotes Segel weht auf dem Meer, Schilderung der Abendzeit, die in die Nacht hinübergeht. Deutung eines Gesprächs zwischen Schilfbett und Stern, Schlammpriel und Steindattelbusch. Dann aber, in der dritten Strophe, nach dem Stichwort "Gedächtnis", beginnt plötzlich die Anrede des bis dahin nur beiläufig zitierten Betrachters, die Evokation seiner Hände, die zur großen Synthese, dem gewaltigen Schlußbild des Gedichts führt: Innen und Außen, Raum und Zeit, Landschaft und Mythos, Ich und Welt, die getrennten Pole kommunizieren im Schimmer des Glaubens. Die dornumworbene Wunde des Ginsters wird zum blutigen Zeichen des Herrn, das Läuten der Blume zum Läuten der Glocke, das purpurne Segel zum Passionstuch. In der Andacht des Schlafs vollzieht sich die große Versöhnung, schließt ein Gedicht, das, in langsamsteigendem Herantasten an den mystischen Kern, mit dem jähen Erschrecken vor den eiternden Hängen, der dornigen Wunde des Ginsters, dem sich wandelnden Nichts und dem Anruf des Blutsegels begann . . . einem Anruf, der kein Verweilen in beschaulicher Betrachtung, im genießerischen Anschauen der Vergänglichkeit duldete, sondern das Ich in die Schranken forderte, es verstummen ließ und den Gerichtstag, das Urteil und die stille Ergebung erzwang.

"Matière de Bretagne" ist eines von dreiunddreißig großen, unvergleichlichen Gedichten, ein Sektor aus der Pyramide, die mit den "Stimmen" beginnt und mit jener Riesenfuge "Engführung" schließt, in deren Mittelpunkt die Beschwörung eines Demokrit-Zitats steht.

Nur ein so unvergleichlicher Artist wie Celan darf es wagen, sich dem Sog der Bilder anzuvertrauen. Seine Nüchternheit, sein untrüglicher Sinn für die magische Wirkung, die auch die verbrauchteste Vokabel in neuer Umgebung auszuüben vermag, bewahrt ihn davor, den Raum der Kunst auch nur in einer einzigen Zeile zu verlassen.

(Walter Jens)[31]

GOTTFRIED BENN: S I E H   D I E   S T E R N E;   D I E   F Ä N G E . . .

Sieh die Sterne, die Fänge
Lichts und Himmel und Meer,
welche Hirtengesänge,
dämmernde, treiben sie her,
du auch, die Stimmen gerufen
und deinen Kreis durchdacht,
folge die schweigenden Stufen
abwärts dem Boten der Nacht.

Wenn du die Mythen und Worte
entleert hast, sollst du gehn,
eine neue Götterkohorte
wirst du nicht mehr sehn,
nicht ihre Euphratthrone,
nicht ihre Schrift und Wand -
gieße, Myrmidone,
den dunklen Wein ins Land.

Wie dann die Stunden auch hießen,
Qual und Tränen des Seins,
alles blüht im Verfließen
dieses nächtigen Weins,
schweigend strömt die Äone,
kaum noch von Ufern ein Stück -
gib nun dem Boten die Krone,
Traum und Götter zurück.

Benn hat vielleicht kein schöneres Gedicht gemacht . . . Es ist die Schau einer Weltwende in der Dichtung. Der Anfang ist von jener stofflichen Dunkelheit: man weiß nicht, sind die Hirtengesänge, die dämmernden, solche früherer Epochen, wofür das "du auch" spricht, oder dämmern sie erst auf, wofür das "hertreiben" spräche. In den Sternen fängt sich das Licht (wenn nicht "Fänge aus der Jägersprache entlehnt ist und hier die Bedeutung von "Rachen", also "Abgründe von Licht" hat); die "Aeone" steht für das gebräuchlichere Wort "Der Aeon"; "Myrmidone", ein Krieger Achills, hier ein tapferer Kämpfer auf verlorenem Posten einer Spätzeitdichtung. "Götterkohorte" läßt die Götter eines Aeons in Reih und Glied an- und abmarschieren; der aber jenen "Euphratthron" innehatte, war nicht der Gott, der das Menetekel an die Wand schrieb, sondern der König, dem Jahwe den Untergang anzeigte - eine kleine Chaîne anglaise von Ungenauigkeiten, freiwillig oder unfreiwillig bezeichnend für das Wegschwimmen der sinnbildlichen Grundlagen eines "Aeons". Aber es tönt wunderbar. Das Gedicht hat eine kosmische Weite, nicht im Raum, aber in der Zeit, deren riesige Weltenhallen aus Raumvorstellungen gewölbt werden.

Der Dichter stellt das Erlebnis seiner Gebundenheit in seiner Zeit und an seine Sendung dar. Sie soll er zu Ende leben und sagen, und wenn die Sagungsmöglichkeiten erschöpft sind, soll er das, was ihm an Kraft und Fühlung bleibt, ungesagt verströmen lassen; in solchem schweigenden Verzicht blüht ihm sein ganzes Sein noch einmal wortlos auf, und das Gefühl des Grenzenlosen hebt ihn über die Beschränkung durch seinen Aeon am Ende hinaus. Man wird, ohne dem Gedicht Gewalt anzutun, Spenglers Lehre vom Untergang des Abendlandes beiziehen dürfen: jede Kultur ist ein Organismus mit begrenzter Fruchtbarkeitszeit, an deren Ende man resignieren muß.

Das Gedicht gibt einen Begriff von Benns bedeutender rhythmischer Kraft, von dem Mitreißen seines Tones und von seiner Überzeugung, in der Sagung und Formung an einem Ende zu stehen, aber auch von seiner Neigung zu einem wilden Eklektizismus der Bilder . . .

Assoziationsdichtung möchte man sagen, ein Gewebe mit Zettel ohne Einschlag; Benn sagt, wie der heutige Mensch denkt und spricht, mit Sprachbestandteilen aus allen Stockwerken des Daseins, mit dem Wörterbuch des Alltags, aber auch mit Elementen der popularisierten psychologischen Fachsprache, mit Zügen aus der lyrischen Konvention, mit Wendungen aus der Umgangssprache samt allen ihren Unzulänglichkeiten, mit den Bildungs- und Gelehrsamkeitsfetzen, die sie heute durchsetzen, mit scheinbar unpathetischer Resignation, die aber sich und das Ich überhaupt doch noch am meisten ernst nimmt - ein Versuch, Neuland für die seelische Aussage zu gewinnen, Neuland des Stoffes wie der Form.

(Paul Wanner)[32]

GOTTFRIED BENN: V A L S E   T R I S T E

Verfeinerung, Abstieg, Trauer -
dem Wüten der Natur,
der Völker, der Siegesschauer
folgt eine andere Spur:
Verwerfen von Siegen und Thronen,
die große Szene am Nil,
wo der Feldherr der Pharaonen
den Liedern der Sklavin verfiel.

Durch den Isthmus, griechisch, die Wachen,
Schleuder, Schilde und Stein
treibt im Zephyr ein Nachen
tieferen Meeren ein:
Die Parthenongötter, die weißen,
ihre Zeiten, ihr Entstehn,
die schon Verfall geheißen
und den Hermenfrevel gesehn.

Verfeinerte Rinden, Blöße.
Rauschnah und todverfärbt
das Fremde, das Steile, die Größe,
die das Jahrhundert erbt,
getanzt aus Tempeln und Toren
schweigenden Einsamseins,
Erben und Ahnen verloren:
Niemandes -: Deins!

Getanzt vor den finnischen Schären -
Valse triste, der Träume Schoß,
Valse triste, nur Klänge gewähren
dies eine menschliche Los:
Rosen, die blühten und hatten,
und die Farben fließen ins Meer,
blau, tiefblau atmen die Schatten
und die Nacht verzögert so sehr.

Getanzt vor dem einen, dem selten
blutenden Zaubergerät,
das sich am Saume der Welten
öffnet: Identität -:
einmal in Versen beschworen,
einmal im Marmor des Steins,
einmal zu Klängen erkoren:
Niemandes -: Seins!

Niemandes -: beuge, beuge
dein Haupt in Dorn und Schleh'n,
in Blut und Wunden zeuge
die Form, das Auferstehn,
gehüllt in Tücher, als Labe
den Schwamm mit Essig am Rohr,
so tritt aus den Steinen, dem Grabe
Auferstehung hervor.

Das Gedicht enthält eine neue Kunstanschauung: die Kunst als Verfallsprodukt der Zeiten. Aus dem Erschlaffen der Naturgewalten, aus Leid und Sterben erwächst die Kunst als eine neue Auferstehung, als das Wunder der Identität, als die Gewährung des einen menschlichen Loses. Das ist eine dialektische Interpretation der Kunst: sie ist zugleich Verfall und Auferstehung. Damit kommt man auch auf die Struktur dieses Gedichtes, vielleicht sogar der Bennschen Lyrik: die Dialektik von Natur und Geist, aber auch die Dialektik der Kunst selbst. An bestimmten Stellen werden dafür dialektische Figuren ins Gedicht eingeführt: Niemandes -: Deins! . . . Niemandes -: Seins! . . . Niemandes -:". Zwischen Dialektik und Rhythmus besteht eine tiefe und ursächliche Verwandtschaft. In alten allegorischen Abbildungen der freien Künste wurde die Dialektik wohl als tanzendes Mädchen dargestellt. Man meinte damit sicher das Tänzerisch-Artistische der Dialektik. Die dialektischen Denkfiguren sind der Rhythmus des Denkens, und sie sind oft auf den Rhythmus der Geschichte übertragen worden. Statt vom Rhythmus abzuführen, führt die dialektische Form der Gedanken gerade auf den Rhythmus hin. Möglicherweise liegt darin sogar ein Hinweis auf den tiefsten Grund der rhythmischen Wirkung: nicht nur in der Körperbewegung des Tanzes, sondern auch in der Geistesbewegung der Dialektik ist die Wirkung des Rhythmus begründet.

Das Dialektische in diesem Gedicht beschränkt sich denn auch nicht nur auf Gedankenfiguren, sondern auch das Gegen- und Miteinander von lyrischen und intellektuellen Momenten ist als dialektisch anzusehen. Lyrisch ist die Verwendung von Reim, Rhythmus und Strophe; lyrisch ist aber auch die Verwendung von Worten mit einem Stimmungsmoment (gleich am Anfang: "Verfeinerung, Abstieg, Trauer"), die Vorliebe für die Verkürzung der Sätze zu Substantiven, deren Sprünge Atmosphäre schaffen ("Verfeinerte Rinden, Blöße"), oder die ausgesprochene Neigung zu Partizipialkonstruktionen, die ganze Strophenkomplexe zusammenbinden ("getanzt aus Tempeln und Toren /schweigenden Einsamseins, / . . . Getanzt vor den finnischen Schären -/ . . . Getanzt vor dem einen, dem selten / blutenden Zaubergerät . . ."). Sätze werden auch durch Substantive mit Apposition oder mit Relativsätzen ersetzt ("Valse triste, der Träume Schoß" - "Rosen, die blühten und hatten"). Von der dritten bis zur fünften Strophe enthält jeweils nur die erste Strophenhälfte einen regelrechten vollständigen Satz. Erst in der letzten Strophe geht eine syntaktische Periode durch die ganzen acht Verse hin. Die Auflösung des Satzes ist so weit wie möglich getrieben, und das "Lyrische" soll das Aufgelöste wieder zum Sinn vereinen. Lyrisch sind insbesondere die klangvollen Worte, die "Klänge", die eine Art Melodie voll ausschwingen lassen; so am Ende der ersten und vierten Strophe. Lyrisch ist zuletzt und vor allem der Rhythmus, in welchem der Dreiertakt (Daktylus) vorherrscht. Wenn dieser

Dreiertakt in den folgenden Zeilen synkopisch zu einem Zweiertakt verkürzt ist, wird der Valse-Rhythmus nachgebildet:

> Verwerfen von Siegen und Thronen,
> die große Szene am Nil
> Die Parthenongötter, die weißen,
> ihre Zeiten, ihr Entstehn
> das Fremde, das Steile, die Größe,
> die das Jahrhundert erbt

Solche Synkopierungen führen gelegentlich zu vier Hebungen, also zu Zerdehnungen des Verses. Aber auch der Wechsel von dreisilbigen und zweisilbigen Takten innerhalb einer Zeile hat oftmals eine synkopierende Wirkung.

All diesen lyrischen Elementen wirkt aber deutlich ein intellektuelles Moment entgegen. Inhaltlich-thematisch sind es die Kunsterinnerungen, die nur als Kunstgebärden da sind, so daß oft eine Auflösung notwendig ist. Die Szene am Nil, wo der Pharaonen-Feldherr den Liedern der Sklavin lauschte, stammt aus der Verdi-Oper "Aida". Durch den waffenstarrenden griechischen Isthmus treibt ein Nachen im Zephir als Zeichen der Musen unter den Waffen. Die Parthenonstandbilder entstanden schon in Zeiten des Verfalls mit Hermenfrevel. In der vierten Strophe wird auf die "Valse triste" von Sibelius angespielt. Das "selten blutende Zaubergerät" ist der mittelalterliche Gral. Die Schlußstrophe bezieht sich deutlich auf Christi Passion. Zum intellektuellen Bestande gehört auch die Kunsttheorie, die im Gedicht aus solchen Kunsterinnerungen entwickelt wird: die Kunst als Folge von großen Naturereignissen und Völkerschicksalen, ihre Affinität zum Verfall, ihre begriffliche Bestimmung als "Identität", ihre Auferstehung in Form.

Sprachlich-syntaktisch sind es Formen, die den intellektuellen Grund des Themas bloßlegen: die schon erwähnte dialektische Abwandlung ("Niemandes -: Deins!" "Niemandes -: Seins!"; die Anapher ("Valse triste . . . / Valse triste . . ." oder verbunden mit einer Dreierformel: "einmal in Versen beschworen, / einmal im Marmor des Steins, / einmal zu Klängen erkoren"); die Alliteration ("Schleuder, Schilde und Stein", "getanzt aus Tempeln und Toren") das dialektische Spiel mit Antithesen und Umschlägen ("rauschnah und todverfärbt", mit Vorliebe in der Reimstellung verwendet: "Trauer . . . Siegesschauer", "Wachen - Nachen", "Blöße . . . Größe", "Schoß . . . Los", "beuge . . . zeuge" usw.); das substantivierte Adjektiv ("das Fremde, das Steile"); die eigentlich unlyrischen Ausdrücke im Stile einer Abhandlung ("Verwerfen, Entstehn, Einsamsein, Zaubergerät, Identität"); die Anspielungen in Zitaten (Isthmus, Hermenfrevel, "dein Haupt . . . Blut und Wunden", "Schwamm mit Essig am Rohr").

Dies Lyrische und Intellektuelle steht dialektisch gegeneinander und löst sich jeweils auch auf. Ganze Verspaare bezeugen diese dialektische Struktur. So der Anfang:

> Verfeinerung, Abstieg, Trauer -
> dem Wüten der Natur,
> der Völker, der Siegesschauer
> folgt eine andere Spur.

Die dialektische Formel der Kunst in der ersten Zeile wird in den folgenden Zeilen auf Natur und Gesellschaft übertragen, wobei die "andere Spur", wie der zweite Teil der

Strophe zeig, die Wendung zur Kunst ist. Diese Neigung zum Dialektischen drückt sich auch in der Interpunktion aus.

In der ersten und zweiten Strophe wird das Phänomen erläutert, daß die Kunst nach oder neben den Lebenskundgebungen der Macht auftritt. Damit ist die biologisch-dialektische Formel der Kunst, mit der das Gedicht eröffnet wird, anschaulich gemacht. Am Anfang der dritten Strophe wird diese Formel anthropologisch gewendet: Verfeinerung der Hirnrinde, Gefährdung des Lebens, Trauer der Einsamkeit. In der zweiten Gedichtshälfte wird das Thema in einer Art Reprise wieder aufgenommen. Jetzt ist die Valse triste in Finnland Ausdruck von Traum und Klang - das Leben ist Vergänglichkeit; dann ist es das Erlebnis der Identität vor dem Nichts ("am Saum der Welten"); zuletzt ist es die Passion des Künstlers, die in Nachbildung der Passion Jesu aus dem Leiden am Werk zur Auferstehung der Form führt. Die Parallelisierung der beiden Gedichthälften ist nicht zu übersehen. In der ersten Hälfte sind es Beispiele der mittelmeerischen Kunst, in der zweiten Beispiele der nordischen Kunst. Benn denkt offenbar an zyklische Wiederholungen. Der mittelmeerische Kunstsinn ist anders als der nordische: "Niemandes -: Deins" - "Niemandes -: Seins". Jedoch ist die Erfahrung der Identität gleich: Tanz vor Tempeln, Valse triste vor Schären, Tanz am Saum der Welten.

Aber diese Parallelisierung von Mittelmeerisch und Nordisch wird verdeckt von der eigentlichen Bennschen Dialektik: Bewußtsein - Ekstase. "Die mystische Partizipation . . . durchstößt die Bewußtseinsepoche und stellt neben die Begriffsexazerbationen eines formalistischen Späthirns die prälogische Substanz des Halluzinatorischen." Die historische Erinnerung an Ägypten und Griechenland hat noch etwas Bewußtes; die Kunstbestimmung als Tanz hat etwas Ekstatisches. Der ekstatisch-visionäre Zustand wird durch die ersten Worte "Verfeinerung, Abstieg, Trauer" angedeutet, doch wie im Rhythmus wieder verzögert und gestaut, bis er mit der Wiederaufnahme der Zauberformel "Verfeinerte Rinden, Blöße" voll und ungehemmt eintritt. Zeichen für diese ekstatische "Simultan-Vision" ist die Auflösung der Satzkonstruktion von der dritten bis zur fünften Strophe und die Steigerung der lyrischen Sprache zu Erinnerungsbildern, Denkbildern, Symbolen. Die Struktur des Gedichtes beruht also auf der Dialektik von Gedanken und Bildern.

Solche Elemente der Form und des dialektischen Verfahrens enthält auch der Rhythmus einer Strophe, etwa der dritten Strophe von "Valse triste":

> Verfeinerte Rinden, Blöße.
> Rauschnah und todverfärbt
> das Fremde, das Steile, die Größe,
> die das Jahrhundert erbt,
> getanzt aus Tempeln und Toren
> schweigenden Einsamseins,
> Erben und Ahnen verloren:
> Niemandes -: Deins!

Die Strophe ist viel unregelmäßiger, als man beim Hören gewahr wird. Zwar gibt es eine gewisse Regelmäßigkeit im Wechsel von längeren daktylischen und kürzeren zerdehnten Versen. Aber die längsten Zeilen haben dreimal acht und einmal neun Silben, die kürzeren haben dreimal sechs und einmal vier Silben. Die synkopische Zerdehnung in den kürzeren

Versen führt zweimal sogar zu vier Hebungen (Vers 2 und 4). An und für sich sind die unpaarigen Zeilen auftaktig, aber das ist im siebten Vers aufgegeben. Hat man es mit rhythmischen Freiheiten oder mit Gesetzmäßigkeit zu tun? Wie die Synkopierungen zeigen, gibt es die dialektische Gesetzmäßigkeit, daß auf eine daktylisch leicht dahingleitende Zeile eine Retardierung und Zurücknahme folgt: der Valse-Rhythmus wird nachgebildet. Das ist das "Autochthone" dieser Form, womit also der gemäße Ausdruck des Gegenständlichen gemeint ist. Es ist ein dialektisches Gegeneinander von Beschleunigung und Retardierung, eine rhythmische Wellenbewegung, die am Ende vollständig in die Gegenbewegung umschlägt, keiner andern Gesetzmäßigkeit folgend als der rhythmischen Betonung des Ausdrucks. Ein Wechselspiel von Bewegung und Inhalt. Darin liegt aber eine unmittelbare Wirkung, die Faszination, ganz im Gegensatz zu der Theorie von der monologischen Kunst und von der Einsamkeit des Künstlers. Die Form der Strophe ist an sich schon leicht und eingängig, zum Momorieren geeignet. Selbst die individuellen Abwandlungen der Zeilen in den Strophen und der Strophen untereinander unterstützen das noch, weil sie vom Sinn diktiert sind. Wenn ich einen Vergleich wagen darf, der allerdings mißverständlich ist, dann würde ich meinen, daß diese Verse so eingängig sind wie seinerzeit die Verse Schillers. Das Vergleichsmoment liegt nicht im metrischen Aufbau, sondern im begeisternden und hinreißenden Atem, der in sich - prälogisch oder alogisch - schon Überzeugungsgewalt hat. Der Rhythmus trägt noch den Gedanken, auch über die Sprünge der Zeilen und Strophen hinweg. Der Gedanke ist nur als Chiffre, Verkürzung, Andeutung da; aber der Rhythmus stellt dar, was der Gedanke nicht mehr ausführt. Das ist Ausdruckskunst durch rhythmisch erregte Bewegung.

Dies alles hat Benn als "Artistik" bezeichnet. Sie erblüht über einem Grunde von Schwermut. Es ist ein selbstvergessenes Spiel, aus Leid und Musik gemischt: geboren aus Schwermut und Trauer, verwandelt in Rhythmus und Worte, zerlegt in dialektische Chiffren und zusammengeschlossen zum Ergebnis der Identität mit sich und dem Sein. Artistik und Schwermut tauchen als ein neuer dialektischer Gegensatz auf, der in der Faszination durch Kunst aufgehoben wird.

(Clemens Heselhaus)[33]

BERTOLT BRECHT: D I E   L I E B E N D E N

Seht jene Kraniche in großem Bogen!
Die Wolken, welche ihnen beigegeben
Zogen mit ihnen schon, als sie entflogen
Aus einem Leben in ein andres Leben.
In gleicher Höhe und mit gleicher Eile
Scheinen sie alle beide nur daneben.
Daß so der Kranich mit der Wolke teile
Den schönen Himmel, den sie kurz befliegen
Daß also keines länger hier verweile
Und keines andres sehe als das Wiegen
Des andern in dem Wind, den beide spüren

Die jetzt im Fluge beieinander liegen:
So mag der Wind sie in das Nichts entführen.
Wenn sie nur nicht vergehen und sich bleiben
So lange kann sie beide nichts berühren
So lange kann man sie von jedem Ort vertreiben
Wo Regen drohen oder Schüsse schallen.
So unter Sonn und Monds verschiedenen Scheiben
Fliegen sie hin, einander ganz verfallen.
Wohin, ihr? - Nirgend hin. - Von wem davon? Von allen.

Eines der schönsten deutschen Liebesgedichte: daß ein Mann wie Bertolt Brecht ein solches Gedicht zu schreiben vermag, weist ihn allein schon als einen bedeutenden Dichter aus, als einen Dichter auch jener zeitlosen, ewigen Lyrik, die jenseits aller Parolen, aller Ideologien steht, welche die Dichtung in den Dienst des Tages zwingen und zur Magd einer einseitig orientierten parteipolitischen Richtung herabwürdigen wollen. Hier erweist sich Brecht als der große Magier, dem Wort und Bild untertan sind, um einen Ewigkeitsgehalt auszudrücken.

Was den unvergleichlichen Zauber dieses Liebesgedichtes ausmacht, ist schwer zu sagen: Ist es das meisterhaft beschworene Bild der ersten Verszeile

Seht jene Kraniche in großem Bogen!,

das in den folgenden Zeilen seine Fortführung und Ergänzung durch das Bild der dahinziehenden Wolken findet? Ist es die von E über I nach dem offenen O hinüberspielende Lautfolge, die vom Ende der ersten Verszeile über die zweite bis zum dreifachen O-Laut der dritten einen großen Bogen spannt? Sind es die fast unmerklich feinen Assonanzen und Wortwiederholungen der vierten und fünften Verszeile, in denen bereits die bis zur sechsten Verszeile dominierenden Ei-Laute schon enthalten sind, die die Eile des Fluges und die Weite der Himmelslandschaft andeuten?

Genial der Einsatz des "Daß" der siebenten Zeile, die im Enjambement in die achte hinübergreift, ein Einsatz, der mit der neunten wiederaufgenommen wird, während die zehnte, elfte und zwölfte Zeile den weitgespannten Satz zu Ende führen, wobei die Tongestalt der E-, Ei- und I-Laute der ersten Verszeile erhalten bleibt und die alliterierenden W-Laute das Wiegen der Vögel im Winde besonders versinnbildlichen; genial das konjunktivische "teile, verweile, sehe", das seine Entsprechung in dem "mag" der dreizehnten Verszeile findet. Die Schönheit des Fluges der Kraniche, dieses herrliche, flüchtige Dahinziehen über den schönen Himmel kann zugleich eine Entführung in das Nichts sein. Daher der Wunsch des Dichters:

Wenn sie nur nicht vergehen und sich bleiben . . .,

ein Wunsch, den die drei folgenden "So"-Sätze verstärken durch die Hoffnung, daß die über Zeit und Ort erhabene Dauer ihrer Existenz und die Beständigkeit ihres Fluges erhalten bleiben möge.

Der **Flug der Kraniche als Sinnbild des Schicksals der Liebenden:** voraussetzungslos, unberührt von Raum und Zeit, ohne Heimat, ohne Ziel, sich dem Irdischen entbindend, der Ewigkeit anheimgegeben:

So unter Sonn und Monds verschiedenen Scheiben
Fliegen sie hin, einander ganz verfallen.

Wer könnte kürzer und klarer der Heimat- und Ziellosigkeit der in sich selber seligen Liebe Ausdruck geben als Brecht dies tut mit den einfachen und doch so beziehungsreichen Worten der Schlußzeile:

Wohin ihr? - Nirgend hin. - Von wem davon? - Von allen.

Selten ist das schicksalhafte Einander-Verfallensein reiner Liebender, die sich dem Irdischen entziehen, um in der Schönheit und Zeitlosigkeit ihrer Liebe Erfüllung zu finden, in einem Gedicht von solch makelloser Geschlossenheit und sinnbildhaften Transparenz ausgesprochen worden wie in diesem Gedicht Bertolt Brechts, in dem Lautbild und Sinnbild, rhythmische Bewegung und Satzmelodie in tiefem inneren Einklang stehen und ein Gebilde von vollendeter Harmonie und beseelter Innerlichkeit erstehen lassen.

3. Gedichtvergleiche

Das Interpretieren eines Gedichtes wird wesentlich erleichtert, wenn es einem zweiten, ähnlichen oder mit dem ersten kontrastierenden, jedenfalls aber motivgleichen Gedicht gegenübergestellt wird. Das dadurch notwendig werdende Vergleichen führt zu einer gegenseitigen Erhellung, die die Konturen und Sinngehalte der beiden gegenübergestellten Gedichte leichter erfaßbar und definierbar macht, weil sie am Gegenbild dargestellt und sichtbar gemacht werden können.

Dabei soll natürlich keineswegs der Eigenwert des einzelnen Gedichtes unterbewertet werden; sinnvoll ist der Gedichtvergleich nur, wenn jedes Gedicht für sich in seiner individuellen Eigenart und in seiner Gesamtgestalt als einmalige, unverwechselbare dichterische Leistung erfaßt und gewürdigt wird.

Ein Wort Wilhelm Wackenroders mag uns vor jedem abwertenden Urteilen beim Vergleichen eines Gedichtes mit einem anderen bewahren: "Vergleichung ist ein gefährlicher Feind des Genusses; auch die höchste Schönheit der Kunst übt nur dann, wie sie soll, ihre volle Gewalt an uns aus, wenn unser Auge nicht zugleich seitwärts auf andere Schönheit blickt." Tun wir es dennoch, so müssen wir nicht nur dem Eigenwert eines jeden Vergleichs-Gedichtes gerecht werden, sondern auch alle aus dem Vergleich gewonnenen Einsichten zu einem höheren Ganzen, zu einem übergreifenden Sinngehalt zusammenfassen, aus dem heraus schließlich ein tieferes Verstehen jedes einzelnen Gedichts erwachsen muß.

I.

DAGMAR NICK: G O T I K

Als sie auf ihre schmalen Hände schauten,
Erwachten sie und nannten ihre Zeit
Mit einem neuen Namen. Und sie bauten,
Und was sie bauten, wurde Ewigkeit.

Und alles stieg, den Himmel hinzuhalten.
Die Enge barst. Die Seele wurde groß
Und ragte - säulengleich aus den Basalten
Und alle Maße wurden grenzenlos.

Da schien die Menschheit wie zu Staub zertreten
Und kniete aufgelöst vor ihrem Herrn.
An das Gewölbe brandete ihr Beten.

Sie sahen auf, verworren, klein und fern:
Dort standen Engel, Fürsten und Propheten,
Und jeder Pfeiler stützte einen Stern.

RAINER MARIA RILKE: *G O T T   I M   M I T T E L A L T E R*

Und sie hatten Ihn in sich erspart
und sie wollten, daß er sei und richte,
und sie hängten schließlich wie Gewichte
(zu verhindern seine Himmelfahrt)

an ihn ihrer großen Kathedralen
Last und Masse. Und er sollte nur
über seine grenzenlosen Zahlen
zeigend kreisen und wie eine Uhr

Zeichen geben ihrem Tun und Tagwerk.
Aber plötzlich kam er ganz in Gang,
und die Leute der entsetzten Stadt

ließen ihn, vor seiner Stimme bang,
weitergehn mit ausgehängtem Schlagwerk
und entflohn vor seinem Zifferblatt.

Zwei Sonette, die motivisch miteinander übereinstimmen: beide sehen die Gotik, die sich in den großen Kathedralenbauten ihren adäquaten Ausdruck sucht, als Gleichnis für die Gottesverwirklichung des Mittelalters an.

Aus echter Frömmigkeit und ungebrochener Glaubenshaltung steigt das Werk der Steinmetzen, der Knappen, Jünger, Meister als Ergebnis eines Dienstes an einer großen Gemeinschaftsaufgabe und einer persönlichen religiösen Einstellung und Ergriffenheit empor:

Und sie bauten.
Und was sie bauten, wurde Ewigkeit.

Mit wenigen Worten versteht es Dagmar Nick, Wesen und Sinn der mittelalterlichen Baukunst der Gotik zu umreißen: während die Auflösung der steinernen Massen, die Beschränkung der Wände auf ein Gerüst von schmalen, tragenden Streifen und Diensten, das Überwölben des Raumes durch ein fast schwebendes Gewölbe ein Raumgefühl erzeugen, das jede Begrenzung und Enge vergessen läßt, reißen die Strebebogen und Strebepfeiler, reißt das Strebewerk den Menschen empor, himmelwärts ins Unendliche:

Und alles stieg, den Himmel hinzuhalten.
Die Enge barst. Die Seele wurde groß
Und ragte - säulengleich aus den Basalten.
Und alle Maße wurden grenzenlos.

Die Folge ist eine neue, dynamische, ins Transzendente weisende Art der Heiligung, die mit einem Gefühl demütiger Scheu vor Gottes Größe und Allmacht die Menschheit in die Knie zwingt und sie gemeinsam mit den Kirchenstiftern, den Fürsten, Propheten und sogar den Engeln betend an das ersehnte Reich Gottes rühren läßt.

Diese von gotischem Lebensgefühl getragene, tiefinnerliche mittelalterliche Gläubigkeit, die, noch nicht sich selbst entfremdet, den Riß zwischen Gott und Welt nicht kennt und den

"Verlust der Mitte" noch nicht erlebt hat, sondern hingegeben an ein Werk zu Ehren Gottes in sich beruht, schildert Dagmar Nick in einem meisterhaften Sonett, dessen strenge, festgefügt klassische Form (abab/cdcd/efe/fef) der ebenso strengen religiösen Ordnung der mittelalterlichen Welt entspricht.

Die erste Strophe spricht vom Erwachen und Beginn der Zeit der Gotik, die zweite deutet ihr Wesen und ihr Ergebnis an, während die beiden Terzette die Beziehung der Menschheit zu dem neuen Bauwillen und Baustil und die Gefühle und Wirkungen aussprechen, die dieser in ihr erzeugt: Demut, Ehrfurcht, Ergriffenheit, Schauer vor dem Ewigen, Unendlichen, Jenseitigen, Transzendenten, auf das der Schluß des Sonetts verweist:

> An die Gewölbe brandete ihr Beten.
> Und jeder Pfeiler stützte einen Stern.

Wie eine Fortführung des Gedankenganges dieses Sonetts - schon durch das anknüpfende und verbindende "Und" der Anfangszeile - wirkt das Rilke-Sonett "Gott im Mittelalter". Der Riß zwischen Gott und Welt ist eingetreten, der Verlust der Mitte ist da. An die Stelle der allem rationalen Erfassen sich entziehenden Transzendenz Gottes, die durch die Errichtung der großen Kathedrale verherrlicht wurde, tritt nun das Ringen um Gottes Immanenz, das Bemühen, ihn ins Irdische zu bannen und ihn sich zu bewahren:

> Und sie hatten Ihn in sich erspart . . .

Bestand die Funktion der Kathedrale, die als "ein Gewächs steigender Kräfte und sprießender Linien" fast kaum noch Stein und Enge war, ursprünglich darin, die Seele groß zu machen, emporzureißen und den Willen zum Aufwärts zu verkörpern ("Die Seele wurde groß und ragte - säulengleich aus den Basalten."), eine Funktion, der sich niemand entziehen konnte, so ist es nun Aufgabe und Zweck der Kathedrale, ihre "Last und Masse" wie ein schweres Gewicht an Gottes Existenz zu hängen und seine Himmelfahrt zu verhindern. Die gleiche Menschheit, die einst "aufgelöst vor ihrem Herrn kniete", dessen Ewigkeit ihr unbegreiflich und anbetungswürdig war, sucht ihn nun als Zeitmaß und Richtschnur für ihr "Tun und Tagwerk" in irdische Verhältnisse zu bannen, sucht ihn einzufangen in ihre ganze konkrete, diesseits gerichtete Gegenwart. Der l'homme machine, der das Wunder der Transzendenz nicht mehr begreift, braucht einen dieu machine, der, einer Apparatur gleich, Mittel zum Zweck und Diener des Menschen wird. Wie eine Uhr soll er Zeichen geben seinem Tun und Tagwerk. Die transzendente Beziehung zwischen Mensch und Gott ist aufgehoben und nicht mehr existent. Der mechanisierte Gott aber ist nicht mehr der unbegreifliche, aller Zeitlichkeit enthobene Gott der Güte und Liebe, sondern ein Gott, vor dessen "Zifferblatt" die Leute der entsetzten Stadt in Angst und Schrecken entfliehen.

Während das erste Sonett die gläubige Hingabe an Gott und das Bemühen um eine lobpreisende Verherrlichung seiner Größe und Allmacht darstellt, zeigt das zweite die Gottesentfremdung des modernen Menschen und fordert ihn zugleich warnend zu einer Korrektur seines Gottesverhältnisses und zu einer Wiederherstellung der alten Einheit mit Gott auf.

Diese Gedichtinhalte wirken sich bis in die Gestaltung der Gedichte hinein aus. Der streng klassischen Sonettform des ersten Beispiels (abab/cdcd/efe/fef) steht in dem zweiten

Beispiel eine gelockerte, das Reimschema und die Zeilenfolge frei handhabende Gestaltung (abba/cdcd/efg/feg) als auch äußerlich sichtbarer Ausdruck des "Verlustes der Mitte" gegenüber.

II.

GOETHE: M A H O M E T S   G E S A N G

Seht den Felsenquell,
freudehell,
wie ein Sternenblick!
Über Wolken
nährten seine Jugend
gute Geister
zwischen Klippen im Gebüsch.

Jünglingfrisch
tanzt er aus der Wolke
auf die Marmorfelsen nieder,
jauchzet wieder
nach dem Himmel.

Durch die Gipfelgänge
jagt er bunten Kieseln nach,
und mit frühem Führertritt
reißt er seine Bruderquellen
mit sich fort.

Drunten werden in dem Tal
unter seinem Fußtritt Blumen,
und die Wiese
lebt von seinem Hauch.

Doch ihn hält kein Schattental,
keine Blumen,
die ihm seine Knie umschlingen,
ihm mit Liebesaugen schmeicheln:
Nach der Ebne dringt sein Lauf,
schlangenwandelnd.

Bäche schmiegen
sich gesellig an. Nun tritt er
in die Ebne silberprangend,
und die Ebne prangt mit ihm,
und die Flüsse von der Ebne
und die Bäche von den Bergen
jauchzen ihm und rufen: Bruder!

Bruder, nimm die Brüder mit,
mit zu deinem alten Vater,
zu dem ew'gen Ozean,
der mit ausgespannten Armen
unser wartet,
die sich, ach! vergebens öffnen,
seine Sehnenden zu fassen;
denn uns frißt in öder Wüste
gier'ger Sand, die Sonne droben
saugt an unserm Blut; ein Hügel
hemmet uns zum Teiche! Bruder,
nimm die Brüder von der Ebne,
nimmt die Brüder von den Bergen
mit zu deinem Vater mit!

Kommt ihr alle! -

Und nun schwillt er
herrlicher; ein ganz Geschlechte
trägt den Fürsten hoch empor!
Und im rollenden Triumphe
gibt er Ländern Namen, Städte
werden unter seinem Fuß.

Unaufhaltsam rauscht er weiter,
läßt der Türme Flammengipfel,
Marmorhäuser eine Schöpfung
seiner Fülle, hinter sich.

Zedernhäuser trägt der Atlas
auf den Riesenschultern; sausend
wehen über seinem Haupte
tausend Flaggen durch die Lüfte,
Zeugen seiner Herrlichkeit.

Und so trägt er seine Brüder,
seine Schätze, seine Kinder
dem erwartenden Erzeuger
freudebrausend an das Herz.

GOETHE: *MÄCHTIGES ÜBERRASCHEN*

Ein Strom entrauscht umwölktem Felsensaale,
Dem Ozean sich eilig zu verbinden;
Was auch sich spiegeln mag von Grund zu Gründen,
Er wandelt unaufhaltsam fort zu Tale.

Dämonisch aber stürzt mit einem Male -
Ihr folgten Berg und Wald in Wirbelwinden -
Sich Oreas, Behagen dort zu finden,
Und hemmt den Lauf, begrenzt die weite Schale.

Die Welle sprüht und staunt zurück und weichet
Und schwillt bergan, sich immer selbst zu trinken;
Gehemmt ist nun zum Vater hin das Streben.

Sie schwankt und ruht, zum See zurückgedeichet;
Gestirne, spiegelnd sich, beschaun das Blinken
Des Wellenschlags am Fels, ein neues Leben.

Beide Gedichte Goethes stimmen insofern motivisch überein, als sie von der gleichen Ausgangssituation ausgehen und das gleiche Thema des Entwicklungsganges eines Stromes zum Inhalt haben.

Während aber der 1772 entstandene farbenreiche, symbolische Hymnus "Mahomets Gesang", ein Wechselgesang zwischen Fatma, Mahomets Tochter, und deren Gatten Ali in einem von Goethe geplanten, aber nicht ausgeführten Mahomet-Drama unter dem Bilde des Stromes Weg und Entwicklung des großen religiösen Genius versinnbildlicht und dabei dem ungestümen jugendlichen Sturm- und Dranggefühl des Dichters Ausdruck gibt, spiegelt sich in dem 1807/1808 entstandenen, aus dem Minna Herzlieb-Erlebnis hervorgegangenen Sonett "Mächtiges Überraschen" die klassische Lebenseinsicht des reifen Goethe; eine Lebenseinsicht, der nicht mehr das unaufhaltsame, freie Dahinströmen und die Aufnahme vieler Einflüsse als Sinn und Ziel des Lebens erscheint, sondern die sich der bei der Bewegung des Dahinströmens entstehenden Durchkreuzung der Bewegung und Gegenbewegung bewußt geworden ist, welche eine Hemmung des Vorwärtsdringens, eine Begrenzung des Strebens und ein im In-Sich-Beruhen neu entstehendes, verinnerlichtes Daseinsgefühl zur Folge hat.

Beide Gedichte nennen den umwölkten Felsgipfel als Ursprungsort des Flusses. Wolken umhüllen das Geheimnis seiner Geburt. Beide Gedichte sprechen das unaufhaltsame Vorwärtsdringen und Weiterstreben des Stromes aus. Aber während "Mahomets Gesang" ausführlich alle Stufen und Abschnitte des Entwicklungsganges des Stromes schildert, drückt das Sonett "Mächtiges Überraschen" den gleichen Inhalt wesentlich sparsamer und gerafft in einer einzigen Zeile aus:

Er wandelt unaufhaltsam fort zum Tale.

Auch der in den Zeilen 13-27 der Hymne "Mahomets Gesang" ausgesprochene und breit ausgemalte Gedanke der Verlockungen durch ein Idyll, der Hingabe an ein Liebesglück, an den Genuß des schönen Augenblicks wird in dem Sonett "Mächtiges Überraschen" dem Altersstil Goethes entsprechend wesentlich allgemeiner, abstrakter und konzentrierter ausgedrückt in dem einschränkenden Satz

Was auch sich spiegeln mag von Grund zu Gründen . . .

Während in "Mahomets Gesang" erst in Zeile 37 der Ozean als das ersehnte Ziel des Stromlaufes genannt wird, stellt das Sonett "Mächtiges Überraschen" bereits in der zweiten Zeile den Willen des Stromes fest, sich mit dem Ozean zu verbinden, und kennzeichnet so bereits eingangs Anfang und Ende des Strebens in überschaubarer, zusammenfassender Weise.

Hindernisse, die sich dem Strom und seinen Nebenflüssen, den sich gesellig anschmiegenden Bächen, in den Weg stellen, vermögen in dem Gedicht "Mahomets Gesang" das Vorwärtsdringen des Flusses nicht zu hemmen; zwar bedrohen der gierige Sand öder Wüsten, die Sonne selbst die Existenz der Nebenflüsse, oder Hügel stauen sie zum Teiche auf; die mächtige Kraft des großen Stromes aber vermag alle Hindernisse zu bewältigen. Nicht so in dem Sonett "Mächtiges Überraschen": dort hat die Bergnymphe Oreas Felsen und Wald in den Talausgang gestürzt; ihr gelingt es, den Strom zu stauen, seinen Lauf zu hemmen, die weite Talmulde zu begrenzen. Dieses den natürlichen Entwicklungsvorgang unterbrechende oder gar beendende Wirken der Bergnymphe nennt der Dichter "dämonisch" - ein Wort, welches das "mächtige Überraschen" eines Wachsenden, Werdenden, Sich-Entwickelnden durch unvorhergesehene Ereignisse kennzeichnet (vgl. Dichtung und Wahrheit 20. Buch). Während es in Zeile 56 von "Mahomets Gesang" heißt:

Unaufhaltsam rauscht er weiter,

heißt es in dem Sonett "Mächtiges Überraschen":

Gehemmt ist nun zum Vater hin das Streben.

So bleibt der Welle nichts anderes übrig, als zurückzuweichen und "sich immer selbst zu trinken", sich selbst genug zu sein und ohne die weitere Aufnahme fremder Einflüsse - wie dies in "Mahomets Gesang" der Fall ist - die Erfüllung in sich selber zu suchen; das Glück des Lebens nicht mehr in rastlosem Vorwärtsstürmen, sondern in der Begrenzung des eigenen Ich, in stiller, genugsamer Selbstbeschränkung, in der Entsagung zu finden. Es klingt wie eine Absage an die in "Mahomets Gesang" zum Ausdruck gelangte Lebensauffassung des Sturmes und Dranges, wenn Goethe in einem anderen Sonett, das dem gleichen Zyklus wie "Mächtiges Überraschen" angehört, sagt:

Vergebens werden ungebundene Geister
Nach der Vollendung reiner Höhe streben . . .
In der Beschränkung zeigt sich erst der Meister,
Und das Gesetz nur kann uns Freiheit geben.

Es zeugt von der Altersweisheit Goethes, daß er die durch die dämonischen, unvorhergesehenen Ereignisse, die durch die "ungeheuren zudringenden Mächte" erzwungenen inneren Schwankungen und neu entstandene Lebenssituation der Beschränkung und Ruhe als heilsam und gewinnbringend ansieht; nicht mehr der stolze Machtrausch jugendlichschöpferischer Kraft, wie in "Mahomets Gesang", Zeile 50-64, ist das Beglückende, sondern das linde Wellenschlagen gestauter und gebändigter Gefühle, das ganz ins Seelische transportierte Erleben, das - auf anderer Ebene - den Beginn einer "vita nuova", eines neuen, verinnerlichten Lebens darstellt.

Es gilt wohl nur ein redliches Bemühen!
Und wenn wir erst in abgemessnen Stunden
Mit Geist und Fleiß uns an die Kunst gebunden,
Mag frei Natur im Herzen wieder glühen!

So wie in "Mahomets Gesang" schließlich der Strom dem "erwartenden Erzeuger" alles Lebens freudebrausend an das Herz stürzt, der Mensch in die Arme Gottes geführt wird, so wird auch am Endes des Sonetts "Mächtiges Überraschen" die Beziehung zum Absoluten hergestellt, wenn auch in einer Weise, die dem Charakter dieses der Spätzeit Goethes entstammenden Gedichtes angemessen ist: nicht mehr der Strom selbst erscheint als der Aktive, sondern die Gestirne, Ausdruck des Ewigen und Transzendenten, spiegeln sich in den zum See zurückgedeichten Wellen des Stromes, die sich an den Felsen brechen. Dem dionysischen Weltgefühl des jungen Goethe steht das apollinische Daseinsgefühl des alten Goethe gegenüber; dem ungestümen Drang in die Ferne, die durch äußere Umstände erzwungene Selbstbeschränkung, die zum Verzicht auf das Weiterstreben, zu Beschaulichkeit und Entsagung führt. Die Hymne "Mahomets Gesang" ist ein Ausdruck des Sturm- und Dranggefühls; das Sonett "Mächtiges Überraschen" ein Ausdruck der klassischen Lebenshaltung Goethes.

Eine Weltanschauung drückt sich aber nicht nur im Inhalt, im Gehalt eines Kunstwerkes, sondern ebenso sehr in der Form, in der Gestalt desselben aus. Zwar zeigt sich in beiden Gedichten übereinstimmend die wortschöpferische Kraft des Dichters in seiner Vorliebe für die Bildung von Nominalkomposita, bei denen das erste Kompositionsglied im attributiven Verhältnis zum zweiten steht: in "Mahomets Gesang" Felsenquell, Sternenblick, Marmorfelsen, Gipfelgänge, Führertritt, Bruderquellen, Schattental, Flammengipfel, in dem Sonett "Mächtiges Überraschen" Felsensaal, Wirbelwind, Wellenschlag. Was aber beide Gedichte, dem dargestellten Gehalt entsprechend, voneinander unterscheidet, ist ihre äußere Form, ihre Struktur und ihre rhythmische Bewegung. Es ist nicht verwunderlich, daß das ungestüme Drängen des gewaltig dahinströmenden Flusses in einer anfangs von hellen E-Lauten getragenen, leichten, tanzenden, dann immer nachdrücklicher und kräftiger werdenden und schließlich in einer unwiderstehlichen, sieghaften Sprachmelodie freier Rhythmen sich ausdrückt; der alternde Dichter wählte dagegen für die Darstellung der Erkenntnis, die er aus seiner Einsicht in die Begrenzung, in die Ordnung, in die Antinomien des Lebens gewonnen hatte, die strenge Form des klassischen Sonetts, die keine Freiheit im Formalen gestattet, sondern dieser Erkenntnis entsprechend sich gleichfalls bestimmten Bindungen, Regeln und Gesetzen fügt, sich bestimmten Beschränkungen des ungehemmt schöpferischen Dranges unterwirft, innerhalb deren dieser freilich sein eigenes Leben entfalten und zur Vollendung gelangen kann, so wie es Goethe in seiner dem gleichen Zyklus angehörenden Lobpreisung des Sonetts ausgesprochen hat.

> Denn eben die Beschränkung läßt sich lieben,
> Wenn sich die Geister gar gewaltig regen;
> Und wie sie sich denn auch gebärden mögen,
> Das Werk zuletzt ist doch vollendet blieben.

III.

DAGMAR NICK: *HYBRIS*

Wir sind nicht mehr die gleichen.
Uns ätzte das Leben leer.
Es gibt keine mystischen Zeichen.
Es gibt kein Geheimnis mehr.
Wir treiben durch luftlose Räume,
Erloschenen Angesichts.
Die Nächte verweigern uns Träume,
Die Sterne sagen uns nichts.
Wir haben den Himmel zertrümmert.
Das Weltall umklammert uns kalt.
Der Tod läßt uns unbekümmert.
Wir haben Gewalt.

NOVALIS: *WENN NICHT MEHR ZAHLEN UND FIGUREN*

Wenn nicht mehr Zahlen und Figuren
Sind Schlüssel aller Kreaturen,
Wenn die, so singen oder küssen,
Mehr als die Tiefgelehrten wissen,
Wenn sich die Welt ins freie Leben
Und in die Welt wird zurückbegeben,
Wenn dann sich wieder Licht und Schatten
Zu echter Klarheit werden gatten
Und man in Märchen und Gedichten
Erkennt die wahren Weltgeschichten,
Dann fliegt vor e i n e m geheimen Wort
Das ganze verkehrte Wesen fort.

Das kleine Gedicht "Hybris" der 1926 in Breslau geborenen Dichterin Dagmar Nick umreißt die Situation der jungen Generation unserer Zeit, die Kriegs- und Nachkriegsnöte überstanden und, aller Illusionen bar, die Werte, die den Vätern noch heilig waren, preisgegeben hat. Ohne innere Substanz, ohne Glauben an das Schöne, ohne Beziehung zum Irrationalen anerkennt diese Generation, die gleichgültig gegen sich selber und ihre Umwelt, ohne Freude, ohne Wärme, aber auch ohne Furcht dahinlebt, nur noch die Prinzipien der Macht und der Gewalt. Das wissenschaftliche Denken, das den Sprung in den Kosmos ermöglichte, hat die Natur ergöttert, den Himmel zertrümmert und den Menschen in eine totale Gottesfinsternis hineingeführt. Es hat ihm gleichzeitig das Gefühl einer ungeheuren Machtfülle, das Gefühl der Überlegenheit und Allwissenheit und der eigenen Selbstvollkommenheit gegeben: "Wir haben Gewalt."

Indem die Dichterin diese Haltung mit dem antiken Wort "Hybris" bezeichnet, warnt sie zugleich vor ihr, weil sie die Blindheit des Menschen Gott gegenüber in ihrer Vollendung zeigt.

Dem ersten Gedicht antwortet das zweite, der Zwölfzeiler Friedrich von Hardenbergs (Novalis). Der mechanistischen Weltauffassung steht die organische gegenüber, die die Welt intuitiv, gefühlsmäßig und ganzheitlich erfassen will. "Zahlen und Figuren, Rechnen und Messen aber vermögen nur ihre schattenhaften Konturen, nicht ihr Wesen zu erkennen. Erst aus den Kräften des Gemütes, des Gefühls, erwächst die Fähigkeit, hinter die Konturen zu blicken; erste wenn sie die Verstandeskräfte ergänzen, zur Einheit fügen, werden Licht und Schatten sich zu echter Klarheit gatten und die wahre Größe und Schönheit der Welt sichtbar werden lassen. Es gilt nicht nur, den Weg nach außen, in die Welt zu gehen, sondern auch den Weg nach innen, in die eigene Seele. Aus ihr kommt die Kraft der Intuition, welche tiefere Erkenntnis vermittelt als Messen, Wägen und Rechnen. Die Kräfte der Seele, liebende und ahnende Kräfte, sind das eigentlich Wirkliche und Wahre. Diese seelischen Kräfte sind dem Menschen verkümmert; darum ist er der Natur fremd geworden, darum erscheint sie ihm als tote Materie. Nur dem Liebenden, Glaubenden, dem, der sie aus der Kraft seiner Seele will, erschließt die Natur ihre Geheimnisse. Vielleicht wird dieser Weg aus der Seele in die Welt nie ganz vollendet, aber er muß doch immer gesucht werden. Wenn die Menschheit aber einmal jene Stufe der romantischen Ganzheit der Welt- und Gesichtsbetrachtung erreicht hat, so wird sie auch das eine geheime Wort, jene Formel finden, vor der "das ganze verkehrte Wesen", das entstellte, unvollkommen, verzerrt gesehene Wesen der Dinge davonfliegt, um der Schau des wahren Wesens Platz zu machen". (Karl Brinkmann)[34]

Der Unterschied der verschiedenen Welt- und Lebensauffassungen, der in den beiden Gedichten zum Ausdruck kommt, verlautbart sich auch im Klanglich-Rhythmischen. Während der kurzatmige, harte Rhythmus des ersten Gedichtes durch sein festes und bestimmtes Dahinschreiten dem Gedicht das Gepräge selbstbewußter Kraft und kalter, eiserner Entschlossenheit gibt, erzeugt das weiche, rhythmische Schwingen und Dahinfließen im zweiten eine leise und sanfte Melodie, die erregend und beruhigend zugleich wirkt. Den meist aus drei Takten bestehenden Verszeilen des ersten Gedichtes, die alternierend mit weiblichen und stärker betonten männlichen Kadenzen enden, stehen die gedehnteren viertaktigen Verszeilen des zweiten Gedichtes gegenüber, deren Endreime bis auf das letzte Zeilenpaar, das abschließenden Charakter hat, aus durchweg klingenden weiblichen Kadenzen bestehen. Und wie das erste Gedicht in dem harten, hybriden Schlußsatz "Wir haben Gewalt" zusammengefaßt erscheint, gipfelt das zweite in dem hoffnungs- und erwartungsvollen Bekenntnis, das den weitgespannten Bogen der vier- bzw. fünfmal einsetzenden Konditionalsätze ("Wenn . . ." zu Beginn der ersten, dritten, fünften, siebten und - sinngemäß - neunten Verszeile) abschließt:

> Dann fliegt vor e i n e m geheimen Wort
> Das ganze verkehrte Wesen fort.

4. Wie interpretiere ich ein Gedicht?

In seinem Buch "Gegenwart und Geheimnis - eine Auslegung von fünf Gedichten Eduard Mörikes" faßt Romano Guardini seine Bemerkungen über Sinn und Weise des Interpretierens dahin zusammen:

"Wer interpretiert, sucht in eigener Weise zu klären, was ein Anderer in der seinen gestaltet hat... Das Gedicht ist Aussage und Ausdruck; so hat der Interpret zu zeigen, was da ausgesagt und ausgedrückt wird... In einer Dichtung aber ist das, was sie sagt, und die Weise, wie sie es sagt, ganz eins. Das Wie, die Form, gehört in das Was, den Inhalt mit hinein, und der Inhalt liegt schon in der Weise, wie er zum Ausdruck gelangt. Ja, die Form ist der Inhalt... Wer interpretiert, holt etwas früher Geschaffenes in die eigene Gegenwart herein. Er stellt etwas, das sich aus sich selbst heraus gestaltet und so dem Wandel enthoben hat, wieder in die Zeit, indem er es - wie das gar nicht anders möglich ist - von den Voraussetzungen seiner eigenen Gegenwart heraus versteht..."[35]

Wer ein Gedicht zu interpretieren beabsichtigt, beachte folgende Gesichtspunkte, die selbstverständlich in keiner Weise verbindlich und vollständig sind, sondern nur Hinweise und Anregungen darstellen.

I. Das Aufnehmen des Gedichtes
   1. Lies das Gedicht still für Dich! Lasse es auf Dich einwirken!
   2. Lies das Gedicht, wenn möglich, wiederholt laut; versuche, die ihm innewohnende Melodieführung herauszuhören.
   3. Lies das Gedicht sinngemäß: nicht der äußeren (metrischen) Form, sondern seiner inneren Bewegung entsprechend; setze Pausen, da wo sie nötig sind.

II. Die Aussage (Das "Was")
   1. Beachte den Titel, die Überschrift des Gedichtes.
   2. Suche das "Was" der Aussage, den Inhalt, den Gehalt des Gedichtes zu erfassen!
   3. Überlege, was der Dichter sagen will.
   4. Ist es dem Dichter gelungen, seine Absicht einer bestimmten Aussage über einen Gegenstand, ein Lebewesen, eine Person, ein Erlebnis, einen äußeren oder inneren Vorgang, einen Gedanken zu verwirklichen?
   5. Sprich aus, was Dir an dem Gedicht am meisten auffällt, was Dich am meisten bewegt oder ergreift.

III. Der Ausdruck (Das "Wie")
   Welcher sprachlichen Mittel bedient sich der Dichter bei seiner Aussage? Untersuche:
   1. Die Diktion
      a) Satzbau, Satzformen, Satzgestaltung, Satzablauf (Zeilenstil, Hakenstil oder Enjambement; Satzablauf glatt, flüssig, durch Einschübe unterbrochen, durch Umstellungen gespannt usw.)

    b) Wortwahl
    c) Lautbestand, Lautfolge, Lautmalerei, Lautsymbolik; Alliteration
    d) Gleichnisse, Bilder, Metaphern
    e) Wortwiederholungen
2. Die Versgestalt
    a) Das Metrum (Wechsel der Hebungen und Senkungen, Versformen)
    b) Rhythmus (metrischer, bauender, gestauter, fließender, strömender, freier Rhythmus)
    c) Reime und Reimformen
    d) Strophenbau und Strophenformen
3. Die Struktur, die Sprachmelodie, den Stil
    a) Struktur des Gedichtes (Bauschema, Gleiderung, Aufbau)
    b) Sprachmelodie (Spannung zwischen metrischer Form und klanglich-rhythmischer Bewegung; melodische Kurve)
    c) Stil (Ausdruck der Persönlichkeit des Dichters, Ausdruck einer bestimmten literarischen Epoche)

IV. Die Übereinstimmung von Inhalt und Form
    a) Setze die Formkräfte des Gedichtes in Beziehung zum Inhalt der Aussage!
    b) Besteht eine Übereinstimmung von Inhalt und Form, Gehalt und Gestalt?

V. Eigene Stellungnahme und Wertung
    Erläutere, warum Dir das Gedicht gefällt! (Begründe, warum es Dir nicht gefällt!).

Abschließend sei als warnendes Wort, das zugleich den Interpretierenden zur höchsten Verantwortung dem Kunstwerk, dem Gedicht gegenüber auffordern soll, der Anfang des Vorwortes angeführt, das Johannes Pfeiffer seinem Buch "Wege zur Dichtung" vorangestellt hat: "Es ist eine weit verbreitete Unsitte: daß man sich nacherzählend im Dichterisch-Dargestellten wie in einem realen Erlebnis ergeht. An eine verwaschene Inhaltsangabe, die das vom Dichter gesagte in pseudo-poetischer Umschreibung eben noch einmal sagt, schließen sich ein paar Wendungen von unbestimmter Allgemeinheit, in denen der Zauber des betreffenden Werkes (in "verschwommenem Gerede") gefühlig gepriesen wird. Solchem Nachdichten gegenüber ist die eigentliche Aufgabe gerade umgekehrt die: daß wir die dichterische Aussage in ihrer besonderen Geformtheit und damit ihrem Zeichenwert erfassen, und daß wir unsere Ergriffenheit statt durch allgemeine Redensarten vielmehr beweisen in der Zucht einer liebevollen Versenkung und in der Hingabe an die gestalthaft-entäußerte Vision...

Wie man etwas Transrationales in begrifflich-disziplinierter Form erfassen und erhellen soll, ohne es durch Rationalisierung zu verfälschen: das ist allerdings immer wieder das Problem."[36]

Das Interpretieren moderner Lyrik erfordert neben der Beachtung der genannten Gesichtspunkte noch die Berücksichtigung einiger besonderer Kriterien:

Die moderne Lyrik hebt uns aus dem Raum des Gewohnten, Vertrauten, Alltäglichen heraus. Beachte daher folgendes:

1. Verwendet der Dichter neue, ungewohnte Vokabeln, die dem wissenschaftlichen, künstlerischen, technischen, medizinischen Sprachbereich, den Fremdsprachen oder anderen Gebieten entstammen?

2. Entstammen die Vokabeln verschiedenen Sinnbereichen, die scheinbar willkürlich zusammengefügt sind?

3. Sind in dem Gedicht Wörter enthalten, die Dich an der Stelle, an der sie stehen, überraschen, "verfremden", schockieren? Erzeugen sie einen besonderen Effekt?

4. Ist der Wortsinn des Gedichtes "verchiffriert"?

5. Findest Du in dem Gedicht Gleichnisse, Zeichen, Symbole, die die Aussage verallgemeinern, bedeutsam und transparent machen?

6. Stehen die Gleichnisse, Zeichen, Symbole in einer besonderen Konstellation zueinander? Untersuche ihre gegenseitige Beziehung!

7. Deute die "Zeichenhaftigkeit" der Sprache!

8. Gebraucht der Dichter seltsame Adjektive (z.B. mondene Stimme, moosiger Blick, schwarzer Honig, äscherne Flüsse), ungewohnte Genitivattribute (z.B. die zerbrochene Stirne der Nacht, Blick der Bläue, Gefieder der Kälte), besondere Farbwörter?

9. Ist die Wortfolge ungewöhnlich? Sind die Sätze offen oder geschlossen?

10. Begegnet Dir in dem Gedicht Bizarres, Groteskes, Absurdes? Findest Du Dissonanzen?

11. Welche Wendungen erscheinen Dir gewollt, gekünstelt, affektiert, gewaltsam zusammengebracht ("montiert")? Welche scheinen Dir schön, treffend, farbig, leuchtkräftig, sinnvoll zu sein? Welche lassen in dir etwas anklingen? Welche berühren Dich besonders?

12. Wo legt das Gedicht tiefere Zusammenhänge bloß?

13. Wo deutet das Gedicht über sich selbst hinaus?

14. Hast Du den Eindruck, daß der Dichter die altvertraute, "normale" Wirklichkeit "entdinglicht", "entmachtet", umbildet?

15. Ist es dem Dichter gelungen, etwas Neues auszusagen, eine neue Wirklichkeit entstehen zu lassen, eine neue Ordnung zu schaffen?

ZWEITER TEIL

1. Was ist eine Kurzgeschichte?

Als epische Kurzform hat sich in zunehmendem Maße in der europäischen Gegenwartsliteratur nach dem Ende des ersten Weltkrieges eine Art der dichterischen Erzählung entwickelt, die wir als "Kurzgeschichte" bezeichnen. Sie geht auf die "short story" zurück, die in der ersten Hälfte des 19. Jahrhunderts aus der Berichterstattung und Reportage für das in England und in den Vereinigten Staaten aufblühende Zeitungs- und Zeitschriftenwesen entstand, schnell gelesen werden sollte und auf engstem Raum eine spannende Darstellung eines prägnanten Einzelschicksales oder Sonderfalles mit unvermuteter Pointe am Schluß darbot.

Als zu oberflächlich erscheint allerdings die amerikanische Definition der Kurzgeschichte, welche die Zahl der Wörter zum Maßstab nimmt: eine Geschichte von 1000 bis 20 000 Wörtern sei eine "short story", habe sie jedoch mehr als 20 000 Wörter, so müsse sie als "novelette" bezeichnet werden. Die Novelle in unserem abendländischen Sinn, die ihren Ursprung zur Zeit der italienischen Renaissance in der Toskana hatte und die darauf angelegt ist, als "unerhörte, sich ereignete Begebenheit" Hintergründe von Ordnung und Sinn in kunstvoller Durchgestaltung (Rahmen, Höhepunkt, Wendepunkt) unter Verwendung eines Zentralmotivs, eines Dingsymbols, eines "Falken" sichtbar zu machen, kennt die angelsächsische Literatur nicht. Was sie als "novelette" bezeichnet, deckt sich nicht ganz mit unserem Begriff der Novelle, während sie unter "novel" die Gattungsform des Romans versteht. Als literarische Vorstufe der Kurzgeschichte in Deutschland können einige Geschichten der mittelalterlichen Schwankliteratur, Fabeln und Parabeln, einige Kalendergeschichten Johann Peter Hebels und einige Anekdoten Heinrich von Kleists angesehen werden. Und doch können wir diese epischen Kurzformen nicht als Kurzgeschichten im modernen Sinne bezeichnen. Ihre Einfachheit und Einfalt, wie im Falle der mittelalterlichen Schwänke, der Fabeln, der Parabeln und der Kalendergeschichten, ihre scharfe Zuspitzung eines "merkwürdigen Falles", durch den eine außerordentliche Persönlichkeit, ein "Kerl" oder ein "Held", gekennzeichnet wird, wie in den Anekdoten Kleists, ermangeln der Erschütterung des Lesers, die bei der modernen Kurzgeschichte infolge der Darstellung eines Lebensbruches mit einem abrupt desillusionierenden Schluß entsteht.

"Goethe äußerte einmal, der abrupte Schluß eines Gedichts lasse einen Stachel im Herzen zurück. Dieselbe Wirkung ist auch typisch für die offene Form der Kurzgeschichte. Ihr abrupter Schluß ist von vornherein geplant. Ohne eine Entwicklung zu schildern, zielt sie auf ein desillusionierendes Ende . Die Anekdote hat eine Pointe. die eine echte Lösung der Spannung in sich birgt. Die Kurzgeschichte zerstört einen Zustand, in dem der Schluß meist eine Illusion als solche enthüllt. **Das Grauen des zweiten Weltkrieges ließ diese moderne, ganz offene Form der Kurzgeschichte unter dem Einfluß der amerikanischen short story reifen.** Wolfgang Borcherts (1921-1947) 19 Geschichten unter dem Titel "An diesem Dienstag" sind dafür ein erschütterndes Beispiel. Sie werden nicht durch eine Pointe geschlossen, sondern durch einen Schock, der durch die leere Öffnung des Widersinns ausgelöst ist (Heinz Ischreyt)[37].

Hermann Pongs wiederum erklärt die Kurzgeschichte als eine Erzählform, die "in grellen Kurzbewegungen zwischen Mensch und Schicksal das plötzlich veränderte Zeitalter begreift, als das Zeitalter der Masse, das nichts mehr glaubt, das aus jeder Gnade Gottes herausgefallen ist, dessen Gefühle geschrumpft sind, und die die Welt nicht in Aufbau und Abenteuer, sondern als eine Welt im Zerfall darstellt."[38]

"Der geistesgeschichtliche Ort dieser erzählerischen Kurzform", so schließt Heinz Ischreyt seine Darstellung der Entwicklung der Kurzgeschichte, "liegt in einer Zeit, in welcher der Mensch nicht mehr Herr der Schöpfung und der Erzähler nicht mehr "allwissend" ist. Die Kurzgeschichte ist eine moderne Form, von modernen Erzählern geschrieben und von modernen Lesern verstanden."

Die verstärkte Nachfrage nach modernen Erzählungen und Kurzgeschichten und die zunehmenden Neuerscheinungen von Erzählungsbänden und Anthologien epischer Kurz-formen scheinen diese Erkenntnis zu bestätigen. Als verlegerischer Fachmann äußert sich **Dieter Lattmann** zu der Renaissance der Erzählkunst in unseren Tagen:

"Die literarische Kurzstrecke - Erzählung, Novelle oder schort story - besitzt ihre eigene Maßeinheit innerhalb einer literarischen Epoche. Neuerungen und Stilbewegungen, Kräf-teverhältnisse des Themas wie der Form drücken sich in der Erzählung häufig früher und deutlicher aus als im Roman. Das dichtere Gewebe eines literarischen Textes, der die Bedingungen der Erzählung erfüllt, größere Sublimierung und präzisere Überschaubarkeit lassen die Prosa der kleinen Form nicht nur für bestimmte Autoren, sondern auch für literarische Generationen zum Gradmesser werden. An ihren Erzählungen sollt ihr sie erkennen: das trifft für einen Teil der gegenwärtigen Literatur besonders zu.

Die Erzählung, der auch Fabel und Impression und die Elementarform des Märchens hinzuzuzählen sind, ist immer beides gewesen: Versuchsgelände für Anfänger, in denen die Dimension eines Romans noch Schwächeanfälle erweckt, und gleichzeitig gesteigerte Übung für den handwerklich sicheren Romancier, der einen Einfall an der anspruchsvol-leren Kurzform messen will. Die Erzählung kann dem Gedicht benachbart sein wie dem Roman. Ihre Grenzen kann der Autor in die verschiedensten Gebiete manövrieren, aber er kann sie, einmal begonnen, nicht mehr wie im Roman beliebig verlagern: vom ersten Absatz an ist in der Erzählung alles unter einen Bogen gespannt. Der Auftakt enthält schon das Ende. Dazwischen beschreibt ein Kunstverstand seine Parabel.

Manche Autoren behaupten, für jeden Einfall gebe es nur eine ihm gemäße Form: die Idee zu einer Erzählung dürfe nicht zum Roman verlängert werden und umgekehrt. Darüber kann man sehr unterschiedlicher Meinung sein. In der Praxis, scheint es, ist es immer ein Freistil-Vorgang, wie ein Stoff zu seiner Form gelangt. Viel dagegen kann man jederzeit aus der Einschätzung ablesen, mit der eine bestimmte Literaturgattung bei Verlagen und Lesern zu Buche steht. Im Wandel der deutschen Nachkriegsliteratur geben Erzählung und Kurzgeschichte dafür ein aufschlußreiches Beispiel. Es gab für sie nach 1945 zwei Blütezeiten: die eine lag in den Jahren um die Währungsreform, zur Zeit der Zeitschrift >story< und Wolfgang Borcherts Zyklus "An diesem Dienstag". Die andere erleben wir heute. Man kann angesichts der literarischen Situation der letzten beiden Jahre von einer überraschenden Wiederkehr der Erzählung sprechen.

Erklärungen dafür wären wie für jeden vergleichbaren >Gesinnungswandel< nur teilweise befriedigend. Bucherfolge ergeben sich nicht nach logischen Prinzipien. Eine kleine Sensation, wie sie die Wiederkehr der Erzählung in der Gunst der Leser heute bedeutet, hat immer auch ein irrationales Moment: eine Zusammensetzung aus schwer überschaubaren und kaum zu berechnenden Geschmacksströmungen, Zeitgegebenheiten, spontanen Liebhabereien, die Kettenreaktionen auslösen. Sie werden weniger von Entschlüssen als von Zufällen gelenkt.

Der Auftakt allerdings, der diese Veränderung einleitete, erklärt sich durchaus: er ist begründet in der Qualität. In den vergangenen Jahren haben einige Autoren in der Form der Erzählungen ihr Bestes geleistet."[39]

Der Geschmackswandel des Publikums wird, so dürfen wir hinzufügen, aber auch noch einen weiteren, tieferen Grund haben: es scheint, daß die Kurzgeschichte heute bereits ihre aus den beiden Weltkriegen entstandene pessimistische Grundhaltung aufzugeben beginnt und, anknüpfend an frühere erzählerische Traditionen, eine neue Ausgangsposition und Aufgabenstellung zu gewinnen sucht, die zu neuen Zielsetzungen hinführen soll.

1.1 Wesen und Bedeutung der Kurzgeschichte im Urteil der Literaturkritik

In der Kurzgeschichte wird ein Stück gelebte Wirklichkeit mit äußerster Knappheit dargestellt. Dabei wird jede Äußerung, jeder Zug genau auf den Höhepunkt der Handlung bezogen. Alles Beiläufige wird fortgelassen. Nichts Umständliches wird um seiner selbst willen erzählt. Alles Erzählte hat eine ganz bestimmte Funktion in der äußerst gespannten Handlung auszufüllen. Der Aufbau der Handlung erfolgt im Aufeinanderstoßen der Gegenkräfte. Der Höhepunkt bildet zugleich den Schluß der Geschichte . . . Der Schluß bleibt (meist) offen. Die Kurzgeschichte gibt also ein Stück Wirklichkeit, das durch ein "unverhofftes Ereignis" gestört wird.

Der Bruch des Lebens, der sich im übermächtigen Geschehen oder im Aufeinanderprall von Geschehen und menschlicher Haltung darstellt, wird in der Kurzgeschichte kaum durch Humor oder Witz (Anekdote und Schwank) gemildert. Die einzige Milderung, die zugleich eine nachhaltige Beunruhigung bringt, ist der offene Schluß. Die Geschichte stellt nicht mehr dar, was sich nach dem Lebensbruch und Zusammenprall ereignet. Die Kurzgeschichte gibt also Augenblicksbilder, Skizzen, keine Entwicklungen, keine geschlossene Handlung. Daneben gibt es Kurzgeschichten, die mehrere Augenblicksbilder zu einem Gesamtbild zusammensetzen, die Bilder aber nicht mehr als Handlungsfolge, sondern als Mosaik ordnen. Sie stellen verschiedene Ereignisse unter einem besonderen Aspekt zusammen und erreichen durch diese - dem Film ähnliche - Technik neue Wirkungen.

(Wilhelm Helmich)[40]

Die Kurzgeschichte spiegelt und deutet wesentliche, vor allem furchterregende, den Menschen fordernde, unbewältigte Erscheinungen der Gegenwart . . . Durch die Beschäftigung mit ihr lernt die Jugend nicht nur die charakteristische literarische Form unserer Zeit, sondern auch die Problematik des modernen Daseins kennen. Beides wird dargeboten in einer eigentümlich neuen Sprache.

Die Kurzgeschichte beleuchtet ein Alltagsgeschehen derart, daß es als dramatisches Ereignis von großer Eindringlichkeit begriffen werden kann. Sie arbeitet mit Überraschungsmomenten und eigenartigen Beleuchtungseffekten; sie rüttelt die Leser wach und regt sie zum Nachdenken an. Sie bedient sich der Ironie, der Satire; oft wirkt sie auf den ersten Blick unverständlich und gibt Rätsel auf.

Die Kurzgeschichte erhebt scheinbar belanglose Einzelfälle des Alltagsgeschehens durch die Art der künstlerischen Gestaltung zu Modellfällen. Sie lehrt Menschenschicksale beobachten und das Unscheinbare in seiner tiefen Bedeutung erkennen. Auf diese Weise führt sie von der Betrachtung des unmittelbar empirischen Alltagsgeschehens ohne Umwege zur literarischen Form.   (Robert Ulshöfer)[41]

Da die Kurzgeschichte sich auf das eigentliche Geschehen selbst konzentriert, muß die gestalterische Kunst des Erzählens es fertigbringen, alles dem Leser zum Verständnis des Erzählvorgangs notwendige Wissen über die Situation, die Personen, die Konflikte, die Voraussetzungen und Auslösungen in der sprachlichen Verwirklichung des Geschehens selbst unmerklich zu vermitteln. Das erfordert ein Höchstmaß sprachkünstlerischer Fähigkeit nicht nur, sondern zugleich auch technisch gekonnte Raffung, die in knappster Ausdrucksform ein Vielfaches gleichzeitig in die Vorstellung des Lesers zu rufen vermag.

In Gegenstand und Gestaltung, Durchführung und Konzentration ist die Kurzgeschichte eine echte Kunstform. Sie erschafft mit den Gestaltungsmitteln der Sprache eine neue, künstlerische Wirklichkeit, die, formal der Reportage sich nähernd, den Eindruck schafft, als handele es sich um eine kunstlose Abschilderung eines tatsächlich im Hier und Heute so geschehenen Ereignisses. Was sie als Wirkung beim Leser erreicht, ist ein in sich abgerundeter, starker, eindrucksvoller Einblick in eine bestimmte Situation, ein Ereignis, eine Stimmung oder eine Gemütslage. Die Situation oder was sonst der Erzählgegenstand der Kurzgeschichte sein mag, muß sehr neu, sehr ungewohnt, sehr spannend und sehr charakteristisch sein für bestimmte Wesenszüge des menschlichen Daseins. Die Kurzgeschichte läßt sie scharf, grell und hart konturiert erkennbar werden wie im plötzlichen Lichtschein des Blitzes, der verlischt, noch ehe man sagen kann: es blitzt. Wo einem Erzähler das gelungen ist, da wird man zurecht von einer echten Kurzgeschichte sprechen.

                                                                    (Helmut Motekat)[42]

Die Kurzgeschichte ist von allen Gattungsformen die relativ freieste. Trotz ihrer räumlichen Begrenzung, ja gerade innerhalb dieser Begrenzung gibt sie dem Dichter ein nahezu unbegrenztes Spielfeld. Es reicht vom Realen der Reportage bis zum mysteriös Wunderbaren, von der exakten Wirklichkeitsschilderung bis zur grotesken Phantastik, vom verknappenden Bericht bis zur kunstvollen, oft ironischen Stilisierung, vom naiven Erzählen bis zur Verrätselung im Zeichenhaften. Ja, manche dieser Erzählungen wollen nur erproben, was sich dem ebenso biegsamen wie spröden Material der Sprache selbst heute noch, in einer Spätzeit, an neuen Nuancen, Überraschungen und Gewagtheiten abgewinnen läßt . . . Je mehr die Welt, in der die Menschen leben müssen, das Selbstverständliche, Fraglose verliert, desto mehr bedarf es auch in der Literatur der konstruktiven Elemente. Nicht nur die Welt, auch ihre Menschen werden zeichenhaft, so daß die Sprache nicht mehr die Gegenstände selbst aussagt, sondern auf Bereiche hindeutet, die sich der Sprache entziehen und die "eigentlich" gemeint sind. Die Wirklichkeit ist wie ein täuschender Vorhang, hinter dem erst die wahre, die "unrealistische" Realität gefunden werden soll. (Benno von Wiese)[43]

Ehe wir nun uns der Interpretation einiger Kurzgeschichten zuwenden, seien im folgenden die wichtigsten Merkmale genannt, die das Wesen der modernen Kurzgeschichte bestimmen.

1.2 Was versucht die Kurzgeschichte zu gestalten?

(THEMA UND SITUATION)

Allgemeine Schicksale von Menschen des Alltags; besonders typische, interessante oder krasse Fälle.

Zusammenprall zwischen persönlichen Entscheidungen und den vital einbrechenden Forderungen der Umwelt und Wirklichkeit.

Kritische Augenblicke des Schicksalsbruches, der Lebenswende oder des Lebensendes: Schicksal und Verhängnis.

Der Mensch zwischen Freiheit und Verantwortung, zwischen Gut und Böse, zwischen dem Sein und dem Nichts.

Existenzanalyse: Kritik der Zeitumstände, der gesellschaftlichen Zustände und Mißstände, des Daseinsverhältnisses des Menschen (Seinsschuld, Lebensangst, Not, Einsamkeit, Verlorenheit, Ausweglosigkeit, Preisgegebenheit und Verfallensein an dämonische Mächte, Verzweiflung).

Grenzsituationen: Der Mensch zwischen Leben und Tod, Verdammnis und Erlösung.

Verhältnis des Menschen zum Transzendenten: Erfüllung des entwerteten Daseins durch Hingabe an die Natur, an die Mitmenschen, an die Liebe, an das Jenseits, an Gott.

1.3 Wie versucht die Kurzgeschichte zu gestalten?

(TECHNIK DER DARSTELLUNG)

Unvermittelte Einleitung, die sofort "medias in res" führt und die Situation aufreißt.

Rückblende und Vorausdeutung

Methode der Bewußtseinsspiegelung

Aneinanderreihung einzelner Situationen oder Bilder

Lineare Darstellung

Aufsplitterung und Zusammenfügung (Montage)

Wechsel der Perspektive (Blickrichtung)

Gegliederter Ablauf des Geschehens

Kontrastwirkung: Aufeinanderstoßen der Gegenkräfte

Zweiteiligkeit bis Vierteiligkeit des Aufbaus mit alternierend positiven und negativen Handlungselementen

Häufiges Schemata:

- + + -; + - - +; - + - +; + - + -; - - + +; + + - -.

Verkürzung der Erzählstruktur durch Beschränkung auf das unbedingt Notwendige

Sparsamkeit der Darstellung

Überwiegend konkreter Wortschatz mit hintergründiger Bedeutung

Verhältnismäßig wenig schmückende Beiwörter oder lyrische Elemente

Reportage: einfacher, gleichförmiger Satzbau, Fügung kurzer Sätze, Dingsprache, Sprechsprache des Alltags, aber Doppelbodigkeit des Geschehens

Häufige Verwendung von Leitworten, Kernworten, Zeichen, Chiffren, Symbolen, die leitmotivartig wiederkehren, Sinnlich-Konkretes darstellen und Übersinnlich-Abstraktes meinen

Gebrauch von Vergleichen, Metaphern, Bildern, Sinnbildern; Verwendung von Lautmalerei, Lautsymbolik

"Absoluter Funktionalismus": Ordnung aller Aussagen und Einzelworte auf den Sinn des Ganzen hin (Stellenwert der Aussage, Konstellation und Relation der Zeichen und Symbole)

Vorliebe für überspitzte Formulierungen, Erzeugung von Spannungen

Zuspitzung des Handlungsablaufes oder der Erzählungsführung auf eine unvermittelte Pointe hin

Offener Schluß: unerwartet, unbestimmt, vieldeutig

Geschlossene Form mit notwendig sich ergebender Schlußfolgerung

1.4 SINNDEUTUNG

Darstellung eines menschlichen Einzelschicksals oder des Daseins in seiner Besonderheit, Einmaligkeit, Vielseitigkeit, Tiefe, Abnormität oder Absurdität, in seiner abgründigen Dunkelheit, Gefährlichkeit, Todesnähe

Erfassung einer äußeren Wirklichkeit als Ausdruck einer inneren Wirklichkeit und einer geistig-seelischen Wahrheit

Erkenntnis der zerstörenden und heilenden Kräfte, die im Zeitlichen und Überzeitlichen walten

Der vordergründige Einzelfall gewinnt eine tiefe allgemeine Bedeutung

Vollkommene Gegenwärtigkeit des Erzählten: Beziehung zur Gegenwart, zum Du des Mitmenschen und zum eigenen Ich.

2. Wie interpretiere ich eine Kurzgeschichte?

(LEITLINIEN)

1. Lies die Kurzgeschichte mehrfach und versuche, die Gedankenbewegung des Textes zu erfassen!

2. Versuche Sinnabschnitte herauszufinden und das Textganze zu gliedern!

3. Welche Sätze, Abschnitte, Szenen, Vorgänge, Gestalten heben sich aus dem Ganzen der Kurzgeschichte besonders heraus? Inwiefern widmet ihnen der Dichter besondere Aufmerksamkeit?

4. Welche Stelle der Kurzgeschichte scheint Dir ein Wendepunkt, welche der Höhepunkt zu sein?

5. Vergleiche Einleitung und Schluß!

6. Wie ist der geschilderte Vorgang, die besondere Situation sprachlich ausgedrückt?

7. Was fällt Dir an der sprachlichen Gestalt auf (Länge und Kürze der Sätze, Satzbau, Zusammenhang der Sätze; Wortwahl, Wortarten, Wortformen, Wortstellung, Wortbereiche; Klang, Farbe, Rhythmus, Tonführung, Sprachkurve)?

8. Durch die Erzählung, die Kurzgeschichte schimmern Kernworte, Leitworte, Zeichen, Chiffren, Symbole, die eine ganz eigene Erfahrung der Dinge aussagen. Welche sind bezeichnend? Inwiefern haben sie eine Bedeutung für die Sinnaussage der Kurzgeschichte?

9. Beachte den Schluß! Ist die Darstellung offen oder geschlossen?

10. Welchen Zweck verfolgt der Dichter mit seiner Darstellung?

11. Sind Dir vergleichbare ähnliche oder entgegengesetzte Darstellungen bekannt?

12. Ist eine Übereinstimmung zwischen dem Außen und Innen, zwischen dem Gegenständlichen, Konkreten und dem Seelische, Abstrakten festzustellen?

13. Verweist die Kurzgeschichte ins Transzendente?

14. Stelle die Beziehung zur Gegenwart oder zu Deinen eigenen Erfahrungen her!

15. Welche Wirkung übt die Kurzgeschichte auf Dich aus?

3. Interpretationen

Unvermittelte Einleitung, die sofort die Situation aufreißt: "Vom Kommando war lange keine Weisung gekommen, und es hatte den Anschein, als ob man überwintern würde." Die Worte "Kommando, keine Weisung, Anschein, als ob" deuten voraus auf die Thematik der Kurzgeschichte, die das Verhältnis von Wissen und Nichtwissen, Sicherheit und Unsicherheit, Sein und Schein, Wunsch und Furcht zum Inhalt hat.

Ein Melder hat die Order eines Kommandos zu der jenseits eines Waldstreifens gelegenen Abteilung zu überbringen. Die Umstände, unter denen ihm die Order übergeben sowie die Tatsache, daß ihm ein Begleiter mitgegeben wird, erwecken in dem Melder einen bestimmten Verdacht. Während einer Wagenpanne hat er Gelegenheit, die versiegelte Order zu öffnen: sie lautet auf die Erschießung des Überbringers. Er plant, seinen Begleiter, in dem er eine Eskorte vermutet, niederzuschießen. Während der Wagen eine vom Feind eingesehene Lichtung überkreuzt, fallen Schüsse. Der Melder ist getroffen. Er übergibt die Order dem Fahrer des Wagens mit der Bitte, diese an sich zu nehmen, da sein Rock durchgeblutet sei. Der Fahrer übernimmt die Order und bringt sie und den verwundeten Melder zur Abteilung. Während letzterer, fast verblutend, in Schwäche und Ohnmacht daliegt und glaubt, daß nun der Fahrer an seiner Stelle als Überbringer der Order niedergeschossen wird, öffnet sich die Tür; ein diensttuender Offizier tritt in Begleitung des Fahrers ein:

"Die Order", sagte der Melder, "was ist mit der Order geschehen?"

"Durch einen Schuß lädiert", erwiderte der Offizier, "aber noch lesbar."

"Ich hatte sie zu überbringen", sagte der Melder.

"Wir sind zurecht gekommen!" unterbrach ihn der Fahrer. "Die am andern Ufer haben überall den Angriff begonnen!"

"Es war die letzte Nachricht, die wir zu erwarten hatten." Der vom Stab wandte sich zum Gehen. In der Tür drehte er sich noch einmal zurück und sagte, nur um noch irgend etwas zu sagen: "Ihr Glück, daß Sie den Wortlaut der Order nicht kannten. Wir hatten eine merkwürdige Chiffre für den Beginn der Aktion."

Gliederung der Kurzgeschichte:

1. Exposition: Der Melder mißtraut seinen Auftraggebern und schöpft Verdacht, der sich während einer Wagenpanne bestätigt: die Order lautet auf Erschießung des Überbringers. (-)

2. Wendepunkt: Der Melder beschließt, seinen vermeintlichen Bewacher niederzuschießen, wird aber plötzlich selbst verwundet und übergibt die Order dem Fahrer, wodurch er seiner Erschießung zu entgehen hofft. (+)

3. Retardierendes Moment: Der Fahrer bringt die Order und den Verwundeten zur Abteilung zurück. Während der Melder zu verbluten und zu sterben glaubt, meint er zu

hören, wie der Fahrer als Überbringer der Order niedergeschossen wird. Gewissensqualen des Melders. (-)

4. Pointe: Der Wortlaut der Order war nur eine merkwürdige Chiffre für den Beginn der Aktion. Lösung der Spannung. (+)

Ironie in den Worten des Offiziers: "Ihr Glück, daß Sie den Wortlaut der Order nicht kannten." -

Sinndeutung: Befindlichkeit des Menschen in einer Grenzsituation. - Verkehrung des Verhältnisses von eingebildeter und tatsächlicher Bedrohtheit und Gefahr. -

Ironie des Schicksals: Irrtum eines Menschen, der der Selbsttäuschung erliegt; der Mensch als Gefangener seiner selbst.

Offener Schluß: Verhilft diese Erkenntnis dem Menschen zur wahren, inneren Freiheit? Die Antwort wird nicht gegeben.

ILSE AICHINGER: S E E G E I S T E R

Während die Kurzgeschichte "Die geöffnete Order" eine Begebenheit berichtet, die sich noch durchaus im Bereich des Möglichen abspielt und somit "glaubhaft" sein kann, verläßt die Kurzgeschichte "Seegeister" den Boden der Tatsachen, indem sie **Vorgänge** darstellt, **die den Gesetzen der Kausalität und Kontinuität widersprechen.** Die Dichterin, die sich in der "Geöffneten Order" noch an die Elemente der Wirklichkeit hält, obwohl sie sie bereits transparent zu machen versteht, verfügt über diese Elemente in der Kurzgeschichte "Seegeister" in völlig freier Weise. "Diese Verfügungsfreiheit ermöglicht es ihr, den Leser mit dem, was ihr als die Wirklichkeit gilt, unter ungewohnten Aspekten zu konfrontieren, so daß sie ihm durchaus nicht mehr als das Vertraute erscheint" (P. Dormagen).[44] Es tritt eine Verfremdung der Wirklichkeit ein, die den Leser durch ihre Surrealität schockiert und auch bewußt schockieren will. Nur so kann es gelingen, ihn das Alltägliche neu sehen und in seiner Absonderlichkeit und Widersprüchlichkeit erleben zu lassen.

Einleitung: "Den Sommer über " gibt es zu viele Seegeister (Sommergäste eines Badeortes); man kann sie kaum voneinander unterscheiden. Er im Herbst, der Zeit der Vereinzelung und Besinnlichkeit, werden sie deutlicher erkennbar. Mosaikartige Aneinanderreihung einzelner, thematisch zusammengehöriger Geschichten, in denen das Reale ins Irreale hinüberspielt:

1. Ein Mann kann den Motor seines Bootes nicht mehr abstellen. Er ist dazu verurteilt (von wem?), "den ganzen Sommer über" auf dem See hin- und herzufahren. Als das Benzin ausgeht, treibt das Seewasser den Motor weiter. Endlich, im Herbst, fährt der Mann auf das Ufer auf, aber das aufgerissene Boot tankt nun Luft und braust in den Herbstnächten in den Lüften dahin. Auch das Mädchen, um deretwillen der Mann eine Rettungsexpedition zurückwies, kann ihn nicht erlösen und verläßt den See mit dem Wort: "Wäre er ein Verwunschener, ich wäre länger geblieben, aber er ist mir zu genußsüchtig!"

Assoziationen: Fliegender Holländer, Erlösungsmotiv, Wodans Wilde Jagd.

Technik und Natur als unheimlich zudringende Mächte, die ihr dämonisches Spiel mit dem nicht zu Erlösenden spielen. Der Mann selbst nimmt sein Schicksal nicht ernst, sucht es zu erklären, zu entschuldigen, zu beschönigen. Aber selbst die Verzweiflung vermag ihn nicht zu retten.

2. Eine Frau "vergeht", sobald sie ihre Sonnenbrille abnimmt. Aus Modetorheit nahm sie sie weder im Schatten noch beim Segeln, Tennisspielen, Tanzen, Küssen, ja sogar beim Schlafen nicht ab: "solange es Sommer war." Aber nun ist es Herbst, und "was soll geschehen, wenn es Winter wird?"

Auch die Frau mit der Sonnenbrille ist wie der Mann im Motorboot eine an ihre Modetorheit, an ihr Schicksal gefesselte Person: Menschen, die ihre eigenen Gewohnheiten und Schwächen nicht bewältigen können.

Wortspiel, die Ironie des Schicksals kennzeichnend: "Es gab Zeiten, zu denen sie die Sonnenbrille trug, sobald ihr die Sonne ins Gesicht schien, und sie abnahm, sobald sie verging" - jetzt aber ist sie die Frau, die dazu verurteilt ist (von wem?), zu "vergehen".

3. Drei Mädchen machen sich über den einzigen Matrosen des kleinen Dampfers lustig, der den See befährt. Als der Matrose die Wichtigkeit seiner Person herausstellen will und während eines ausbrechenden Gewittersturmes sich an der Reling zu schaffen macht, fällt er in den See und ertrinkt. Die drei boshaften Mädchen aber sind dazu verurteilt (von wem?), von nun an für immer auf dem Dampfer den See zu befahren und hinter ihren vorgehaltenen Händen zu lachen. Die Kurzgeschichte "Seegeister" geißelt - satirische - angeberhafte, törichte, gedankenlose Gewohnheiten der Menschen. Boot, Brille, Dampfer - Dingsymbole (Zeichen) für die Geister, die der Mensch rief und nicht mehr los wird.

Gedanke der Nemesis: Diese Menschen werden selbst in "Geister" verwandelt, sie werden wie im Märchen von einer höheren ausgleichenden Gerechtigkeit dazu verurteilt, als "Verwunschene" ihre gedankenlose törichte Tätigkeit weiter auszuüben.

Einbruch magischer Kräfte in den Alltag, die den schuldhaften Menschen überwältigen: er erscheint nicht mehr als Herr seiner selbst, er ist ein "Gefesselter" (Titel der Sammlung, in der die Kurzgeschichten Ilse Aichingers enthalten sind.) Im Schlußsatz sind die "Marionetten" aller drei Geschichten zusammen gemeint: "Wer sieht, sollte sich von ihnen nicht beirren lassen. Es sind immer dieselben."

ILSE AICHINGER: S P I E G E L G E S C H I C H T E

Die Heranziehung einer dritten Kurzgeschichte Ilse Aichingers soll verdeutlichen, wieviele Möglichkeiten der Erzählform dieser großen Könnerin zur Verfügung stehen.

Die "Spiegelgeschichte" ist der innere Monolog (monologue intérieur) einer soeben verstorbenen jungen Frau. (Verfremdung!) Diese Kurzgeschichte ist nicht nur die bewegendste, sie ist auch die dichterischste der drei hier interpretierten Kurzgeschichten Ilse Aichingers. Sie ist eigentlich mehr **ein Stück lyrischer Prosa, die eine Sphäre äußerster Subjektivität** schafft: da sie nur ein Erinnerungsbild darstellt, besitzt sie keinen meßbaren Handlungsablauf im üblichen Sinn.

Zu der "Geöffneten Order" steht sie in gleichem Gegensatz wie die Kurzgeschichte "Seegeister": sie verfremdet die Realität, insofern wir etwas akzeptieren sollen, was der Realität widerspricht: daß eine Verstorbene wiederaufsteht und alle ihre Lebenswege zurückgeht bis zu dem Augenblick, da sie als Säugling hilflos stammelnd in der Wiege liegt.

Zu der Kurzgeschichte "Seegeister" bildet sie insofern einen Gegensatz, als sie keine mosaikartige Aneinanderreihung einzelner Bilder enthält, sondern in einer unerhörten Raffung alle Schichten eines gelebten Lebens in e i n e m Punkt, dem des soeben eingetretenen Todes, konzentriert.

Die "Spiegelgeschichte" ist eine einzige Rückblende (daher der Titel!): in der Form des inneren Monologes läßt die Verstorbene ihr Erleben nicht von der Wiege bis zur Bahre, sondern von der Bahre bis zur Wiege an ihrem eigenen Ich, das sie mit "Du" anspricht, weil es ihr eigentlich nicht mehr zugehört, vorüberziehen: Am Grab. - In der Begräbniskapelle. - In der Leichenhalle. - Im Sterbebett des Krankenhauses. - Die Todesursache.- Die Liebe. - Die Jugendfreundschaft. - Die Schulzeit. - Die Kindheit. - Die Mutter:

"Jetzt ist sie da. Jetzt besorgt sie alles und lehrt dich auch das Spielen noch viel besser, man kann es nie genug gut können. Es ist keine lichte Kunst. Aber das schwerste ist es noch immer nicht.

Das schwerste bleibt es doch, das Sprechen zu vergessen und das Gehen zu verlernen, hilflos zu stammeln und auf dem Boden zu kriechen, um zuletzt in Windeln gewickelt zu werden. Das schwerste bleibt es, alle Zärtlichkeiten zu ertragen und nur mehr zu schauen. Sei geduldig! Bald ist alles gut. Gott weiß den Tag, an dem du schwach genug bist. (Beziehung auf Lebensanfang und Lebensende zugleich: der Kreis schließt sich.)

Es ist der Tag deiner Geburt. Du kommst zur Welt und schlägst die Augen auf und schließt sie wieder vor dem starken Licht. (Beziehung auf Lebensanfang und Lebensende zugleich: der Kreis schließt sich.) Das Licht wärmt dir die Glieder, du regst dich in der Sonne, du bist da, du lebst. Dein Vater beugt sich über dich. (Beziehung auf Lebensanfang und Lebensende zugleich: "Vater" auch im Sinne von "Gottvater" zu verstehen.)

"Es ist zu Ende -" sagen die hinter dir, "sie ist tot!"

Still! Laß sie reden!"

Die Erinnerungen in der verdämmernden Bewußtseinsspiegelung der Verstorbenen reichen von der Gegenwart des Sterbens bis in die Vergangenheit des Geborenwerdens zurück. Das Ganze ist wie ein Film, der rückwärts läuft; bis in alle Einzelheiten hinein werden alle Vorgänge rückläufig:

"Dein Grab ist offen . . . Und die Träger fragen nicht viel und holen deinen Sarg wieder herauf. Und sie nehmen den Kranz vom Deckel und geben ihn dem jungen Mann zurück, der mit gesenktem Kopf am Rand des Grabes steht . . . Dann bewegt sich der Zug die Mauern entlang wieder zurück. Die Kerzen in der kleinen, häßlichen Kapelle werden noch einmal angezündet und der Vikar sagt die Totengebete, damit du leben kannst . . . Gleich darauf fährt der Wagen mit deinem Sarg die lange Straße wieder hinauf . . . Dein Wagen wartet an der Kreuzung auf das grüne Licht . . . Bevor es dunkel wird und alle Kinder von den Straßenrändern verschwunden sind, biegt auch der Wagen schon in den Spitalhof ein . . . Gleich kommen die Männer und heben deinen Sarg vom Leichenwagen . . . Sie tragen deinen Sarg durch die zweite Einfahrt über den Hof in die Leichenhalle . . . und öffnen ihn wieder, und einer von ihnen flucht, weil die Nägel zu fest eingeschlagen sind . . ."

Einblendungen holen von Zeit zu Zeit das in die Vergangenheit zurückgleitende Geschehen in die Gegenwart; im Gegensatz zu der rückläufigen Bewegung der Erinnerungen weisen sie voraus, dem Ende entgegen:

1. "Die Fieberträume lassen nach", sagt eine Stimme hinter dir, "der Todeskampf beginnt."
   Ach die! Was wissen die?
2. Was flüstern die in ihren hellen Hauben? "Das ist der Todeskampf!" Die laß nur reden.
3. "Es dauert nicht mehr lang", sagen die hinter dir, "es geht zu Ende!"
   Was wissen die? Beginnt nicht jetzt erst alles?
4. "Es ist zu Ende -" sagen die hinter dir, "sie ist tot!"
   Still! Laß sie reden!

Das Verfremdende dieser Kurzgeschichte liegt darin, daß der Gewohnheitszeit des Menschen eine andere Zeitrechnung entgegensteht: die Gesetze der Kausalität sind aufgehoben. Im Gegeneinander von Tod und Leben wird eine höhere Wirklichkeit offenbar, die im Augenblick der Agonie Vergangenheit und Gegenwart, Zeit und Ewigkeit ahnungsvoll umfaßt.

STEFAN ANDRES: DAS TROCKENDOCK

Der französische Ingenieur Grognard erlebt bei einem Stapellauf, wie ein Sträfling mit einem riesigen Zuschlaghammer die letzten Stützen vor dem Bug des vom Stapel laufenden Schiffes fortschlagen und dabei, um nicht von dem abwärtsgleitenden Koloß zerquetscht zu werden, zur Seite springen muß. Gelingt dem Sträfling dieser Sprung, so ist er in die Freiheit und ins Leben gesprungen; gelingt er nicht, dann bleibt "von seinem Körper nichts mehr übrig als eine schleimige Blutspur auf den Planken."

Dieses Erlebnis ist für Grognard der Anlaß zur Erfindung des Trockendocks. Als das erste Trockendock der Öffentlichkeit übergeben wird, wird Grognard von einem Sträfling, der die gleiche Nummer 3222 trägt wie jener damalige, dessen schrecklicher Tod dem Ingenieur die Idee zur Konstruktion des Trockdocks eingab, mit den Worten erschlagen: "Das ist der Mann des Fortschritts, der uns den Weg zur Freiheit nahm! Zur Hölle mit dir!" Grognard sieht sterbend seinen Irrtum ein: es ist nicht immer richtig, die Menschen zum technischen Fortschritt hin erlösen zu wollen. Den Ingenieur hat das "zwischen Hoffnung und Todesangst verzerrte Lächeln des Sträflings", den er beim Stapellauf beobachtete, zum Irrtum verführt. Er deutet dieses Lächeln falsch. Diesen Irrtum, der die Erfindung des Trockendocks zur Folge hatte, muß Grognard mit seinem Leben bezahlen: "Ah, 3222, Pardon, ich habe mich geirrt!"

Die Kurzgeschichte nimmt die Form einer Groteske an: 1. Der Ingenieur Grognard fällt seinem eigenen Irrtum, der seinen humanitären Gefühlen entsprang zum Opfer: "Und als habe er gewußt, daß seine Lächerlichkeit damit besiegelt sei, wenn er die eigentliche Triebkraft zu diesem großen Plan (der Erfindung des Trockendocks) enthüllte: er führte nur Beweggründe ins Feld, die das öffentliche Wohl und den Fortschritt bestrafen."

2. Alle Errungenschaften der Technik sind nur "relativ" vorteilhafter und besser: wo das mythische Urverhältnis zwischen Mensch und Natur, zwischen Mensch und Schicksal - hier symbolisiert im Schiffsrumpf der Fregatte, der als etwas Lebendiges, Unheimlich-Drohendes, als dämonischer Koloß erscheint, der "wie ein schwarzer Fittich" die "winzigen Gestalten" der Menschen überschattet, - zerstört wird, verliert der Mensch - hier: der Sträfling - die Möglichkeit, sich groß, wagemutig, sich als "Held" zu zeigen, der das Leben einsetzen und die Freiheit gewinnen kann. **Jeder technische Fortschritt, der der Mechanisierung und Automation dient, bedeutet eine weitere Versklavung des Menschen:** dies ist die Erkenntnis, zu der Grognard kommt. Sein tragischer Tod, so widersinnig und grotesk er erscheinen mag, ist ein Opfertod und eine Erlösung aus dem Irrtum, dem er anheimgefallen war. Indem er diesen Irrtum einsieht, gewinnt er Größe; die gleiche Größe, die der Sträfling besaß, der es unternahm, in Todesangst und Lebensgier in die Freiheit zu springen.

HANS BENDER: DIE HALBE SONNE

Die traditionelle Erzählweise bedient sich einer Darstellungsform, bei der ein in der objektiven Zeit kontinuierlich ablaufendes Geschehen in einer vom Dichter bestimmten Länge der Erzählzeit nachgestaltet wird. Es ist eine besondere Eigenart der modernen Kurzgeschichte, daß sie die Reihenfolge der Ereignisse in einem anderen als dem realen Zeitzusammenhang vergegenwärtigt, sie dehnt, rafft, reiht, verdichtet oder aufsplittert. **Eine Aufsplitterung von Handlungsabläufen in einzelne Augenblicksbilder,** die Situationen wiedergeben, welche parallellaufend zur gleichen Zeit und Stunde gegeben sind, schildert Hans Benders Kurzgeschichte "Die halbe Sonne":

"Die Herren in der Sternwarte auf dem Berg wußten die Sekunde, wann die Sonnenfinsternis begann. Sie saßen hinter den Fernrohren und freuten sich, daß der Himmel so klar war. Reporter waren nach Schweden und Norwegen gereist, dort die Sonnenfinsternis zu sehen, denn hier zwischen dem Odenwald und dem Haardtwald, war sie nur partiell.

Die Menschen hatten es in der Zeitung gelesen oder davon gehört, und viele hatten es wieder vergessen.

Die Liebespaare gingen spazieren, die Buben schwammen im Rhein, der Dichter schrieb im Zimmer, und die Frauen pflückten Erdbeeren im Garten."

Vier voneinander unabhängige Vorgänge werden in vier aufeinanderfolgenden Abschnitten dargestellt:

1. Ein Spaziergang eines Liebespaares, der zu einer Müdigkeit des Mädchens und einer Verstimmung ihres Freundes führt.

2. Ein Dichter schreibt die Zeile "Die gefleckten Blätter deiner Augen . . . ", während seine Frau im Nebenzimmer den Kaffeetisch deckt. Er streicht die Zeile, die ihm nicht gefällt, wieder aus.

3. Eine Witwe im schwarzen Kleid pflückt Erdbeeren und empfindet dabei die Ruhe des Gartens.

4. Drei Knaben versuchen, den Rhein durchschwimmend, einen Dampfer zu erreichen. Zweien gelingt es, der dritte bleibt zurück. Irgend etwas nimmt ihm die Kraft.

Ein zweiter Zyklus führt wiederum in vier Abschnitten die gleichen Personen vor: die Verstimmung der Liebenden nimmt zu, der Dichter und seine Frau reden aneinander vorbei, die Witwe im Garten schreckt aus einem häßlichen Traum auf, die Knaben wälzen sich im Gras und beobachten das Liebespaar.

Der dritte Zyklus, wiederum aus vier Abschnitten bestehend, schildert den eigentlichen Augenblick der Sonnenfinsternis. Dieser spiegelt sich in der eigenartigen seelischen Verfassung der Personen, der Witwe, der Knaben, des Liebespaares und des Dichters wieder.

Erst der Schlußabschnitt stellt die Wiedererhellung der Sonne, aber auch die Wiedererhellung der Bewußtseinslage in den einzelnen Personen dar:

"Und nach einer Minute schon war die Sonne wieder vollkommen, hell und rund ... Der Fluß glänzte, und die Flaggen entfalteten ihre Farben: weiß-blau-gelb-rot-orange. Klaus sprang ins Wasser, und Fred sprang hinter ihm her. Horst lag unter den Farnen, gescheckt wie Pan vom Sonnenlicht und Blätterschatten. Er hörte das Mädchen hinter den Gräsern lachen. Die Frau im schwarzen Kleid gab dem Junggesellen die heiße Scheibe (ein berußtes Glas zur Beobachtung der Sonnenfinsternis) zurück und sagte: "Was wären wir ohne Sonne -". Der Dichter fand einen schöneren Vers. Manja schnitt eine Gladiole im Garten und trug sie ins Haus."

Es ist dem Dichter gelungen, die eigenartige Veränderung des atmosphärischen Zustandes vor, während und nach einer Sonnenfinsternis in seiner Kurzgeschichte einzufangen, und zwar nicht, indem er jene uns unmittelbar erleben läßt, sondern als eine besondere Reizbarkeit und Labilität der seelischen Verfassung der verschiedenen Personen.

Die in einzelne lose Szenen aufgesplitterte Kurzgeschichte wird unter einem bestimmten Gesichtspunkt, in einer Bündelung wieder zusammengefaßt und um eine Sinnmitte gruppiert, die man als die unberechenbare Wirkung atmosphärischer Vorgänge auf die körperlich-seelische Gesamtstruktur des Menschen bezeichnen kann.

FRANZ KAFKA: A U F G A L E R I E

Wenn irgendeine hinfällige, lungensüchtige Kunstreiterin in der Manege auf schwankendem Pferd vor einem unermüdlichen Publikum vom peitschenschwingenden erbarmungslosen Chef monatelang ohne Unterbrechung im Kreise rundum getrieben würde, auf dem Pferde schwirrend, Küsse werfend, in der Taille sich wiegend, und wenn dieses Spiel unter dem nichtaussetzenden Brausen des Orchesters und der Ventilatoren in die immerfort weiter sich öffnende graue Zukunft sich fortsetzte, begleitet vom vergehenden und neu anschwellenden Beifallsklatschen der Hände, die eigentlich Dampfhämmer sind - vielleicht eilte dann ein junger Galeriebesucher die lange Treppe durch alle Ränge hinab, stürzte in die Manege, riefe das: Halt! durch die Fanfaren des sich immer anpassenden Orchesters.

Da es aber nicht so ist; eine schöne Dame, weiß und rot, hereinfliegt, zwischen den Vorhängen, welche die stolzen Livrierten vor ihr öffnen; der Direktor, hingebungsvoll ihre Augen suchend, in Tierhaltung ihr entgegenatmet; vorsorglich sie auf den Apfelschimmel hebt, als wäre sie seine über alles geliebte Enkelin, die sich auf gefährliche Fahrt begibt, sich nicht entschließen kann, das Peitschenzeichen zu geben; schließlich in Selbstüberwindung es knallend gibt; neben dem Pferde mit offenem Munde einherläuft; die Sprünge der Reiterin scharfen Blickes verfolgt; ihre Kunstfertigkeit kaum begreifen kann; mit englischen Ausrufen zu warnen versucht; die reifenhaltenden Reitknechte wütend zu peinlichster Achtsamkeit ermahnt; vor dem großem Salto mortale das Orchester mit aufgehobenen Händen beschwört, es möge schweigen; schließlich die Kleine vom zitternden Pferde hebt, auf beide Backen küßt und keine Huldigung des Publikums für genügend erachtet; während sie selbst, von ihm gestützt, hoch auf den Fußspitzen, vom Staub umweht, mit ausgebreiteten Armen, zurückgelehntem Köpfchen ihr Glück mit dem ganzen Zirkus teilen will - da dies so ist, legt der Galeriebesucher das Gesicht auf die Brüstung und, im Schlußmarsch wie in einem schweren Traum versinkend, weint er, ohne es zu wissen.

Interpretation

Franz Kafkas Parabel "Auf der Galerie" besteht aus zwei einander zugeordneten, in strenger Entsprechung, aber mit bezeichnenden Abweichungen durchgestalteten Satzperioden, die als Kunstgebilde erster Ordnung erscheinen.

Beide Perioden, jede einen Sinnabschnitt ausmachend, schildern den gleichen Vorgang: den Ritt einer Kunstreiterin auf einem Apfelschimmel während einer Zirkusvorstellung in der Manege und ihre kunstfertigen Darbietungen auf dem schwankenden, im Kreise rundum laufenden Pferd, für die sie mit dem begeisterten Beifall des Publikums belohnt wird. Beide Perioden schildern aber den Vorgang unter entgegengesetzten Vorzeichen: die erste zeigt die des schönen Scheins, des Glanzes und Flitters der Zirkuswelt entkleidete unbarmherzige Wirklichkeit, in der alle Erscheinungen dämonische Züge annehmen (der erbarmungslose Chef, das nichtaussetzende Brausen des Orchesters und der Ventilatoren, das Beifallsklatschen der Hände, die eigentlich Dampfhämmer sind); die zweite die zirzensische Scheinwelt, welche die in der ersten Satzperiode geschilderte Wirklichkeit verbirgt und damit als Vorspiegelung falscher Tatsachen erscheinen läßt.

Illusion und Wirklichkeit sind somit im Bewußtsein des Zirkusbesuchers, des Galeriebesuchers vertauscht: würde er die grausame Realität ungetarnt vor sich sehen, dann würde er in die Manege hinabstürzen und dem makabren Treiben Einhalt gebieten. Da er jedoch nur die Tarnung sieht, bleibt ihm angesichts der schönen Täuschung, der er und das Publikum erliegen, nichts anderes übrig, als das Gesicht auf die Brüstung zu legen und in einen schweren Traum zu versinken, wobei er - weil er die Zusammenhänge erahnt - weint, ohne es zu wissen.

Diesem zweigliedrigen Inhalt der Parabel entspricht eine Sprachform, welche die Aussage verfremdet und verhüllt. Während die erste Satzperiode, welche die Realität darstellt, die den Augen des Publikums entzogen bleibt, eben deswegen in einer irrealen konjunktivischen Zeitform, eingeleitet durch die konditionale Konjunktion "Wenn", gegeben und die Reaktion des Galeriebesuchers durch das "Vielleicht" als äußerst hypothetisch gekennzeichnet wird, wird die zweite Satzperiode, welche die zirzensische Scheinwelt beschreibt, in der Wirklichkeitsform, eingeleitet durch das demonstrative "Da dies so ist . . .", dargeboten.

Jede der beiden Perioden besteht aus einem Vordersatz, der sich mit dem Schicksal der Kunstreiterin befaßt, und einem durch einen Gedankenstrich von diesem abgetrennten Nachsatz, der die Reaktion des Galeriebesuchers schildert. Aber auch hinsichtlich der syntaktischen und rhythmischen Gestaltung der beiden Perioden bestehen inhaltsbezogene Unterschiede: die erste Satzperiode, aus zwei gleichgeordneten konditionalen Nebensätzen, die durch eine Reihe von verkürzten Partizipialsätzen erweitert sind, bestehend, stellt eine Atemeinheit dar, die ohne Pause, gesteigert durch die Ratlosigkeit des Rhythmus, sich vom Satzanfang bis zum Satzende spannt; die zweite schlägt ein verlangsamtes Tempo ein: durch Semikola abgetrennte Kurzsätze kennzeichnen das Nacheinander der einzelnen Phasen der Vorstellung und bieten in einer Bilderfolge Impressionen dar, die das Publikum und den Galeriebesucher über die grausame Realität der Dinge hinwegtäuschen.

Der Symbolcharakter der beiden so überaus kunstvollen Satzperioden ist offenbar: ist die erste ein Sinnbild des von einem erbarmungslosen Chef getriebenen, dem nichtaussetzenden, seelenlosen Mechanismus seines Berufes ausgelieferten, der mordenden Vergnügungssucht dienenden hinfälligen Menschen unserer Zeit, so ist die zweite ein Sinnbild der Fragwürdigkeit einer glanzvollen Scheinwelt, hinter der sich Härte, Rücksichtslosigkeit und Gewinnsucht verbergen. Beide Satzperioden bilden aber trotz der Gegensätzlichkeit eine Einheit: sie machen dem Leser die Diskrepanz von Schein und Sein bewußt.

Kaum ein zweites Werk Kafkas hat die Interpreten derart viel beschäftigt, wie diese Parabel, die nur aus zwei riesigen Sätzen besteht. Das Geschehen als solches ist fast bedeutungslos. Vordergründig geht es um Elend und Schein der Zirkuswelt. Das ist ein Thema, das die erzählende Dichtung des Expressionismus lebhaft interessierte. Der Gegensatz von wirklichem Elend und blendendem äußeren Schein des Zirkus wird bei Kafka aber im Spiegel des Erlebens eines jungen Galeriebesuchers behandelt. Der erste Teil der Studie beginnt mit einem langen Konditionalsatz, aus dem abrupt die menschliche Konsequenz gezogen wird. Der zweite Teil aber beginnt antithetisch: "Da es aber nicht so ist". Wirklichkeit und Schein kehren sich um. Tatsächlich stellt der erste Teil die Wirklichkeit dar, die in solcher Eindeutigkeit und Durchsichtigkeit der Härte des Zirkuslebens die menschliche Reaktion, das "Halt" des Zirkusbesuchers hervorrufen müßte. Es ist das Auftreten der schwindsüchtigen, hinfälligen Kunstreiterin, die von einem brutalen Chef erbarmungslos umhergetrieben wird, und das von nur mechanischem Beifall begleitet wird. Der zweite Teil aber gibt die Wirklichkeit des Zirkus wieder, also den trügerischen Schein, den Auftritt einer schönen Dame, die von der liebenden Fürsorge ihres väterlichen Direktors geleitet wird und glücklich alle Huldigungen des dankbaren Publikums entgegennimmt. Es ist der schöne Schein, der scheinbare Glanz, und weil sie undurchsichtig sind, dem Zuschauer die wahre Wirklichkeit verdecken, ihn täuschen und blenden, ist die Reaktion des Galeriebesuchers eine grundsätzlich andere.

Dieser sinnfällige Vorgang aber ist belanglos, mit ihm kann der Sinn dieser Parabel nicht erfaßt sein. Es wird darauf ankommen, den Symbolgehalt der Dichtung zu erkennen. Es ist dabei gleichgültig, ob man in dem jungen Galeriebesucher den Dichter selbst sieht oder nicht, Kafka spricht immer im eigenen Namen, auch dort, wo er nicht in Person auftritt. Es besteht auch hier keine Notwendigkeit, eine religiöse Symbolik zu erschließen, wie es manchmal geschieht, die Studie bleibt durchaus im Bereich des Menschlichen und des Irdischen. Wohl sind im ersten Teil die Grenzen der Erfahrung des Realen überschritten, aber deswegen sind die kausalen Gesetze noch nicht aufgehoben, sie sind nur erweitert, denn eine absolute Notwendigkeit dafür, daß etwas, was stunden- oder tagelang möglich ist, nicht auch monatelang andauern könnte, ist nicht abzusehen, wenn auch die tägliche Erfahrung dagegen spricht. Es ist eine mögliche Welt aus geistiger Vorstellung, nicht eine traumhafte, sondern eine rationale Vision.

Werner Zimmermann, der die ausführlichste Analyse des Werkes gegeben hat, will es zunächst als Sprachkunstwerk begriffen wissen und von der sprachlichen Analyse her die Symbolhaftigkeit erfassen.

Zimmermann geht davon aus, daß zweimal derselbe Vorgang dargestellt wird, aber in jedem Abschnitt gleichsam unter entgegengesetzten Vorzeichen und in gegensätzlicher Atmosphäre. Der erste Abschnitt schildert den Auftritt der Kunstreiterin unter dem grausamen Zwang des Managers und der lauernden Härte eines scharf beobachtenden Publikums. Im zweiten Abschnitt wird derselbe Vorgang zum glanzvollen und erhebenden Ereignis, das sich unter respektvoller Hilfe der Lakaien und Reitknechte und unter hingebungsvoller und besorgter Fürsorge des Direktors abspielt, der mit äußerster Achtsamkeit jede Gefahr für die Reiterin ausschaltet, der ihr väterlich besorgt begegnet und schließlich von ihrer Leistung auf das tiefste gerührt erscheint und "keine Huldigung des Publikums für genügend erachtet", während die Kunstreiterin selbst sich im Glanze des allgemeinen Beifalls sonnt und und mit ihrem Glück wiederum das Publikum beglückt.

Im ersten Teil ist alles aber nur als Möglichkeit geschildert, und diese Möglichkeit schließt auch jene ein, daß der Galeriebesucher dem grausamen Spiel durch sein spontanes Dazwischentreten Einhalt gebietet. Der zweite Teil aber, der den Vorgang kausal einleitet: "Da es aber nicht so ist, eine schöne Dame, weiß und rot, hereinfliegt . . .", endet völlig unerwartet nicht mit der freudigen Zustimmung desselben Galeriebesuchers, der vorher "Halt" rief; er "legt das Gesicht auf die Brüstung und, im Schlußmarsch wie in einem schweren Traum versinkend, weint er, ohne es zu wissen." Aber es wird nicht gesagt, ob er in übermäßig empfindsamer Weise sich der Begeisterung der Menge anschließt, oder ob er durch den blendenden Schein die Wahrheit erkennt und sie beweint.

Für die Sprachform weist Zimmermann eine Zweischichtigkeit nach, die dem zweigliedrigen Inhalt entspricht. Beide Episoden sind insofern gleich gebaut, als sie aus einem vielfach gegliederten Vorsatz, in der ersten einem Konditional-, in der zweiten einem Kausalsatz und einem durch einen scharfen Einschnitt, der durch einen Gedankenstrich augedeutet wird, getrennten Nachsatz, der die Reaktion des Galeriebesuchers wiedergibt, bestehen. Der erste Abschnitt aber erhält durch die einleitende Konjunktion "wenn" durch das unbestimmte Pronomen "irgendeine" durch das Imperfekt Konjunktiv und das "vielleicht" zu Beginn des Nachsatzes hypothetischen Charakter. Der zweite Teil aber bleibt bestimmt aus dem kausalen Bezug: "Da es aber nicht so ist", dessen Nachdruck noch durch die erneute Feststellung: "Da dies so ist" zu Beginn des Nachsatzes verstärkt wird. So folgert Zimmermann, daß die syntaktische Betrachtung den Gegensatz zwischen gedachter oder geistiger und geschauter oder sinnlicher Wirklichkeit ergibt. Da auch der erste Teil gegenständliche Züge aufweist ergibt sich: "Es geht in den beiden Abschnitten um den Gegensatz zwischen geistig und sinnlich erschauter Wirklichkeit oder um den Gegensatz Vision und Anschauung."

Die gewählten Wortarten verstärken diese Erkenntnis. Im ersten Teil wird auffallend oft das verbundene oder erweiterte Partizip Präsens verwandt. Es hat nach Zimmermann die besondere Fähigkeit, etwas Unwirkliches, Schwebendes, ins "Offene", in den "anderen Bezug" Verweisendes auszudrücken. Im zweiten Teil aber ist die Aussage positiv, in kurzen Sätzen wird das Geschehen vorangetrieben. Das Partizip Präsens, soweit es hier noch vorkommt, ist nur noch verbunden, es dient dazu, die Schilderung des rasch ablaufenden Geschehens zu verkürzen. Der Verkürzung des Ausdrucks dient aber auch die lange Satzreihe eines Subjekts mit mehreren Prädikaten. Die von Kafka gewollt rhythmische Gliederung findet Zimmermann auch in der Interpunktion. Im ersten Teil sind die Satzglieder durch Kommata abgetrennt, im zweiten Teil wird die Trennung duch Strichpunkte verschärft. So steht der schwebende und zugleich vorwärtsdrängende Rhythmus des ersten Vordersatzes in wirkungsvollem Gegensatz zu dem gestauten Rhythmus des zweiten. Der zweite erhält damit stärker den Charakter der Beobachtung. Bild reiht sich knapp an Bild, das Ganze gewinnt damit mehr den Charakter der spontanen Wiedergabe des Geschauten. Zimmermann schließt weiter, daß die Betrachtung der Form der Erzählung zeigt, wie der Erzähler ebenso wie der Galeriebesucher die "reale" Welt meidet und sich in die des Traumes und der Vision versenkt. Sie ist für den Dichter die eigentliche Welt. Das wird im ersten Abschnitt deutlich, wenn von den klatschenden Händen die Rede ist, "die eigentlich Dampfhämmer sind". Damit ist, nach Zimmermann, "zugleich der Bereich der Technik beschworen", der sich auch in den Ventilatoren und überhaupt in der Art, wie die Kunstreiterin dem erbarmungslosen Gesetz eines unpersönlichen Mechanismus ausgeliefert "monatelang ohne Unterbrechung im Kreise rundum getrieben" wird, und nicht zuletzt in der Ratlosigkeit des Rhythmus bekundet. Im zweiten Teil aber wird, wieder nach Zimmermann, durch die grelle Farbgebung, prunkvolle Aufmachung, hündische Unterwürfigkeit und peinliche Sentimentalität des Direktors usw. der Eindruck des Unechten und Unwahren hervorgerufen. Aus diesen Voraussetzungen folgert Zimmermann die Bedeutung der beiden Bilder. Das erste mag ein Sinnbild sein für die Unfreiheit und Getriebenheit des modernen Menschen, der ein Opfer seines eigenen Fortschrittes geworden ist. Der zweite Teil zeigt denselben Vorgang, aber nicht mehr in der Vision geschaute eigentliche Wirklichkeit, sondern die gleiche, aber hinter der Maske des schönen Scheins verhüllte Wirklichkeit. Das leibliche Auge aber vermag den Schein nicht zu durchdringen und hält ihn für die wahre Wirklichkeit. Nur der seherische Blick des Dichters erfaßt den wahren Hintergrund des Geschehens. Er reißt deshalb der Welt die Maske des Scheines ab und ruft sein "Halt!" in die besinnungslose Menge. Diese aber, geblendet von dem Trugbild, hört ihn nicht und teilt das trügerische Glück mit der Reiterin. Darum wendet sich der Dichter betrübt ab von dieser Welt wie der Galeriebesucher von der Manege und weint.

Zimmermann knüpft daran für die Unterrichtspraxis einige Fragen, etwa die nach der realen und der irrealen Welt. Man wird aber einschränkend feststellen müssen, daß es sich in beiden Fällen um die gleiche Welt handelt, nur ist sie einmal hinter schönem Schein verhült, zum anderen mal bloßgelegt. Daß die erste Darstellung nur eine gedachte, eine geistig vorgestellte ist, wird eindeutig durch den Konditionalsatz und den Konjunktiv Imperfekt festgelegt. Aber es ist genaugenommen keine irreale, es ist eine mögliche Welt, aber eben nur eine erdachte. Wenn die Welt so wäre, dann würde die Einsicht wachgerufen, der junge Galeriebesucher würde in die Manege stürzen und Einhalt gebieten. Es ist eine müßige Frage, ob jemand sein "Halt!" hören würde oder nicht. Der Dichter sagt nichts darüber. Aber das ganze Werk würde seinen Sinn verlieren, wenn nicht angenommen würde, daß dieses "Halt!" wirksam wäre, daß Menschlichkeit und Mitgefühl über die Sensationslust siegen. Denn diese visionäre Welt ist im eigentlichen Sinne die Wirklichkeit. Es geht um die Mechanik des Lebensablaufes, ein Problem, das Kafka immer beschäftigt; es geht um die undurchsichtigen, unbekannten Gesetze, die das Leben mit eiserner Notwendigkeit bestimmen, die den Menschen in Schuldverstrickung und Untergang führen, der doch einen Sinn haben muß. Nur wir kennen Sinn und Gesetze nicht. Wer aber die Mechanik dieser Gesetze erkennen würde wie hier der Galeriebesucher, der möchte sein "Halt!" rufen, dem Leben eine andere Richtung geben, die Mechanik überwinden.

FRANZ KAFKA: D E R   N A C H B A R

Alle Kurzgeschichten Franz Kafkas sind Parabeln, die in verschlüsselter, chiffrierter Weise die Bedrohung des menschlichen Daseins durch unheimliche anonyme Mächte und die Ausweglosigkeit aus einer von allen Seiten umstellten, bedrückenden Situation einer hoffnungslosen menschlichen Existenz darstellen. Sie zeigen den von einer fremden, antihumanen Gewalt kontrollierten, gequälten, seiner selbst nicht mehr sicheren, unfreien Menschen, der sein persönliches Leben leben möchte, der sich nach Selbstbestimmung und Freitätigkeit sehnt, den aber Zwang und Angst, denen er schutzlos sogar im eigenen Hause, in der eigenen Wohnung, im eigenen Büro preisgegeben ist, lähmen und entmächtigen.

Anonymität und Grausamkeit sind die Kennzeichen jenes den Erzähler auf geheimnisvolle Weise bedrohenden Herrn Harras, den er noch nie genau zu Gesicht bekam, von dem er nichts weiß und nie etwas erfahren wird, in dessen Gewalt er aber ist, da Herr Harras alles weiß, was der Erzähler tut, da er ihn belauscht, kontrolliert, seine Telefongespräche abhört und ihm entgegenarbeitet. Da der Erzähler nicht weiß, wer der Nachbar ist, hat er Angst. In ihr kommt ihm seine Existenzbedrohtheit zum Bewußtsein. Permanente Angst löst den Menschen auf und zerbricht seine geistige und seelische Widerstandskraft.

Nur eine dünne Zimmerwand trennt den Erzähler von dem Umheimlichen, der ihn ständig bedroht. Er ist an sein Zimmer gefesselt, in ihm gefangen wie in einem Käfig: "Manchmal umtanze ich, die Hörmuschel am Ohr, von Unruhe gestachelt, auf den Fußspitzen den Apparat und kann es doch nicht verhüten, daß Geheimnisse preisgegeben werden."

"Natürlich werden dadurch meine Entscheidungen unsicher, meine Stimme zitterig": der Mensch ist ein Gefangener, er sitzt wie die Fliege im Spinnennetz, wie der Chinese hinter seiner chinesischen Mauer (Titel einer anderen Parabel Franz Kafkas); er kann nicht mehr entrinnen, es gibt für ihn keine Freiheit mehr. Der Mensch ist entmündigt. Der Mensch ist ein schutzlos Preisgegebener, in Nichtigkeit und Ohnmacht unrettbar seinem Schicksal, das auf ihn lauert, verfallen. Der Mensch als Marionette in der Hand unfaßbarer dämonischer Mächte, die hinter den Kulissen ihn überwachen und gegen ihn arbeiten. Die dünnen Wände, die den Erzähler verraten, verbergen und decken den anderen, der sein Schicksal bestimmt; indem sie trennen, verbinden sie zugleich: die Welt ist absurd.

Die Erzählform der Kurzgeschichte "Der Nachbar" ist für Kafka typisch: was berichtet wird, ist ein alltägliches, wirklichkeitsgemäßes, diesseitiges Geschehen. Überall treffen wir auf die Zeichen der realen Arbeitswelt: Geschärft - Zwei Fräulein mit Schreibmaschinen und Geschäftsbüchern - Vorzimmer - Schreibtisch - Kasse - Beratungstisch - Klubsessel - Telefon; es ist die Rede von einem Büro, von Kreditgewährung, Vermögensbestand, Kunden, geschäftlichen Entscheidungen - und doch ist alles irgendwie verfremdet, absonderlich, absurd. Wie vielfach in der modernen Kurzgeschichte bekommt das Einzelwort eine besondere, ganz bestimmte Funktion innerhalb des Sinnganzen, eine Funktion, die das Erzählte zu einer eigenartig suggestiven fast magischen Wirkung bringt. So erzielt der Dichter - trotz der einfachen Satzgestaltung, der parataktischen Aneinanderreihung von Hauptsätzen und geradlinig fortschreitenden Gedankenentwicklung - eine seltsam beunruhigende Atmosphäre, der man sich schwer entziehen kann: ist alles real oder irreal? Wirklichkeit oder Illusion?

Wer näher zusieht, bemerkt vielleicht, daß alles, was so real erscheint, **nur Chiffre** ist; Chiffre für ein Ich-Fremdes, Unvertrautes, Dämonisches, vor dem der Mensch Angst hat und vor dem er seine Unfreiheit, sein Ausgeliefertsein tragisch empfindet.

Tragisch, weil der Mensch zwar den unausweichlichen Wunsch hat, von der rätselhaften Macht, die ihn umklammert hält und bedroht, loszukommen, der er aber doch zugehören muß, ob er will oder nicht. Der Erzähler und sein Nachbar Harras sind untrennbar miteinander verbunden, einer des anderen Kontrahent.

Der Schluß der Kurzgeschichte ist völlig offen: das mehrfache "Vielleicht" des Schlußabschnittes deutet die Ungewißheit der Zukunft an: weder weiß man, was Harras tun wird, noch was der Erzähler tun soll.

Vermutlich wird der Erzähler weiter, die Hörmuschel am Ohr, von Unruhe gestachelt, auf den Fußspitzen den Apparat umtanzen, Harras wird ihn weiter belauschen, kontrollieren und ihm entgegenarbeiten. Der Kampf wird nicht entschieden - aber gerade darin liegt das Beängstigende, Entnervende, Furchtbare dieses Zustandes. Die quälende Unruhe und Unsicherheit, die Antinomie von Freiheitsstreben und einengendem, unmenschlichem Zwang dauert fort - ad infinitum?

ERNST KREUDER: P H A N T O M D E R A N G S T

Ernst Kreuders Kurzgeschichte "Phantom der Angst" besteht aus einer **Rahmengeschichte und einer Binnenerzählung.**

In der Rahmengeschichte berichtet der Erzähler von einem Unbekannten, den er im dunklen Treppenflur seines Hauses trifft, mit dem er eine Schankstube aufsucht und der ihm daselbst eine scheinbar erdachte Geschichte erzählt; diese Geschichte - die eigentliche Binnenerzählung - handelt von einem Liebespaar, das auf seltsame Weise zweimal dem Tode entrinnt; am Schluß wird die Rahmengeschichte wieder aufgenommen, aber dergestalt, daß die Binnenerzählung in diese hinübergleitet und mit ihr verschmilzt: der erfundene Held der Binnenerzählung, "ein Mann, sagen wir namens Franz", ist der Unbekannte der Rahmengeschichte, dessen Namen Karl Brand der Erzähler beiläufig erfährt; seine Geliebte, die erst vor ihm und vor der später er selber flieht, weil beide von dem Phantom der Angst besessen sind, ist seine Frau geworden.

1. "Sie hat noch immer unerklärliche Angst vor ihm seit dem Schock ihrer Rettung." (Binnenerzählung)

2. "Denn nun lähmt Franz die Angst. Die Angst vor ihrer Nähe, denn dort spinnt der Tod sein Netz." (Binnenerzählung)

3. "Ja", sagte er, "es ist nichts mehr passiert, seit sie meine Frau geworden ist. Es hat uns Glück gebracht." (Rahmengeschichte und Rückblende auf die Binnenerzählung)

Offener Schluß: "Damit ist die Geschichte wohl zu Ende", sagte ich.

"Hoffentlich", sagte er und leerte sein Glas."

Der Reiz des außerordentlich dichten Gewebes dieser von einem seltsamen Zwielicht und einer geheimnisvollen Hintergründigkeit erfüllten Kurzgeschichte besteht darin, daß sich das Dunkel, das sowohl in der Situationsschilderung der Rahmengeschichte (das symbolische Dunkel des Hausflurs, das wiederholte Aufflammen und Wiedererlöschen des Treppenlichtes, die bloße Wahrnchmung von Geräuschen, die Düsterkeit der Straße und Schankstube, die filmischen Elemente: Scheinwerfertechnik, Einblende der Binnenerzählung, Rückblende am Schluß, ständiges Halbdunkel der Atmosphäre, Unbestimmtheit der Aussage) als auch im ungewissen seelischen Verhältnis der Personen der Binnenerzählung zu den sie umgebenden Seinsmächten zum Ausdruck kommt, erst ganz allmählich zu lichten beginnt; und daß die Vorgänge, die als Phantome der Angst die beiden Liebenden bedrängen, sich schließlich - einmal gebannt - als segensreiche, glückbringende Umstände erweisen: die von den Liebenden auf einen scheinbar kausalen Zusammenhang zurückgeführte Wiederholung einer merkwürdigen Situation ist doch wohl nur zufällig; erst in der Verkehrung der Geschehnisse löst sich die Verkennung der Wirklichkeit auf.

RUTH REHMANN: D E R G A S T

Ruth Rehmanns Kurzgeschichte "Der Gast" enthält eine ganze Reihe von Merkmalen, die für das Wesen einer Kurzgeschichte, insbesondere für das antithetische Prinzip ihrer Bauform, charakteristisch sind.

Da ist zunächst der **unvermittelte Eingang:** "Jensch erwachte und richtete sich auf." Die folgenden Sätze "Irgend etwas war anders, irgend etwas war passiert" bringen sofort **das erregende Moment,** das auf eine stattgefundene Verkehrung einer bisher andersgearteten Situation hindeutet.

Jensch, dem "der Anblick des schwärzlichen, von dunklen Haaren überwucherten Nackens des fremden Gastes in seinem Zimmer einen feinen Stich versetzt, der wie ein entferntes Warnsignal ist", erinnert sich allmählich des Vergangenen: des gestrigen Abends in der Bar, der Situation vor der kleinen Kuppelkirche, aus deren Portal ein Strom gebückter

Menschen floß, die brennende Kerzen in den Händen hielten, und wie er den kleinen, bärtigen Mann, der ihm den Osterkuß gegeben hatte, mit nach Hause genommen hatte.

Hier wird er sich nun vollends der Tatsache bewußt, daß sein Gast von heute der elende, geschlagene und getretene Gefangene von damals war, der bei einem Luftangriff in einem Löschkommando eingesetzt gewesen war und den der einstige Wächter Jensch die Stufen eines brennenden Hauses hinabgestoßen hatte.

"Irgend etwas war anders, irgend etwas war passiert": zwischen der damaligen und der jetzigen Situation liegt tatsächlich als Wendepunkt das Ereignis des Osterkusses, das die Wandlung des ehemals grausamen Wächters Jensch bewirkt. So wie damals ist Jensch auch jetzt mit dem gleichen kleinen Mann in eine "unheimliche Stille" eingeschlossen, so wie es damals geschah, fordert ihn auch jetzt der gleiche gebeugt Nacken heraus: damals zu der Lust des Schießens und der Untat des Hinabstoßens, heute zu der hilfreichen, demütigen Handlung des Fußwachsens und zu der Anrede "Lieber Bruder":

"Lieber Bruder", begann er, "lieber Bruder", und stockte und schwieg hilflos, während er den Kopf noch tiefer senkte, und fing an, dem Gast behutsam die Füße zu waschen, der mit sanftem, verständnislosem Lächeln über den gesenkten Scheitel hinweg in die Sonne blickte.

Wie schon gesagt, enthält diese Kurzgeschichte eine ganze Reihe von Merkmalen, die für das Wesen einer Kurzgeschichte typisch sind:

1. **Unvermittelte Einleitung,** die sofort in die Situation hineinführt ("Jensch erwachte und richtete sich auf.")

2. **Funktionalismus** bestimmter Wendungen und Einzelworte, die je nach der Stelle, an der sie innerhalb der Kurzgeschicht stehen, eine besondere Bedeutung entfalten und auf tiefere Sinnzusammenhänge hinweisen ("Jensch erwachte . . . Es war noch nicht Tag. Das Zimmer war mit grauem Nebellicht erfüllt und so kalt, daß er seinen Atem sehen konnte . . .", heißt es am Anfang; am Schluß, nach der Wandlung Jenschs: "Das Zimmer erwärmte sich. Die unsichtbare Sonne lichtete den Nebel vor dem Fenster zu einem weißen Schimmern . . .", bis schließlich nach der Fußwaschung der ehemalige Gefangene "in die Sonne" blickt).

3. **Leitmotivische Wiederholung oder Variation** bestimmter Dinge, Erscheinungen und Vorgänge, die die Rolle von Symbolträgern spielen (das eigene "ekelhaft" harte Gesicht Jenschs im Spiegel, das müde, einfältige Gesicht des schlafenden Gastes; der ursprünglich armselige, schmutzverkrustete, gebeugte und später - nach Jahren - von dunklen Haaren überwucherte Nacken des Gastes; die ursprünglich stoffumwickelten, verstümmelten, später die nackten Füße des Gastes; die sich wiederholende Stille, in die Jensch mit dem Gefangenen, später mit dem Gast eingeschlossen ist; die einst brennenden, fressenden Flammen des Brandes, später die wärmenden Flammen des Ofens, dazwischen die Wärme des Kerzenlichtes der brennenden Osterkerzen; das graue Nebellicht am Anfang, das den Nebel lichtende Sonnenlicht am Ende).

4. **Der funktionale Charakter der Bauform,** die das in Kurzgeschichten häufig angewandte Schema der Vierteilung aufweist, wobei die Wechselbeziehung - der "absolute Funktionalismus" und die "Relation" - der einzelnen Teile der Erzählung wesentlich ist:

1. Die Szene in der Bar (-)

2. Wendepunkt: Die Osterkußszene (+)

3. Die Rückerinnerung an die einstmals begangene Untat (-)

4. Höhepunkt: Die Wandlung und Fußwaschung (+)

Zu der in der Kurzgeschichte Franz Kafkas "Der Nachbar" offenbar werdenden pessimistischen und nihilistischen Welthaltung steht die religiöse Aussage dieser Kurzgeschichte in diametralem Gegensatz: sie bezeugt nicht das hoffnungslose Ausgeliefertsein des Menschen an unheilvolle anonyme Mächte, sondern deutet auf die Erfüllung eines vorausbestimmten, gottgewollten Lebenssinns. Während in Kafkas Kurzgeschichte "Der Nachbar" die Lebensangst des Menschen dominiert und fortbesteht, wird in Ruth Rehmanns Kurzgeschichte "Der Gast" die Seinsschuld des ehemaligen Gefangenenwächters Jensch im Osterkuß seines einstigen Gefangenen getilgt. Er hat die Wandlung Jenschs zur Folge. Der Sichtbarmachung des totalen Selbstverlustes des Menschen in der heillosen Welt Kafkas - es sei dahingestellt, ob hierin schon eine Überwindung dieser Situation enthalten ist -, steht die Sichtbarmachung der Wiedergewinnung echter Menschlichkeit in einer Welt göttlicher Gnade, wie sie Ruth Rehmann in der Erzählung "Der Gast" aufleuchten läßt, gegenüber.

HEINZ RISSE: DER SCHMALE GRAT

In Heinz Risses Kurzgeschichten, welche die Mitte zwischen Fabeln, Kalendergeschichten und Anekdoten halten und etwas von der **Gleichnishaftigkeit** der ersteren, der Volkstümlichkeit der zweiten und der Knappheit, Prägnanz und Treffsicherheit der letzteren haben, spricht sich die existenzielle Grenzerfahrung der Begegnung des Menschen mit einem sonderbaren, meist absurden Geschick aus.

(Vergleiche Heinz Risses Kurzgeschichten "Das Gottesurteil", "Der Diebstahl", "Philemon und Baucis".)

Heinz Risse hat selber einmal gesagt, daß der Reiz, der für ihn vom menschlichen Schicksal ausgehe und ihn verleite, es zu erzählen, nicht in den außerordentlichen Begebenheiten liege, denn das wären nur äußerliche Gesichtspunkte. Was das Dasein oder das Verhalten eines Menschen erzählenswert mache, scheine ihm vielmehr die Art zu sein, in der es sich der Ungerechtigkeit gegenüberstelle, die nun einmal zum menschlichen Leben gehöre. Heinz Risse hat die Erkenntnis gewonnen, daß der Mensch beständig auf dem "schmalen Grat" zwischen Sicherheit und Unsicherheit, Gerechtigkeit und Ungerechtigkeit, Wissen und Nichtwissen, Sein und Schein, Leben und Tod wandelt und daß er, ehe er sich dessen versieht, in das "Räderwerk" übermächtiger Gewalten hineingerät, aus dem ihm niemand heraushilft; es mahlt ihn weiter, und wenn es stillstände, würde auch für ihn alles zu Ende sein." Ins "Räderwerk" gerät auch der Wachtmeister der Kurzgeschichte "Der schmale Grat", der von dem Oberst von Neuburg den Auftrag erhält, vor Beginn der Völkerschlacht bei Leipzig als Bauer verkleidet in die feindlichen Linien der Franzosen einzudringen und deren Stellungen auszukundschaften; niemand, auch nicht sein eigener Schwadronchef dürfe etwas von diesem Auftrag wissen. Der als Bauer verkleidete Wachtmeister wird bei der Ausführung dieses Auftrages jedoch von den Franzosen gefaßt und soll als Spion hingerichtet werden; es gelingt ihm aber zu fliehen. Zu seiner eigenen Truppe zurückgekehrt, soll er als Deserteur wegen unerlaubten Entfernens von der Truppe gehängt werden. "Dem Wachtmeister dämmerte, was für ein Mißverständnis sich da auftat; er fragte also nach dem Oberst von Neuburg und erzählte auch, was der ihm für einen Auftrag gegeben hatte. Aber der Adjutant lachte nur: gut, sagte er zu dem Wachtmeister, habe er sich diese Ausrede erdacht, denn der Oberst sei am ersten Tage der Völkerschlacht gefallen, so daß man ihn nicht mehr werde fragen können, ob er diesen seltsamen Befehl in der Tat gegeben habe ...

Als der Wachtmeister hörte, daß der Schwadronchef ihm zwar ein gutes Zeugnis ausstellte, im übrigen aber erklärte, daß der Oberst ihm nichts von dem Befehl an den Wachtmeister gesagt habe, diesen Befehl über seinen, des Rittmeisters, Kopf hinweg auch als unglaubwürdig bezeichnete, fand der Mann sich mit dem Gedanken ab, daß das Netz zugezogen sei."

Der letzte entscheidende Wendepunkt, der zugleich die Pointe und der Höhepunkt der Geschichte ist, ist die unerwartete Begegnung des zur Hinrichtung geführten Wachtmeisters mit einem gefangenen französischen Unteroffizier, der zufällig am Wege steht und den der Wachtmeister als denjenigen wiedererkennt, der ihn als preußischen Spion zum französischen Armeestab gebracht hat.

Dieser Umstand und die gleichlautende Aussage des Franzosen führen zu einer Wiederaufnahme des Verfahrens gegen den Wachtmeister, auf Grund dessen er schließlich freigesprochen wird.

Das Bauschema dieser in einer klaren, sachlichen Sprache berichteten "merkwürdigen Begebenheit" folgt dem in modernen Kurzgeschichten gern angewandten antithetischen Prinzip **alternierend positiver und negativer Entwicklungsstufen.**

1. Der als Bauer verkleidete Wachtmeister wird von den Franzosen verhaftet und soll als Spion hingerichtet werden. (-)

2. Dem Wachtmeister gelingt die Flucht; er begibt sich auf die Suche nach seinem eigenen Regiment. (+)

3. Da sein Auftraggeber, Oberst von Neuburg, gefallen ist und den ihm seinerzeit gegebenen Auftrag nicht mehr bestätigen kann, kann der Wachtmeister seine Patrouille nicht glaubhaft machen. Er wird von einem Kriegsgericht verurteilt und soll als Deserteur gehängt bzw. auf seine Bitte hin erschossen werden. (-)

4. Auf dem Wege zur Hinrichtungsstätte trifft der Wachtmeister auf einen gefangenen französischen Unteroffizier, der die Spionagetätigkeit des Wachtmeisters in den feindlichen Reihen und seine damalige Gefangennahme durch die Franzosen bezeugen kann. Daraufhin wird der Wachtmeister nach einer Wiederaufnahme des Verfahrens freigesprochen. (+)

Der letzte Satz der Kurzgeschichte unterstellt das Schicksal des immer auf dem schmalen Grat zwischen Leben und Tod wandernden Menschen der höheren Allmacht des Todes, der ganz nach seiner Weisheit und Willkür schalte und in keiner Weise mit sich spielen läßt. Er weiß seine Souveränität zu wahren, ganz gleich, ob er zu den Menschen kommt oder "sie vielleicht sogar am Ende vergißt."

WILHELM SCHÄFER: DER CELLOSPIELER

Ein Musterbeispiel erzählerischer Kunstfertigkeit ist Wilhelm Schäfers Kurzgeschichte "Der Cellospieler". Ein ehemals berühmter Cellospieler, durch Alter unzufrieden und taub geworden, entschließt sich, als er seine Musikalität verloren hat und seine Frau ihm gestorben ist, aus dem Leben zu scheiden: ein Sprung von der Höhe einer Rheinbrücke in die Tiefe des Stromes soll ihn erlösen. Er rutscht jedoch auf halber Höhe aus, stürzt in den Fluß, wird kurz darauf von Spaziergängern aufgefischt und dem Leben wiedergegeben.

Nach seiner Genesung kommt ihm die bereits verlorene Musik wie ein Echo aus seinem Innern wieder. Sie beseligt ihn und macht ihn wieder glücklich. Er, der vorher hoffnungslos in die "Tiefen der Stille" gesunken war und deshalb aus dem Leben gehen wollte, genießt nun die Wiedergeburt seines Künstlertums. Als er in höchster Verzückung erstmalig die Gnade einer schöpferischen Stunde erlebt, holt ihn der Tod, welcher weiß, was ihm zum besten dient. Er legt ihm behutsam eine alte Ankerkette in den Weg, so daß er stolpert, in den Rheinstrom hinabstürzt und ertrinkt.

Die Geschichte gliedert sich recht deutlich in **zwei Abschnitte,** die jeweils nochmals in sich unterteilt sind. Der erste Abschnitt schildert das Hinabgleiten des einst in allen Konzert-sälen hoch gefeierten Cellospielers in Taubheit und Armut und seinen Entschluß, seiner freudlosen Einsamkeit durch einen selbstgewählten Tod ein Ende zu bereiten. der zweite Abschnitt zeigt, wie der Gerettete die verlorene Musikalität und damit die Beglückung seiner Seele wiederfindet und das Wunder des schöpferischen Aktes an sich erfährt, aber im Zustand des höchsten Rausches dem Tod anheimfällt. Wie in vielen anderen Kurzge-schichten beruht die Wirkung der beiden Teile in erster Linie auf ihrer **Gegensätzlichkeit.** Kommen dem gefeierten Künstler des ersten Teiles "die Töne wohl aus den Saiten, doch nicht aus der Seele", so ist im zweiten Teil "nichts wunderlicher, als das Gekrächze der aufgeregten Saiten zu hören und das glückstrunkene Gesicht des närrischen Alten dazu zu sehen", der aber die wahre Musikalität nun in sich trägt. Sinkt er im ersten Teil "wie mit einer Taucherglocke aus dem Geriesel sonniger Wellen immer hoffnungsloser in die Tiefen der Stille hinunter, bis er ganz taub ist", so erfüllt im zweiten Teil "die Selbstbeglük-kung die Seele bis in die vertrockneten Winkel mit Glanz". Schleppt sich der Cellospieler im ersten Teil "von Schlaf zu Schlaf durch Müdigkeit und Beschwerden, durch Schmerzen und Hoffnungslosigkeit", so scheint er im zweiten Teil "trotz seiner alten Knochen wieder jung und feurig zu werden", weil "ein verwehtes Echo die alten Stunden dieses Virtuosen wieder hell macht".

Der gefeierte Solist des ersten Teils ist nur ein Virtuose, dem der Verlust des Gehörs die Musikalität raubt und seine eigene innere Armut offenbart; der närrische Alte des zweiten Teils ist begnadeter Künstler, der trotz seiner äußeren Armseligkeit den Reichtum seiner Innerlichkeit an sich erfährt. Denn das Geigenspiel des Konzertkünstlers war diesem nur von außen gegeben, erst das Untertauchen in den Strom - welch sinnvoller Bezug! - schenkt ihm die wahre, aus dem Innern kommende Musikalität; "nun zog die Musik in Massen zu ganzen Sinfonien auf." Und so beabsichtigt auch der Cellospieler im ersten Teil "zur Höhe seines selbstgewählten Todes zu schreiten", während er im zweiten Teil tatsächlich auf der Höhe seines Künstlertums und seines wahren Lebens angelangt ist. Die Ironie des

Schicksals aber will es, daß der zum Tode Entschlossene, der auf die Höhe der Eisenbrücke, die in drei großen Bögen den Rhein überspannt, hinaufgeht, um von dort den tödlichen Sprung in den Strom zu tun, vorzeitig stolpert, ausgleitet, zwar in den Strom stürzt, aber gerettet wird; während der Beseligte des zweiten Teiles, der gar nicht mehr an den Tod denkt, auf dem Heimweg von einem Spaziergang zufällig sich in einer alten Ankerkette verfängt, langsam in den Strom hinunterrutscht, der ihn nun gütig "zum Kontrapunkt der Weltmusik" hinabsinken läßt. Endet somit der negative erste Teil positiv mit der Rettung des Unglücklichen, so schließt der positive zweite Teil negativ mit dem Tode des Glücklichen. (Bauschema: - + / + -)

Durch viele Entsprechungen und Bezüge sind die beiden Teile der Kurzgeschichte fest miteinander verbunden. Ein dunkler, stürmischer Novemberabend im ersten Teil, der dunklen Stimmung und Todessehnsucht des Cellospielers entsprechend - die traumhafte Helligkeit einer Frühlingsnacht, in der "alles noch werden kann", im zweiten Teil, wo die "in Wind und Licht bewegte Natur einen geheimnisvollen Widerklang in seiner Seele" hervorruft". "Wie ein altes Reitpferd seinen Milchwagen zieht", begegnet uns der Cellospieler im ersten Teil, den es im zweiten "wie einen Jüngling" dahintreibt. "Dem Diener fremder Kunst" des ersten Teiles steht der Begnadete des zweiten gegenüber, dem es geschenkt wird, "selber ein Meister herrlicher Musik zu sein." Solche Entsprechungen lassen sich bis in Einzelheiten hinein verfolgen.

Auch auf **Wortwahl und Satzmelodie** ist hinzuweisen; Vergleiche und Metaphern werden leicht gefunden (Stunden verhockter Einsamkeit, vertrocknete Winkel der Seele, wie mit einer Taucherglocke aus dem Gerinnsel sonniger Wellen in die Tiefe der Stille hinabsinken, wie eine prachtvoll aufsteigende Melodie zur Höhe des Todes hinaufschreiten, u. a. m.); die musikalische und akustische Eindrücke wiedergebenden Wörter betonen bewußt das Thema der Erzählung (Cello, Saiten, Töne, Melodie, Musik, Klänge, Echo, Gekrächze, Noten, Thema, Fuge, Spiel, Sinfonie, Baß, Kontrapunkt, Orchester, Dirigent, Solist, Trompete, Klavier, Konzertsaal, Konzertfahrt, Stille); sie werden in enge Beziehung zu den Ausdrücken gesetzt, die sich auf den Strom beziehen, der dem Cellospieler zweimal zum Schicksal wird (fließen, schäumen, tanzen, quirlen, treiben, Wellen, Wasser, Hochwasser, Strömung); der Sturmwind, der das ganze Geschehen symbolhaft untermalt und die dem Cellospieler innewohnende Unruhe veranschaulicht, wird gleichfalls immer wieder nachdrücklich charakterisiert (Bäume biegen sich auf und nieder, Ahornblätter regnen auf die Erde, Wasser schäumt mit weißen Kämmen aufwärts, Lichter an der Schiffsbrücke tanzen, ungestümer Wind wirft Wolkenschatten von Ufer zu Ufer, jagt Wolkenlappen dahin, Schneeflocken überwehen die Zweige, flatternder Kragenmantel, windgeschützte Ecke, ungestümer, nasser Gegenwind, nasser Novemberwind, aufgebauschter Zipfel).

Was aber die beiden Teile am innigsten miteinander verbindet, ist das Bild des Stromes, der dem Cellospieler zweimal zum Schicksal wird und aus dessen Tiefen der Strom der Musikalität in ihn übergeht. Indem er den Strom gleichzeitig zum Sinnbild des Lebens wie des Todes macht, hat Wilhelm Schäfer in der Identität dieser beiden Mächte die Unendlichkeit an sich begriffen, die Unendlichkeit, aus der alles Leben kommt und in die alles Leben mündet. In diesem Sinne taucht die Musik des Cellospielers "aus dem Geriesel sonniger Wellen" auf. In diesem Sinne bricht "aus dem fließenden Wasser ein Strahl auf, der immer wieder von der Strömung fortgenommen wird und doch nicht ruhen kann". So braucht der

Cellospieler nur am Strom hinaufzugehen, damit er den Wellenwind spürt, nur vor der Helligkeit des Wassers die Augen zu schließen, damit die Musik zu ganzen Sinfonien aufzieht. Das Strömen des Wassers und das Fluten der Musik in der Seele des Cellospielers sind eins; er gehört dem Strom an wie der Strom zu ihm. Deshalb die bange Frage: "Warum habt ihr mich nicht treiben lassen in dem Wasser, das schon eins mit mir geworden war?" Den Sinn seiner Rettung zu erkennen, bleibt ihm allerdings hier noch versagt. Denn er muß - im ersten Teil - dem "quirlenden Strom" entrissen werden, damit - im zweiten Teil - "der Strom der tiefen Melodie mit quirlenden Klängen wie ein Echo aus seinem Innern" wiederkommen kann, damit sein sinnlos gewordenes, einsames Dasein erst sinnvoll - wenn auch nur für ihn selber - werden und ins Unendliche entbunden werden kann. Sobald aber die Erhöhung seines "vertrockneten" irdischen Daseins zu schöpferischer Kraft, sobald das Unbeschreibliche Ereignis wird und er die Gnade des Gestaltens an sich erfährt, sehen wir ihn "selig belastet" als einen Beglückten, ja überirdisch Verzückten vor uns, der jetzt erst wahrhaft auf der Höhe seines Lebens steht. Und es ist nichts anderes als Gnade, wenn der "gütige" Tod, der "zum anderen wußte, was ihm zum besten dient" nun den in sich Vollendeten "behutsam" nimmt und ihn "zum Kontrapunkt der Weltmusik" hinuntersinken läßt.

Daß der Cellospieler freilich dieses Wunders der Vollendung teilhaftig wird, ist in der Wandlung begriffen, die er selber als Mensch durchmacht. Äußerst verhalten, aber doch deutlich erkennbar hat Wilhelm Schäfer dieses Sich-Verwandeln des Cellospielers angedeutet. Der gefeierte Solist des ersten Teiles ist nichts anderes, als um mit Thomas Mann zu sprechen, ein verirrter Bürger, dessen "unbefriedigte Gedanken Wolfssprünge machen". "Er hatte zwar stets die Kühnheit geliebt; doch nur wie ein Musiker im Konzertsaal in Tönen kühn sein kann." Mit der ihm eigenen Eitelkeit und Eigenliebe, die stets nur an sich, weniger aber an seine Ehegefährtin gedacht hatte und die ihren Wert erst spürte, als sie von ihm gegangen war, gedenkt der seines bürgerlichen Daseins müde gewordene Cellospieler in unechter Pathetik "wie eine prachtvoll aufsteigende Melodie zur Höhe seines selbstgewählten Todes" auf den Eisenbogen der Brücke hinauf zu schreiten (man beachte die sinnbildhaft ansteigende und später abfallende Satzmelodie dieses Satzes!), nicht ohne vorher die Attribute seiner Bürgerlichkeit, die schwere Uhr, den goldenen Kneifer und die Krawattennadel mit einem flachgeschliffenen Rubin ganz sorgfältig in eine windgeschützte Ecke gelegt zu haben. Dieses Ablegen der Insignien seiner bürgerlichen Existenz zeigt zwar, daß er noch "in der Ordnung seines auskömmlichen Lebens" befangen und der grotesken Ironie seiner Handlungsweise sich nicht bewußt ist; insofern nämlich, als er in echter Pedanterie eine Tätigkeit, die vor dem abendlichen Schlafengehen vollzogen wird, in mechanischer Weise auch angesichts des erwarteten Todes ausübt; es zeigt aber auch gleichzeitig, daß er der Welt dieser Bürgerlichkeit von Stunde an entsagt, weil sie ihm abgelebt erscheint. Ein Windstoß, der ihm den Mantel über den Kopf jagt, ihn auf dem nassen Eisenbogen ausgleiten und stürzen läßt, nimmt dem pathetisch inszenierten Selbstmordversuch ein wenig den Ernst; das "Bündel", das von der hohen Brücke herabfällt und dessen "aufgebauschte Mantelzipfel" sich im Wasser blähen, entbehrt nicht ganz einer mitleidvollen Komik.

Wenn uns der Cellospieler im zweiten Teil wiederbegegnet, so ist nach langen Fieberträumen aus dem verirrten Bürger, der er war, ein Künstler geworden, ein Künstler freilich, dessen Reich nicht mehr von dieser Welt ist und für den sie nur ein mitleidiges Lächeln übrig hat. Daß der Cellospieler, unerkannt und unverstanden von seiner Umwelt, als wahrer Künstler nur sich selber, auf einer Insel des Glückes lebt, seinen Reichtum empfindet, ihn aber anderen nicht mehr mitteilen kann, ist seine Seligkeit und Tragik zugleich. Er wird aber damit zum Sinnbild eines ewigen Künstlertums, das sich erst da am schönsten vollendet, wo es in sich selber selig ist und im Schiller'schen Sinne "zwecklos" "ohne Interesse" gefällt. Diesem Künstlertum ist der Tod die höchste Steigerung und letzte Erfüllung des schon völlig vollendeten Daseins.[45]

WOLFDIETRICH SCHNURRE: D A S   M A N Ö V E R

Von der ersten Zeile an schlägt uns die Kurzgeschichte Wolfdietrich Schnurres "Das Manöver" in ihren Bann: "In Kürze schon konnte der Ordonnanzoffizier der Manöverleitung melden, daß sich kein menschliches Wesen mehr innerhalb der Sperrzone befand."

So konnte das Manöver beginnen: strahlendes Wetter, blendende Laune der Herren Offiziere, Lagebesprechung bei dem kommandierenden General, einem energischen, überlegenen Endvierziger, der in leicht ironischem Tonfall, abgehackt, wegwerfend, einen Aufriß der Gefechtsübungen gibt.

Es folgt eine Beschreibung des Manövergeländes, über dem - symbolhafte Bedeutung der Erscheinung! - ein Bussardpaar vor der Sonne kreist; von dem mit Ginster bestandenen Höhenzug aus beobachtet der Generalstab aufmerksam die langsam sich entwickelnde Schlacht.

Erweckt aber schon der aufkommende Wind, der Staubwolken und Pulverdampf der Manöverleitung ins Gesicht treibt, das Ungehaltensein des Generals, so verstärkt es sich beim Einfallen allerlei verängstigter Vögel und steigert sich zu einem Zornesausbruch, als eine riesige Schafherde in das Manövergelände einbricht und einzelne Kampfverbände in ihrer Bewegungsfreiheit behindert. Er fährt mit dem Jeep in die Schafherde hinein und versucht, sie mit der Pistole auseinanderzuschießen. Er verwundet einen Widder, wird von diesem gestellt und getötet.

Nach dem Tode des Generals verziehen sich die Schafe "ganz plötzlich, wie auf einen unhörbaren Befehl hin" von selbst und sind innerhalb kürzester Frist verschwunden.

Das Manöver wir abgebrochen, der Leichnam des Generals abtransportiert: den verängstigten Vogelscharen kehrt der Lebensmut wieder, auch die Heide beginnt wieder aufzuleben, über der der trunkene, der siegestrunkene Schrei des Bussardpaares hörbar wird.

Eine in ihrer **Kürze, Prägnanz und Ausdrucksweise ungemein einprägsame Kurzgeschichte,** die nichts anderes meint, als daß jede Störung des Friedens der Natur, jede Beleidigung und Vergewaltigung des freien Rechts der stummen Kreatur ihre Sühne findet. Macht ist nicht immer dort, wo jähzornige Überheblichkeit und eitler Standesdünkel, äußere Überlegenheit und militärische Erfahrung und Gewalt zu finden sind, sondern in ausgleichender Gerechtigkeit oft dort, wo Einfalt und Wehrlosigkeit, Frieden und Freiheit mißachtet oder verletzt worden sind: die Szene, in welcher der General - militärisch gesehen selber "ein hohes Tier" - in erbärmlicher Niedrigkeit und Angst dem riesigen, schweratmenden Widder, der von ihm beleidigten und verwundeten Kreatur unterliegt, ist von einer wahrhaft grandiosen, infolge des kausalen Zusammenhanges von Hybris und Nemesis an die Unausweichlichkeit antiker Schicksalsbestimmung erinnernden Faszination.

FRANZ WERFEL: DIE HOTELTREPPE

"Franz Werfels Erzählung "Die Hoteltreppe" aus den zwanziger Jahren zeigt gewiß sehr artistische Züge: in der genauen Präzision der auf den inneren Bewußtseinsvorgang gedichteten Beobachtungen, in dem pointierten, unerwartet paradoxen Abschluß, in dem Kontrast von langem, unendlich langem Gang die Hoteltreppe hinauf und dem ungeheuren Lüster hoch oben, der wie ein strahlender Riesenvogel "mit ausgebreiteten Schwingen über dem Abgrund schwebte." Und doch ist seine unglückliche Francine mit ihrem inneren Sprechen weit mehr ein Geschöpf der dichterischen Liebe als des erzählerischen Experimentes. In solcher Verbindung sublimer Erzähltechnik mit menschlicher Atmosphäre und diskretem Takt sehe ich den Rang solcher von den Heutigen kaum mehr erreichten Prosa.""[46]

So urteilt Benno von Wiese über die Erzählung Franz Werfels "Die Hoteltreppe", die in der Tat **ein Kabinettstück psychologisch einfühlsamer Sprachkunst** ist, nicht nur, was das Formale, die Ausgewogenheit und Geschlossenheit, den Ansatz, die langsame Steigerung und den plötzlichen ambivalenten Schluß, der zugleich der äußere und innere Höhepunkt der Handlung ist, anbetrifft, sondern auch in bezug auf die psychologische Führung des innerseelischen Vorgangs, der bis in alle Tiefen und Verästelungen des Gefühls und Empfindens, der Instinkte und Reaktionen hinuntergreift.

Im Mittelpunkt der Erzählung steht - gleichsam als **Dingsymbol** - die "breite, rot dickbelegte **Hoteltreppe**, die den riesigen Schacht des Prunkhotels in sanft ansteigenden Rechtecken hoheitsvoll umzirkt." Am Fuße dieser Treppe "feiert" Francine, behütete und verwöhnte Tochter eines ehemalig kaiserlich-königlichen Ministers der österreichisch-ungarischen Donaumonarchie, sensibles und labiles Geschöpf des Wiener fin de siècle, "Befreiung": gerade in dem Augenblick, da ein Brief ihr Philipps Herz entgegenbringt, ist sie in der Lage, sich von Guido zu lösen.

Was es noch zu überwinden gilt, ist eine Flut undeutlicher Gefühle, belastende Erinnerungen an die lächerliche, eitle Gliedergruppe Guido und an eine - begangene Sünde.

Nach der Begegnung mit einem fremden Herrn im Frack, der Francine entgegenkommend die Treppe hinabschreitet, fühlt sie sich verwandelt und stürzt, alle Gedanken verlierend, in rauschhafte Zukunftsträume.

Während Francine die Hoteltreppe hinaufschreitet, vollzieht sich in ihr bereits die seelische Aufspaltung in ein Bewußtes-Unbewußtes; ein Zustand der Labilität, in dessen "Dauerschwebe" sie bleibt, bis der Verlust des psychischen wie des physischen Gleichgewichtes, bis der "abgrundtiefe Ambivalenzcharakter alles Psychischen" (Jean Gebser)[47] sie in die Tiefe reißt.

Im Bilde der Hoteltreppe, die den riesigen Schacht des Prunkhotels, den "Abgrund", über dem "mit ausgebreiteten Schwingen der strahlende Riesenvogel" des Kronenlüsters schwebt, "hoheitsvoll umzirkt", der Stufenreihen, die sich höher und höher schrauben und von deren Geländer Francine an der höchsten Stelle der Treppe nicht mehr "loskommen" kann, hat Franz Werfel die zunehmende **Intensität der Tiefenwirkung** psycho-erotischer Erlebnisse und die dadurch bewirkte seelische Aufspaltung und psychische Neurose in ungemein starker Mitfühlkraft und in einer unerhörten Dichte der Aussage sinnbildlich dargestellt.

DRITTER TEIL

Lyrik und Kurzprosa seit der Jahrhundertmitte

1. ENDE UND NEUBEGINN: DIE LYRIK NACH BENN UND BRECHT

Das Ende des Zweiten Weltkrieges markiert das Ende einer Epoche. Die diesem Zeitpunkt folgende Rückwendung der deutschen Dichtung zur Naturlyrik ist von kurzer Dauer. In gewisser Hinsicht stellt sie eine Flucht aus der bitteren Not der Nachkriegszeit in eine lang entbehrte, friedlichere und schönere Welt dar. Sie zeitigt zwar eine verinnerlichte, durch eine starke Beziehung zum Mythischen und eine imaginäre Bildfülle gekennzeichnete Naturpoesie, wird aber dem eigentlichen Anspruch der Zeit nach einer Gestaltung wesentlicher Inhalte nicht gerecht.

Im Jahre 1956 sterben Gottfried Benn und Bertolt Brecht. Ihr Tod markiert gleichfalls das Ende der Epoche, wenngleich sie das Fundament gelegt haben, auf dem die Folgezeit weiterbaut. Dieses Jahr 1956 ist Ende und Neubeginn zugleich; Neubeginn einer lyrischen Sageweise, die über Benn und Brecht hinausgeht. 1956 erscheint **Ingeborg Bachmanns** "Anrufung des großen Bären"; drei Jahre vorher hatte sie bereits die Sammlung "Die gestundete Zeit" veröffentlicht. 1956 erscheinen Gedichtbände von **Eich, Krolow** und **Heissenbüttel**, 1956 gibt **Walter Höllerer** die Lyrik-Sammlung "Transit" heraus und macht mit ihr sichtbar, daß die Lyrik nach Benn und Brecht von neuen Aspekten bestimmt wird; dem gleichen Ziel dient Hugo Friedrichs wegweisende Darstellung "Die Struktur der modernen Lyrik" (1956). 1957 veröffentlicht **Marie Luise Kaschnitz** ihre "Neuen Gedichte", setzt **Hans Magnus Enzensberger** mit seinen unter dem Titel "verteidigung der wölfe" erschienenen zeitkritischen Gedichten im Gegensatz zu Benn und Brecht stehende neue poetologische Gesichtspunkte.

An die Stelle der Tradition der "absoluten Poesie", die das Wesen der modernen Lyrik bis zum Tode Benns und Brechts bestimmt hatte, tritt nun die neue lyrische Sageweise der **"konkreten Poesie"**, des reinen **"Strukturgedichts"**, der **"experimentellen Lyrik"**. Sie zielt auf eine Überwindung der traditionellen Bindung an Verse und Reime, auf eine Absage an das Reglement syntaktischer, ja grammatischer Ordnungen, auf den Verzicht der Dominanz des Inhaltlichen, auf eine spielerische Freisetzung der Worte und die Bildung neuer Formen aus den Konstellationen der Wörter und dem Spannungsfeld der Sprache heraus.

"Konkrete Poesie" wird zur "universalen Sprachgestaltung" der neuen Zeit, der Zeit nach Gottfried Benn und Bertolt Brecht. "Der Werk- und Wirkungsgipfel liegt in der Technik. Die künstlerischen Energien drängen fast vollständig in den Stil. Er ist der sprachliche Vollzug und damit die unmittelbarste Erscheinung der großen Transformation des Wirklichen und Normalen. Der Unterschied zu früherer Lyrik liegt also darin, daß das Gleichgewicht zwischen Aussageinhalt und Aussageweise durch das Übergewicht der letzteren beseitigt ist. Mit seinen Unruhen, Brüchen, Befremdungen zieht der abnorme Stil die Aufmerksamkeit auf sich selber. Man kann nicht mehr, wie bei älterem Dichten, über dem Gesagten das Sagen vergessen.Unstimmigkeiten zwischen Zeichen und Bezeichnetem ist ein Gesetz moderner Lyrik wie moderner Kunst . . . Unter einem solchen Übergewicht des inkongruenten Stils werden die Gegenstände, die er berührt, fast bedeutungslos. Das moderne Gedicht vermeidet, durch beschreibende oder erzählende Verse die objektive Welt in ihrem objektiven Bestand anzuerkennen. Das würde seine Stildominanz bedrohen. Die Reste der objektiven Normalwelt, die es aufnimmt, haben nur die Funktion, die verwandelnde Phantasie in Gang zu bringen . . . Die Interpretation eines modernen Gedichts sieht sich also genötigt, sehr viel länger bei seiner Aussagetechnik zu verweilen als bei seinen Inhalten, Motiven, Themen. Das ist eine begreifliche Folge seiner Anlage." (Hugo Friedrich).[47]

Wir haben es somit mit einer lyrischen Alchimie zu tun, deren Dunkelheit für die moderne Lyrik charakteristisch ist. Weder bie Benn noch bei Brecht kann von einer Dunkelheit der Aussage und des Stils die Rede sein. Selbst die Verfremdungen Brechts dienen noch einem bestimmten Mitteilungszweck. Die Lyrik der sechziger und siebziger Jahre dieses Jahrhunderts jedoch schwelgt geradezu in Verdunkelungen, die sie von der üblichen Mitteilungsfunktion der Sprache absondern und in eine esoterische Ferne heben.

"Das moderne Gedicht will nicht mehr an dem gemessen werden, was man gemeinhin Wirklichkeit nennt . . . Die Dichter sind allein mit der Sprache. Aber die Sprache allein rettet sie auch. Selbst die Einsamsten unter ihnen wissen, daß sie hierin einer Ewigkeit angehören, nämlich der ewigen Freiheit der Sprache, zu erfinden, zu spielen, zu singen, zu zaubern." (Hugo Friedrich).[48]

Als Beispiele für die nach dem Ende des Zweiten Weltkrieges dominierende naturmagische Lyrik wählen wir zwei Gedichte der beiden "Naturlyriker", deren Dichtung am stärksten über die reine Naturlyrik hinausdrängt, sich mit geschichtlichen, gesellschaftlichen und persönlichen menschlichen Motiven verbindet und so gewissermaßen zu einer "politischen Naturlyrik" wird: **J o h a n n e s   B o b r o w s k i** (geboren 1917) und **P e t e r   H u c h e l** (geboren 1903).

Zur Überwindung des Traditionalismus nach dem Ende des Zweiten Weltkrieges trugen die Gedichte von **N e l l y   S a c h s** (geboren 1891), **M a r i e   L u i s e   K a s c h-n i t z** (geboren 1901) und **H i l d e   D o m i n** (geboren 1912) bei. Es ist erstaunlich, wie diese noch der älteren Generation angehörigen Dichterinnen ungeachtet ihrer Traditionsgebundenheit den neuen Ton fanden, welcher der Aussageweise der Nachkriegszeit gemäß war, und eine unkonventionelle, sprachlich avantgardistische Gestaltung ihrer Gedichte erreichten, die diesen echte Modernität sicherten.

Als bedeutendste Lyrikerin der Jahrhundertmitte erschien **I n g e b o r g   B a c h-m a n n** (geboren 1926), deren Dichtung zwar auch an die Tradition anknüpfte, aber zugleich so entscheidende neue, eigene zeittypische Akzente setzte, daß sie schlechthin als d i e lyrische Stimme der Neuzeit zu verstehen ist.

Zu den **Avantgardisten** der jüngsten deutschen Lyrik zählen **H a n s   M a g n u s   E n-z e n s b e r g e r** (geboren 1929), **E u g e n   G o m r i n g e r** (geboren 1925) und **H e l m u t   H e i s s e n b ü t t e l** (geboren 1921). Sie stellten die sprach-experimentierende

Gruppe der deutschen Nachwuchsautoren dar, die Gruppe der "Sprachspieler" der "Wort-jongleure", welche - so Volker Klotz - "die lyrischen Vorgänge ganz in einen hermetisch verschlossenen Sprachbereich verlagern, darinnen sie bestimmte einfache Wortformen und Sprachbewegungen in Reinkultur zu ordnen und zu kombinieren versuchen. Das heißt: Die Sprache wird zunächst ihrer Mitteilungs- und Ausdrucksfunktionen enthoben, sie soll keinen Sinn, keinen Klang, keinen Rhythmus fördern. Als bloßes Baumaterial markiert sie im Zueinander und Nacheinander ihrer vom Dichter gruppierten Bestandteile allgemeine Raum- und Zeitkonstellationen."[49]

Eine Zusammenstellung von Kategorien, mit deren Hilfe ein Verständnis und Interpretie-ren neuer Formen der deutschen Lyrik ermöglicht wird, findet sich am Schluß dieses Kapitels.

Interpretationen

JOHANNES BOBROWSKI: D I E   S A R M A T I S C H E   E B E N E

Ebene,
riesiger Schlaf,
riesig von Träumen, dein Himmel
weit, ein Glockentor,
in der Wölbung die Lerchen,
hoch -

Ströme an deinen Hüften
hin, die feuchten
Schatten der Wälder, unzählig
das helle Gefild,
da die Völker geschritten
auf Straßen der Vögel
im frühen
Jahr ihre endlose Zeit,
die du bewahrst
aus Dunkel. Ich seh dich:
die schwere Schönheit
des ungesichtigen Tonhaupts
- Ischtar oder anderen Namens -,
gefunden im Schlamm.

Die Naturgedichte des 1917 im ostpreußischen Tilsit geborenen Johannes Bobrowski lassen auf eine ebenso reale wie visionäre Weise die großräumige Landschaft Sarmatien entstehen, jene Landstriche zwischen Weichsel und Memel, die im frühen Mittelalter vom Deutschritterorden kolonisiert wurden und zum Sehnsuchts- und Traumland Bobrowskis geworden sind. Die Weite und Offenheit dieser östlichen Landstriche gewinnt denn auch in Bobrowskis Lyrik unverwechselbar Gestalt.

"Bobrowski zielt auch dort, wo er Landschaft aus wenigen präzisen Details aufbaut, stets auf den Eindruck der sich in immer weitere Räume öffnenden landschaftlichen Perspektive, an der die Dinge in eigenartiger Weise teilhaben. Sie sind gleichsam durchlässig für die Dimension der Weite; Wind, Himmel und Ebene gehen durch sie hindurch. Bobrowskis dichterische Landschaften sind damit weit entfernt von der idyllischen Beschränkung und Geschlossenheit des Landschaftsbildes in der sogenannten deutschen "Naturlyrik", etwa bei Lehmann und Langgässer. Eher dürfte man an die Landschaftsvisionen Hölderlins denken oder an die Landschaftsdarstellungen Caspar David Friedrichs, mit denen er, bei aller sonstigen Verschiedenheit, die kosmische Dimension teilt.

Deshalb ist die östliche Landschaft in den Gedichten Bobrowskis wesentlich mythisch konzipiert, der nach Hölderlin vielleicht letzte große Entwurf der Landschaft als Mythos. Wie bei diesem sind es vornehmlich die Ströme und Elemente, denen der Dichter mythische Realität verleiht; auf ungleich realistischere Weise freilich als Hölderlin und auf der Dunkelheit eines Hintergrundes, wie er dem östlichen Lebensraum als solchem und seinen Verschattungen in den Kriegserinnerungen des Dichters gemäß ist." (Peter Paul Schwarz).[50]

Feierlich setzt der zweite Teil des Gedichts "Die Sarmatische Ebene" ("Schattenland Ströme", 1967) ein, lapidar, evokatorisch beschwörend und zugleich metaphorisch umschreibend:

> Ebene,
> riesiger Schlaf . . .

Kaum könnte ein einprägsameres, faszinierenderes Bild für die geschichtliche Dimension der Tiefe und Weite der stillen, stromdurchzogenen, von einem unendlichen Himmelsraum überwölbten Landschaft gefunden werden als dieses: "riesiger Schlaf", dieses Vergleichswort, das die Genialität der Dichtersprache Bobrowskis mit überraschender Eindringlichkeit offenbart. "Riesiger Schlaf, riesig von Träumen . . ." - heißt es weiter. Was beinhaltet nicht alles dieses Wort? Träumt das Land von Erinnerungen, geschichtlichen Perspektiven, sinnt es seiner Vergangenheit nach, dieses von Kriegen heimgesuchte, bald diesem, bald jenem Herrschaftsbereich zugehörige Sarmatien, denkt es an die Zukunft? Träumt es vom Wechsel der Jahreszeiten, von den Stimmungen, die das Licht, der Himmel, dieses "Glockentor", über den weiten Ebenen erzeugt, vom Gesang der Lerchen, von seinen großen Strömen und dunklen Wäldern, von dem hellen Gefild? Die Personifizierung des Landes wird deutlich, wenn von seinen "Hüften" die Rede ist, an denen die Ströme vorbeifließen. Land, aus dem Dunkel der Frühzeit emporgestiegen, von Völkern überflutet, Völkern des Nordens, des Ostens und Westens, von Sarmaten, Goten, Awaren, Hunnen, Warägern und Pruzzen, von Litauern, Esten, Letten, Polen, Russen und Deutschen, Völkerstraße und Straße des Vogelzugs: diese Geschichtsträchtigkeit und Naturverbundenheit hat das Land sich bewahrt; seine "schwere Schönheit" ist zeitlos, verkörpert im "ungesichtigen Tonhaupt" der Ischtar, der uralten sumerischen, babylonisch-assyrischen Göttin des Krieges und der Liebe, - die Nennung ihres Namens schafft geheimnisvolle

Assoziationen, weist auf mythologische Schichten zurück -, hier als Symbol einer Gottheit schlechthin, "gefunden im Schlamm". Kennzeichnendes Merkmal der Ausdrucksweise Bobrowskis ist der parataktische Stil, die **Reihung von Substantiven, Adjektiven und Partizipien.** Bobrowskis oben zitiertes Gedicht vermeidet verbale Aussagen - in den ersten beiden Strophen findet sich kein Verb -, reduziert sie höchstens auf partizipiale Konstruktionen ("geschritten - gefunden" in paralleler Stellung miteinander korrespondierend am Anfang und Ende der dritten Strophe) und gewinnt dadurch einen stichwortartig statischen, aber nichtsdestoweniger dynamischen und nachdrücklichen Charakter.

Bemerkenswert ist auch die außerordentlich **offene Form** der Gedichte Bobrowskis, eine Form der Aussage, die ihrem Inhalt adäquat ist. Strophen von ungleicher Länge, bedingt durch eine Zeilenbrechung, die allein im Sinngefüge des Gedichtes ihren Grund hat und sich von der herkömmlichen Gestalt der Zeilenlängen stark unterscheidet. So schreibt Bobrowski etwa nicht - wie man annehmen könnte -: "im frühen Jahr / ihre endlose Zeit", sondern aus dem inneren, vom Rhythmus her bestimmten Gesetz des Gedichtes heraus, das eine Zäsur nach "frühen" verlangt: "im frühen / Jahr ihre endlose Zeit." Durch derartige diffizile rhythmische Gewichtsverlagerungen gelingt es Bobrowski, Wirkungen zu erzielen, die das Gewohnte durchbrechen und seelische Erlebnismöglichkeiten eröffnen, die neue Perspektiven schaffen.

PETER HUCHEL: E X I L

Am Abend nahen die Freunde
Die Schatten der Hügel.
Sie treten langsam
über die Schwelle,
Verdunkeln das Salz,
Verdunkeln das Brot
Und führen Gespräche
mit meinem Schweigen.

Draußen im Ahorn
Regt sich der Wind:
Meine Schwester, das Regenwasser
in kalkiger Mulde,
Gefangen
Blickt sie den Wolken nach.

Geh mit dem Wind,
Sagen die Schatten.
Der Sommer legt dir
Die eiserne Sichel aufs Herz.
Geh fort, bevor im Ahornblatt
Das Stigma des Herbstes brennt.

Sei getreu, sagt der Stein.
Die dämmernde Frühe
Hebt an, wo Licht und Laub
Ineinander wohnen
Und das Gesicht
In einer Flamme vergeht.

Die Landschaft Peter Huchels ist die Mark Brandenburg mit ihren Kiefernwäldern, sandigen Wegen, Seen, verschilften Ufern und Moränenhügeln. Als Gegenwelten erscheinen in seinen Gedichten die Antike, Italien, die Provence, mittelmeerische Gestade. Seit seiner Rückkehr aus der russischen Gefangenschaft lebte Huchel in der Nähe seines Geburtsortes Berlin, wo er als Sendeleiter des Ostberliner Rundfunks und Chefredakteur der literarischen Zeitschrift "Sinn und Form" tätig war. Sein lyrisches Werk umfaßt drei schmale Bände: "Die Sternreuse, Gedichte 1925-1947", "Chausseen, Chausseen" (1963) und "Gezählte Tage" (1972). Huchels literarische Tätigkeit verfiel jedoch der parteiamtlichen Kritik, die Huchel Mangel an Linientreue vorwarf. Im Dritten Reich hatte Huchel nichts publiziert, in der DDR durfte er nicht mehr publizieren. Seine Dichtungen konnten nur im freien Westen erscheinen, wie die Bobrowskis. Zehn Jahre lang war Huchel zum Schweigen verurteilt.

Die Katzen,
die hinter der Tür
auf der Treppe dämmern,
sind weise und schweigen.

"Unter der Wurzel der Distel wohnt nun die Sprache" ist der Titel eines seiner berühmtesten Gedichte. Zehn Jahre lang lebte er in unfreiwilliger Isolation in seinem Haus bei Potsdam, in dem Land, dem seine Liebe galt und doch im Exil, verfemt und gefangen: man beachte, wie betont das Wort "Gefangen" am Ende der zweiten Strophe des Exil-Gedichtes steht. Briefe erreichten ihn nicht mehr, und wenn Freunde ihn besuchten, mußte er schweigen, verbittert aß er ob ihrer Nachrichten sein Brot:

Am Abend nahen die Freunde . . .
Verdunkeln das Salz,
Verdunkeln das Brot
Und führen Gespräche
mit meinem Schweigen.

Seine Freunde verließen die DDR, um in Freiheit zu leben: Bloch, Kantorowicz, Mayer, rieten ihm, das Gleiche zu tun:

Geh mit dem Wind,
Sagen die Schatten.
Geh fort, bevor im Ahornblatt
Das Stigma des Herbstes brennt.

Huchel blieb, wollte in der Heimat bleiben: "Sei getreu, sagt der Stein". Er blieb, bis es nicht mehr möglich war, bis "das Gesicht in einer Flamme vergeht": die Berliner Akademie der Künste vermittelte ihm die Ausreise. Peter Huchel - Tragödie eines Dichters in unserer Zeit

- gab seine Heimat, seine Welt auf und wählte die Gegenwelt: Rom. Denn: "Geknechtet in Gleichmut, / essen die Menschen, meine Nachbarn, / täglich ihr Brot. / Keiner will Asche sein." Oft mag er bei seinem Exodus an die Worte seines Freundes und Anregers Bertolt Brecht gedacht haben:

> "Was sind das für Zeiten, wo
> ein Gespräch über Bäume fast ein Verbrechen ist
> weil es ein Schweigen über so viele Untaten einschließt!
> Der dort ruhig über die Straße geht
> ist wohl nicht mehr erreichbar für seine Freunde
> die in Not sind?

Über den siebzigjährigen, nach Staufen im Breisgau übergesiedelten Peter Huchel urteilte Hans-Peter Klausenitzer: "Huchels epigrammatische Sätze provozieren den Leser weiterzudenken, sie aktivieren ihn, "aufrecht / durch die Furt der Zeiten" zu gehen.

Die poetische Eindeutigkeit des Wortes, die Klarheit und Schönheit der Verse, ihre Gangart, kurz das Unausweichliche Huchels begründet sich in seiner nüchternen Natürlichkeit. Er arbeitet nicht mehr mit parallelisierenden Vergleichen, sondern identifiziert sich mit dem "Schilfrohr, das denkt", das "klirrt und zittert" - auf Pascals "le roseau" wurde oft hingewiesen."[51]

Als Huchel seine märkische Heimat verließ, den rauhen, verstandeskühlen Norden, fegte "ein eisiger Hauch ... über die Tenne der Worte". Nun darf er sagen, was er in der Isolation schrieb:

> Sei getreu, sagt der Stein.
> Die dämmernde Frühe
> Hebt an, wo Licht und Laub
> Ineinander wohnen
> Und das Gesicht
> In einer Flamme vergeht.

NELLY SACHS: S C H M E T T E R L I N G

> Welch schönes Jenseits
> ist in deinem Staub gemalt.
> Durch den Flammenkern der Erde,
> durch ihre steinerne Schale
> wurdest du gereicht,
> Abschiedswebe in der Vergänglichkeiten Maß.
>
> Schmetterling
> aller Wesen gute Nacht!
> Die Gewichte von Leben und Tod
> senken sich mit deinen Flügeln
> auf die Rose nieder
> die mit dem heimwärts reifenden Licht welkt.

Welch schönes Jenseits
ist in deinen Staub gemalt.
Welch Königszeichen
im Geheimnis der Luft.

NELLY SACHS: IN DER FLUCHT

Welch großer Empfang
unterwegs -

Eingehüllt
in der Winde Tuch
Füße im Gebet des Sandes
der niemals Amen sagen kann
denn er muß
von der Flosse in den Flügel
und weiter -
Der kranke Schmetterling
weiß bald wieder vom Meer -

Dieser Stein
mit der Inschrift der Fliege
hat sich mir in die Hand gegeben -

An Stelle von Heimat
halte ich die Verwandlungen der Welt -

Im Jahre 1946 erschien Nelly Sachs' erster Gedichtband "In den Wohnungen des Todes". Es folgten "Sternverdunkelung" (1949), "Und niemand weiß weiter" (1957), "Flucht und Verwandlung" (1959). Unter dem Titel "Fahrt ins Staublose" faßte sie 1961 diese Gedichtsammlungen in einem Band zusammen. 1964 erschien die Gedichtsammlung "Glühende Rätsel", 1970 - wenige Monate vor ihrem Tode - "Suche nach Lebenden", 1971 die Nachlaßgedichte "Teile dich Nacht". Alle diese Titel sind ebenso wie der Sammeltitel der szenischen Dichtungen "Zeichen im Sand" von symptomatischer Bedeutung.

"Die Dichtungen der Nelly Sachs sind ein Höhepunkt metaphorischer Schreibweise, die Konsequenz ihrer sprachmystischen Transmutation." Selbst die Gedichte, die um ein verhältnismäßig einfaches Motiv kreisen, sind schwer zu deuten. Bestimmend für sie sind gewisse Schlüsselworte, **Chiffren,** die in konstanten Konstellationen ständig wiederkehren. Diese Zeichen deuten auf Flucht, Verwandlung, Vergänglichkeit und Wiedergeburt oder stellen antithetisch verschiedene Bedeutungskomplexe einander gegenüber: Verfolgung und Geborgenheit, Leid und Erlösung, Leben und Tod. Sie künden von dem persönlichen Schicksal und den bedrückenden Erfahrungen der 1891 in Berlin geborenen, 1940 knapp der Verhaftung durch die Nationalsozialisten entgangenen, nach Stockholm geflüchteten jüdischen Dichterin, die aus dem Wissen um die Vorgänge im Konzentrationslager Auschwitz heraus das Schicksal ihres Volkes in ihren Dichtungen "aufgehoben" hat. "Es wäre jedoch falsch, aus diesem Grund die Lyrik von Nelly Sachs primär politisch zu verstehen. Anklage war das Geschäft von Nelly Sachs nie, und nie verstand sie ihre Dichtung als unmittelbaren Beitrag zur sogenannten Vergangenheitsbewältigung. Das Leiden und Sterben Israels begreift sie vielmehr als Paradigma des universalen Leidens und Sterbens, das bei ihr in einer zugleich menschlichen und kosmischen Dimension erscheint und einen zugleich historischen und mystischen Aspekt besitzt."[52] 1965 erhielt sie den Friedenspreis des deutschen Buchhandels, 1966 den Nobelpreis.

Als Beispiele für die Interpretation wählen wir die in dem Gedichtband "Fahrt ins Staublose" enthaltenen Gedichte "Schmetterling" und "In der Flucht".

August von Platens "Wer die Schönheit angeschaut mit Augen, ist dem Tode schon anheimgegeben" klingt in den ersten beiden Zeilen des Schmetterling-Gedichtes an. Das schönste und kurzlebigste, vergänglichste Geschöpf ist ein Symbol des Beieinanderseins von Lebensglück und Todesnähe. Die Gewichte von Leben und Tod senken sich mit den Flügeln eines Schmetterlings auf die Rose nieder, die ebenfalls in Schönheit erblüht und kurz darauf "mit dem heimwärts reifenden Licht" dahinwelkt.

Eine jeweils längere sechste Zeile schließt die ersten beiden Strophen ab; der nachfolgende Vierzeiler nimmt noch einmal die beiden Anfangszeilen auf und setzt mit einer Transzendierungschiffre einen besonders euphemistischen Ton: "Welch Königszeichen im Geheimnis der Luft."

Die Vieldeutigkeit der Verchiffrierungen deutet sich in dem Wort "Staub" an, einem der am häufigsten gebrauchten Schlüsselworte in den Gedichten der Nelly Sachs. "Welch schönes Jenseits ist in deinem Staub gemalt" - in den Staub der Schmetterlingsflügel, in den Staub, in welchen alle lebenden Wesen sich dereinst wieder verwandeln? Staub und Jenseits - Assoziationen klingen an, Worte der Bibel, deuten auf Werden und Vergehen, auf Sein und Nichtsein: "Enterbte beweinen wir Staub" heißt es in einem anderen Gedicht von Nelly Sachs ("Im Augenblick").

Aus dem Erlebnis der Flucht ist das zweite oben zitierte Gedicht hervorgegangen. In ihm ist die bildimmanente Identifikation von Bezeichnetem und Zeichen vollendet; die "Metaphorik der sprachmystischen Transmutation" ist auf einen Höhepunkt gebracht. Die erste und letzte Zeile des Gedichts umfassen seinen metaphorischen Raum: "In der Flucht . . . halte ich die Verwandlungen der Welt." Damit ist der Rahmen abgesteckt, den die Bilder, die Chiffren ausfüllen: der Flüchtende ist "eingehüllt in der Winde Tuch", im Sand wandert er, ein ewiger Ahasver, dahin, verzweifelt, betend, aber ohne ein Ziel zu sehen ("Gebet - niemals Amen"), von der Flosse des Fisches (urchristliches Zeichen für Verfolgung, Leid, Opfer), in den Flügel (Zeichen der Schwerelosigkeit, der Sehnsucht nach Luft und Licht, nach Freiheit, Zeichen der Erhebung über das Irdische).

Der Flüchtende, der "kranke" Schmetterling weiß bald wieder vom "Meer": "Meer" ist Chiffre für Leben, Weite, Freiheit, Neubeginn, Wiedergeburt. Sinnbild von Tod und Verwandlung: die in einen Stein (Bernstein?) eingeschlossene Fliege (vergleiche Martials Epigramm "Die Biene im Bernstein"). An Stelle von Heimat die Verwandlungen der Welt: in der Flucht werden sie erfahren, statt der Ruhe die Unruhe, statt der Geborgenheit die

Preisgegebenheit: "Unser Leben geht hin mit Verwandlung. Und immer geringer schwindet das Außen . . ." (R. M. Rilke)

Jede Deutung derart verchiffrierter Gedichte - sofern eine solche überhaupt möglich ist - bleibt subjektiv; es ist das Wesen der Bilderwelt dieser Lyrik, daß sie sich weitgehend der Deutung entzieht und mehr einer individuellen mystischen Nachempfindung ihrer Transparenz offenhält.

MARIE LUISE KASCHNITZ: G E N A Z Z A N O

Genazzano am Abend
Winterlich
Gläsernes Klappern
Der Eselshufe
Steilauf die Bergstadt.
Hier stand ich am Brunnen
Hier wusch ich mein Brauthemd
Hier wusch ich mein Totenhemd
Mein Gesicht laß weiß
Unterm schwarzen Wasser
Im wehenden Laub der Platanen.
Meine Hände waren zwei Klumpen Eis
Fünf Zapfen an jeder
Die klirrten.

"Ein Musterbeispiel der Abbreviatur", "ein für die moderne deutsche Lyrik in seiner sprachlichen Einfachheit sehr typisches Gedicht" hat man Marie Luise Kaschnitz' Gedicht "Genazzano" (1955) genannt. Es ist ein Gedicht von "gläserner Durchsichtigkeit", ein Gedicht, das die Schranken von Raum und Zeit aufhebt, das verschiedene Zeitstufen in einem übergeordneten Bezugspunkt: Genazzano am Abend zusammenfaßt.

Die ersten fünf zeitwortlosen Verszeilen in einer stichwortartig reduzierten, knappen Aussageweise: Das Hinaufreiten auf einem Esel in einer kleinen italienischen Bergstadt an einem Winterabend. Assonanzen (die a-Laute der ersten, die i-Laute der zweiten, später der letzten Zeile) und Alliterationsanklänge (gläsernes Klappern - steilauf die Bergstadt) wecken die sinnlichen Vorstellungen.

Dann drei Zeilen von gleicher Bauart im Präteritum: "Hier stand ich / hier wusch ich / hier wusch ich . . ." Das erlebende Ich schaut sich gewissermaßen von einem fernen, überzeitlichen, außerräumlichen Standpunkt aus selber zu, sieht sich selbst als ein Fremdes und ist sich doch zugleich der eigenen Identität bewußt. Von diesem Standpunkt aus werden die Gegenwart (des Hinaufreitens und Stehens am Brunnen, dem Mittel- und Treffpunkt der kleinen Bergstadt), die Vergangenheit (des Waschens des Brauthemdes am Brunnen) und die Zukunft (des Waschens des eigenen Totenhemdes am Brunnen, das das erlebende Ich visionär als etwas Vergangenes - daher das Präteritum statt des zu erwartenden Futurs! - erschaut) zugleich erfahren. Die traumhafte Vision des eigenen Todes in der achten Zeile bedingt, daß von der neunten Zeile an nur noch Todessymbole auftreten: vom Narzißmotiv der neunten bis elften Zeile bis zu den Bildern der Erstarrung in der zwölften bis vierzehnten Zeile.

Marie Luise Kaschnitz' "Genazzano" vermittelt ein anderes Bild einer italienischen Stadt, als es üblicherweise gegeben wird: Wirklichkeit ins Irreale transportiert, von seltsamer Starre, Kälte und Ungeborgenheit, aufgehoben in einer traumhaften Unwirklichkeit und von einer Härte, die in der Diktion des Gedichtes bis in die letzte Zeile "die klirrten" hinein lautlich spürbar ist.

An dieser Stelle sei auf die Deutung moderner Gestaltungsweisen verwiesen, wie sie Kurt Leonhard in seiner kleinen Darstellung "Silbe, Bild und Wirklichkeit" gibt. Dort heißt es: "Eines der ersten Kennzeichen des modernen Gedichtes scheint zu sein, daß ihm Eindeutigkeit nicht mehr genügt, daß es danach strebt, eine komplexere Wirklichkeitsvorstellung durch vielfältigere Verschränkungen von Ich und Umwelt zu erreichen, Verschränkungen auch von verschiedenen, oft sehr entlegenen Zeiten, Räumen, Situationen, die sich in der Erinnerungsdimension des Bewußtseins mit der einen, nur den Anstoß gebenden Ausgangssituation (hier: "Genazzano am Abend / Winterlich") zu einer einzigen, allseitig geöffneten inneren Gegenwart verbinden. Standpunkt des Ich und Abstand in Raum und Zeit sind nicht mehr maßgebend. An die Stelle der Zentralperspektive tritt eine "Siriusperspektive", um das Wort Nietzsches zu gebrauchen . . . Das alte Prinzip der situationsgebundenen, zwischen Standpunkt und Fluchtpunkt rational gemessenen Abstände von Nähe und Ferne, von Vergangenem, Gegenwärtigem, Zukünftigem ist heute weitgehend zurückgedrängt worden . . . In der Wortfolge - oder, was dasselbe ist, in der Denkbewegung des Gedichtes können sich erfahrene oder erfundene Situationen, Zeiten und Räume (wie in dem Kaschnitz-Gedicht "Genazzano") ganz willkürlich verschränken, aber sie gehorchen der inneren dynamischen Folgerichtigkeit des Gedichtes; auch die heterogensten Bilder und Vorstellungen müssen sich in der einzig real gegebenen Zeit des Gedichts selbst zur Einheit zusammenschließen."[53] In "Genazzano" ist dies der Fall. "Kein Zauberspruch" entstand in dem gleichen Zeitraum von 1962 bis 1972 wie Peter Huchels "Gezählte Tage". Entziehen sich diese Gedichte dem Anspruch zeitkritischer Relevanz?

Marie Luise Kaschnitz gibt darauf eine präzise Auskunft, sie notiert ihre Beboachtungen, ohne sie zu mythologisieren: "Ich schreibe mit beherzter Hand / Ich spreche mit / Der Stimme Hoffnung / Von der Taube / Der einen / Der es gelang / Auf dem Schießstand von Monte Carlo / Und warf sich fort / Aus der Flugbahn / mit zuckenden Flügeln / Entkam / Entkam."

Der schwache Rest Hoffnung auf die eine Taube, die sich vor den Schützen, den Vernichtern des Lebens zu retten vermag, vermittelt der Dichterin als Zeitzeugin und dem Leser als dem Empfänger der Nachricht einen Eindruck der Ohnmacht angesichts einer unkontrollierbar gewordenen Entwicklung.

"Vor allen Lyrikbüchern der Marie Luise Kaschnitz bleibt der 1966 zum 65. Geburtstag erschienene Sammelband "Überallnie" der eindrucksvollste, auch formal interessanteste", schreibt Peter Jokostra.[54] "Die Stimme dieser Autorin ist die eines bedrohten Menschen, der sich einer fragwürdig gewordenen Zivilisation konfrontiert sieht; ihre Unheilserfahrung entspricht unseren Wahrnehmungen." Im "Genazzano"-Gedicht ist diese bereits immanent.

INGEBORG BACHMANN: A U S F A H R T

Vom Lande steigt Rauch auf.
Die kleine Fischerhütte behalt im Aug,
denn die Sonne wird sinken,
ehe du zehn Meilen zurückgelegt hast.

Das dunkle Wasser, tausendäugig,
schlägt die Wimper von weißer Gischt auf,
um dich anzusehen, groß und lang,
dreißig Tage lang.

Auch wenn das Schiff hart stampft
und einen unsicheren Schritt tut,
steh ruhig auf Deck.

An den Tischen essen sie jetzt
den geräucherten Fisch;
dann werden die Männer hinknien
und die Netze flicken,
aber nachts wird geschlafen,
eine Stunde oder zwei Stunden,
und ihre Hände werden weich sein,
frei von Salz und Öl,
weich wie das Brot des Traumes,
von dem sie brechen.

Die erste Welle der Nacht schlägt ans Ufer,
die zweite erreicht schon dich.
Aber wenn du scharf hinüberschaust,
kannst du den Baum noch sehen,
der trotzig den arm hebt
- einen hat ihm der Wind schon abgeschlagen
- und du denkst: wie lange noch,
wie lange noch
wird das krumme Holz den Wettern standhalten?
Vom Land ist nichts mehr zu sehen.
Du hättest dich mit einer Hand in die Sandbank krallen
oder mit einer Locke an die Klippen heften sollen.

In die Muscheln blasend, gleiten die Ungeheuer des Meers
auf die Rücken der Wellen, sie reiten und schlagen
mit blanken Säbeln die Tage in Stücke, eine rote Spur
bleibt im Wasser, dort legt dich der Schlaf hin,
auf den Rest deiner Stunden,
und dir schwinden die Sinne.

Da ist etwas mit den Tauen geschehen,
man ruft dich, und du bist froh,
daß man dich braucht. Das Beste
ist die Arbeit auf den Schiffen,
die weithin fahren,
das Tauknüpfen, das Wasserschöpfen,
das Wändedichten und das Hüten der Fracht.
Das Beste ist, müde zu sein und am Abend
hinzufallen. Das Beste ist, am Morgen,
mit dem ersten Licht, hell zu werden,
gegen den unverrückbaren Himmel zu stehen,
der ungangbaren Wasser nicht zu achten
und das Schiff über die Wellen zu heben,
auf das immerwiederkehrende Sonnenufer zu.

Die Lyrik Ingeborg Bachmanns nimmt unter der Dichtung der fünfziger Jahre dieses Jahrhunderts einen besonderen, wenn nicht den ersten Rang ein. Die Frage, was diese Lyrik so auszeichnet, daß sie ihre Verfasserin schon mit der Veröffentlichung des ersten Gedichtbandes "Die gestundete Zeit" (1953) an die Spitze der Avantgarde setzte, beantwortet Wilhelm Jacobs wie folgt: "Es ist in erster Linie von drei Eigenschaften auszugehen: erstens von der Kraft, die diese Lyrik ausstrahlt, womit die Intensität der Suggestion und die Faszination gemeint ist, die die Verse in der "Gestundeten Zeit" und in der "Anrufung des großen Bären" ausüben. - Zweitens: Die Verse der Bachmann entsprechen, formalistisch und artistisch, der Haltung und ihrer inneren Gesetzmäßigkeit nach einer Lyrik, wie sie von Mallarmé, Yeats, Eluard und anderen schon vorbereitet und lange erkundet wurde, die besondere Seinsweise unserer Gegenwart zu erfassen und zu bewältigen. Die Bachmann selbst gab die Genannten als ihre Vorbilder an. Sie hat über Rilke und Benn hinaus diese Moderne im deutschsprachigen Bezirk weiterentwickelt. - Drittens: Mit dieser Moderne verquickte sie ein unmittelbares Zeitengagement, das sowohl auf äußere wie auf untergründige Vorgänge abgestimmt ist."

Es ist an dieser Stelle nicht möglich, auf die Bedeutung und Besonderheit der "faszinierenden, metaphernreichen, schönen dichterischen Sprache" Ingeborg Bachmanns und auf die Thematik ihrer die Probleme unserer Zeit ansprechenden Gedichte einzugehen. "Jedenfalls hat selten", schreibt Otto Knörrich, "ein lyrisches Talent von seinem ersten Auftreten an so ungeteilte Bewunderung gefunden wie die Dichterin der "Gestundeten Zeit" und der "Anrufung des großen Bären."[55] Und Marcel Reich-Ranicki urteilt: "Kein Zweifel: ihren Ruhm rechtfertigt ein lyrisches Werk, dem man in der deutschen Nachkriegsliteratur nur sehr wenig an die Seite stellen kann . . . Ingeborg Bachmann enttäuscht weder die Anhänger der Tradition noch die der Avantgarde. Sie verdankt viel der klassischen Dichtung und nicht weniger der zeitgenössischen. Aus dem harten Kontrast und dem häufigen Wechselspiel zwischen gewohnten Rhythmen und ungewohnten Assoziationen, zwischen altvertrauten Motiven und überraschenden Bildern, zwischen überlieferten Formen und heutigem Lebensgefühl ergeben sich wesentliche Reize und Schönheiten ihrer Gedichte."[56]

Die bei Ingeborg Bachmann immer wiederkehrende Tendenz zum direkten Appell an den Mitmenschen, an ein Du, zur hölderlinschen, hymnisch-feierlichen Diktion, weniger aber zum sonst bei ihr häufigen Pathos großer Worte wird auch in dem Gedicht "Ausfahrt" sichtbar, das programmatisch die 1953 erschienene Gedichtsammlung "Die gestundete Zeit" eröffnet. In einem besonderen Maße verbindet es **konservative Motive und Elemente mit der kanppen, lakonischen Aussageweise moderner Lyrik.** Wenn Hans Egon Holthusen den Begriff des Klassischen zur Charakterisierung einiger Dichtungen Ingeborg Bachmanns heranzieht, so scheint dies bei dem Gedicht "Ausfahrt" gerechtfertigt zu sein.

Mit einer nahezu antikischen Wendung von homerischer Einfachheit setzt das Gedicht ein: "Vom Land steigt Rauch auf." Assoziationen werden wach: heimatlicher Herd, Hütte, Geborgenheit, Ruhe. Diesen Ort der Geborgenheit gilt es festzuhalten: "Die kleine Fischerhütte behalt im Aug." Die Perspektive wird deutlich: der ausfahrende Seemann blickt zurück zum Land, das vor seinen Augen langsam zu versinken beginnt - wie die untergehende Sonne. Auch das Wort "Sonne" hat hier Symbolcharakter, meint das Schöne, Strahlende, die "Schönheit des reinen Seins", wie es nochmals die letzte Zeile des Gedichtes andeutet.

Die zweite Strophe bietet eine jener herrlichen, unverbrauchten, die Natur personifizierenden und mystifizierenden Metaphern, an denen die Lyrik der Ingeborg Bachmann so überaus reich ist, während die dritte Strophe wieder direkt an den Ausfahrenden gerichtet ist und ihn zur Gelassenheit und Bewährung in einer Welt der Gefahren auffordert.

Interessant ist an dieser Stelle ein Vergleich des Bachmannschen Gedichtes "Ausfahrt" mit Goethes "Seefahrt". In beiden die gleiche Situation; dem persönlichen Appell in dem modernen Gedicht entspricht bei Goethe die Aussage in der dritten Person:

> Doch er stehet männlich an dem Steuer;
> Mit dem Winde spielen Wind und Wellen,
> Wind und Wellen nicht mit seinem Herzen.

Auch noch in anderer Hinsicht ergeben sich Parallelen: hier wie dort bleiben "Freunde und Lieben" zurück, bleiben ungefährdet daheim (Bachmann: vierte Strophe) und beklagen die Ausfahrt des Wagemutigen:

> Goethe:
> Ach, warum ist er nicht hier geblieben!
> Ach, der Sturm! Verschlagen weg vom Glücke
> Soll der Gute so zu Grunde gehen?

Bachmann:
Vom Land ist nicht mehr zu sehen.
Du hättest dich mit einer Hand in die Sandbank krallen
oder mit einer Locke an die Klippen heften sollen.

Der Blick auf den Baum jedoch, der trotzig den Arm hebt - " einen hat ihm der Wind schon abgeschlagen" -, weckt trotz aller Zweifel, ob es möglich ist, die Gefährdung zu bestehen, Hoffnungen; auch hier klingen Worte Goethes an:

Allen Gewalten
Zum Trutz sich erhalten,
Nimmer sich beugen,
Kräftig sich zeigen
Rufet die Arme
Der Götter herbei.

Noch einmal steigert sich die Aussage der Dichterin zu dem ihr eigenen Lyrismus dichterisch überhöhter Bilder, hier in der sechsten Strophe unter offensichtlicher Anlehnung an mythologische Vorstellungen der Antike, wie sie auch in der Klassischen Walpurgisnacht des zweiten Teils von Goethes "Faust", jener von muschelblasenden Tritonen (teils Mensch, teils Delphin, teils Seepferd) und anderen Fabelwesen belebten Landschaft der Felsbuchten des Ägäischen Meeres Eingang gefunden haben.

Odysseeische Motive klingen an, wenn von dem mit den Wettern und Wellen kämpfenden Seefahrer die Rede ist, den endlich der heilsame Schlaf umfängt und der, wie es in Goethes "Seefahrt" heißt, scheiternd oder landend seinen Göttern vertraut.

Hier ruft er, "kräftig sich zeigend", die Arme der Götter selber herbei: sentenzhaft, in einer an Hemingway ("Der alte Mann und das Meer) erinnernden, lakonischen Aussageweise die dreifache Feststellung der siebenten Strophe: "Das Beste ist . . ." Die Dichterin vermeidet alles Sentimentalische, vermeidet "große Worte", ihre Aussage ist nüchtern, klar, hart, fast prosaisch: "Das Beste ist die Arbeit auf den Schiffen . . ., das Beste ist müde zu sein und am Abend hinzufallen . . ., das Beste ist, am Morgen gegen den unverrückbaren Himmel zu stehen, der ungangbaren Wasser nicht zu achten und das Schiff über die Wellen zu heben."

Seemännische Terminologien werden gebraucht und gestalten die Darstellung realistisch (Tauknüpfen, Wasserschöpfen, Wändedichten, Hüten der Fracht), ungewohnte zusammengesetzte Attribute (unverrückbare Himmel, ungangbare Wasser, immerwiederkehrendes Sonnenufer) geben ihr wieder einen besonderen poetischen Reiz. "Immer waren es Meer, Sand und Schiffe, von denen ich träumte", sagt Ingeborg Bachmann von sich selber, "aber dann . . . schob sich vor die traumverhangene, phantastische Welt die wirkliche, in der man nicht zu träumen, sondern sich zu entscheiden hat." Der Mann der "Ausfahrt" entscheidet sich: ruhig auf Deck zu stehen, zu arbeiten, sich zu bewähren im Kampf, das "Schiff über die Wellen zu heben". Der Symbolcharakter des Gedichtes ist klar: Ausfahrt auf See meint Lebensfahrt, und die Lebensfahrt kapituliert nicht vor den "Wettern" und nicht vor den "Ungeheuern des Meeres, die mit blanken Säbeln die Tage in Stücke schlagen, bis eine rote Spur im Wasser bleibt" - man denke auch an Paul Klees "Sindbad der Seefahrer" -, sondern strebt dem "Sonnenufer" zu, der Geborgenheit und dem Frieden der Heimat.

Im Gegensatz zu den vielen, das Apokalyptische unserer Zeit beschwörenden Gedichten der Ingeborg Bachmann ist das Gedicht "Ausfahrt" durch seinen positiven Charakter gekennzeichnet.

HILDE DOMIN: R Ü C K K E H R

Meine Füße wunderten sich
daß neben ihnen Füße gingen
die sich nicht wunderten.

Ich, die ich barfuß gehe
und keine Spuren hinterlasse,
immer sah ich den Leuten auf die Schuhe.

Aber die Wege feierten
Wiedersehen
mit meinen schüchternen Füßen.

Am Haus meiner Kindheit blühte
im Februar
der Mandelbaum.

Ich hatte geträumt,
er werde blühen.

Als "Dichterin der Rückkehr" ist Hilde Domin, die 1912 in Köln geborene, nach Südamerika emigrierte und erst 1956 nach Deutschland zurückgekehrte Verfasserin der Gedichtbände "Nur eine Rose als Stütze", "Rückkehr der Schiffe", "Hier", "Ich will dich" sowie der Schriften "Wozu Lyrik heute", "Doppelinterpretationen" und der Gedichtsammlung "Nachkrieg und Unfriede" bezeichnet worden.

Das vorstehende Gedicht "Rückkehr" (aus "Rückkehr der Schiffe", 1962) ist für Hilde Domin typisch. Selten wird in einem Gedicht die Relativität der Worte und Zeiten so deutlich sichtbar wie hier. Wir haben es mit einem fünfstrophigen Gedicht zu tun, jede Strophe besteht aus drei Verszeilen, in der letzten Strophe fehlt die dritte Zeile. Indem die Dichterin sie wegläßt, fordert sie die Ergänzung durch den Leser heraus.

Die Dichterin ist eine Heimkehrende. Ihr Gang ist langsam, ihre Blicke sind versonnen zu Boden gerichtet, sie wagt das Gesicht nicht zu erheben aus dem Wissen heraus, daß sie die Heimat anders vorfinden wird, als sie sie verlassen hat, sie weiß, daß vieles nun anders sein wird, als es war.

Schon in der ersten Strophe wird die Relativität der Worte offenbar: das "wunderten" der ersten hat einen anderen Bezugspunkt als das "wunderten" der dritten Zeile. Bezieht sich jenes auf das Nicht-wundern der Mitschreitenden, so bezieht sich dieses Nicht-wundern auf die zwar den Heimkehrenden auffallenden, den Mitschreitenden aber nicht mehr oder noch nicht auffallenden während der Exilzeit der Dichterin eingetretenen Veränderungen.

Auch hinsichtlich des Gebrauchs der Zeiten wird die gleiche Relativität offenbar: so weist das Imperfekt der dritten Zeile der zweiten Strophe in eine viel frühere Vergangenheit zurück als die Vergangenheitsform der ersten und dritten Strophe. Dies wird deutlich, wenn man hinter dem "immer" der zweiten Strophe etwa das Wort "schon" einschiebt. Vergangenheit ist eben nicht nur Vergangenheit; sie kann näher oder ferner liegen; der Stellenwert der grammatischen Vergangenheitsformen ist je nach Lage der Dinge völlig verschieden. Während zum Beispiel die erste und dritte Strophe auf annähernd gleicher Zeitebene liegen, führt das Imperfekt der vierten Strophe wiederum in jene Vorvergangenheit zurück, die schon in dem "sah ich" der zweiten Strophe angeklungen war, aber sicher sogar noch vor dieser anzusetzen ist: in die früheste Zeit der Kindheit, als die Welt noch voll echter Wunder war, welche die Mandelbäume im Februar erblühen ließen, als noch eine ganz andere Art des Verwundern möglich war, als jene nach der Rückkehr aus dem Exil, von der die erste Strophe kündet.

Die letzte zweizeilige "unvollendete" Strophe, des Gedichts bezieht sich auf einen in der Exilzeit kurz vor der Rückkehr in die Heimat liegenden Zeitpunkt: wie aber nun die Wirklichkeit tatsächlich aussieht, die die Dichterin antrifft, als sie "nach Hause" kommt, bleibt offen . . . Aber ihre Enttäuschung läßt sich ermessen, wenn man zur ersten Strophe zurückkehrt: Natürlich blüht der Mandelbaum nicht mehr, ist vielleicht gar nicht mehr vorhanden, worüber sich die Daheimgebliebenen oder andere, die nichts von ihm wußten, nicht wundern, während die Rückkehrende sich wundert über die Abgestumpftheit und Gleichgültigkeit, mit der jene die Veränderung der Welt wahrnehmen.

So kehrt der Gang der Gedanken von der letzten "unvollendeten" Strophe zur ersten zurück und schließt den **Kreis der Betrachtung**, so daß wir von einer **"Rückkehr zum Ausgangspunkt"** in doppelter Hinsicht sprechen können: **Inhalt und Aussage sind kongruent** lassen ein Wortkunstwerk entstehen, dessen Sinngehalt sich freilich erst längerem Nachsinnen erschließt.

HANS MAGNUS ENZENSBERGER: K Ü C H E N Z E T T E L

an einem müßigen nachmittag, heute
seh ich in meinem haus
durch die offene küchentür
eine milchkanne ein zwiebelbrett
einen katzenteller.
auf dem tisch liegt ein telegramm.
ich habe es nicht gelesen.

in einem museum zu amsterdam
sah ich auf einem alten bild
durch die offene küchentür
eine milchkanne einen brotkorb
einen katzenteller.
auf dem tisch lag ein brief.
ich habe ihn nicht gelesen.

in einem sommerhaus an der moskwa
sah ich vor wenigen wochen
durch die offene küchentür
einen brotkorb ein zwiebelbrett
einen katzenteller.
auf dem tisch lag die zeitung.
ich habe sie nicht gelesen.

durch die offene küchentür
seh ich vergossene milch
dreißigjährige kriege
tränen auf zwiebelbrettern
anti-raketen-raketen
brotkörbe

klassenkämpfe.
links unten ganz in der ecke
seh ich einen katzenteller.

Hans Magnus Enzensbergers Gedicht "küchenzettel" eröffnet seinen 1964 erschienenen dritten und letzten Gedichtband "blindenschrift". Wenn Enzensberger (geboren 1929) seitdem schweigt, deutet dies auf eine gewisse Resignation hinsichtlich der literarischen und politischen Wirkung seiner Gedichte. Für ihn besitzt die "Produktion" von Dichtung "Gebrauchswert" und soll nur "Sachverhalte vorzeigen, die mit anderen, bequemeren Mitteln nicht vorgezeigt werden können." Dichtung also als Rezept, als "küchenzettel" für die soziologischen und politischen Belange der Menschheit.

Die ersten drei Strophen des oben zitierten Gedichts geben "durch die offene küchentür" den Blick auf ein friedliches Stilleben frei, das uns fast in gleicher Weise im Hause des Dichters wie in Amsterdam (auf einem alten Bild) oder in der Nähe Moskaus entgegentritt. Überall aber, ob im Westen oder im Osten, wird das Idyll gestört durch eine von außen herangetragene Nachricht: ein Telegramm, einen Brief und eine Zeitung. Sie bedrohen das Idyll, und der Dichter verzichtet darauf, die Nachricht zur Kenntnis zu nehmen. Die vierte Strophe aber zeigt, daß er sie zur Kenntnis nehmen muß: Elemente der Zerstörung, des Krieges, der Not und des Hungers, der politischen Auseinandersetzungen entstellen das bisher friedliche Bild, in dem freilich untergründig immer schon das Ende der "guten Zeit" mitenthalten war.

Milchkanne, Brotkorb, Zwiebelbrett sind Chiffren für das vegetative Dasein und markieren die lebensnotwendigen Bedürfnisse des Menschen; Telegramm, Brief und Zeitung sind Chiffren für lebensbedrohende Verunsicherungen und das auf den Menschen zukommende Unheil; die Chiffre des Katzentellers jedoch, die allen vier Bildausschnitten gemeinsam ist, deutet auf das kreatürliche, zeit- und raumentrückte Dasein des Menschen, das ihn immer wieder so oder so, hier oder dort auf die elementarsten animalischen Erfordernisse und das soziale Problem hinweist.

EUGEN GOMRINGER: K O N S T E L L A T I O N E N

sich zusammenschließen und
sich abgrenzen

die mitte bilden und
wachsen

die mitte teilen und
in die teile wachsen

in den teilen sein und
durchsichtig werden

sich zusammenschließen und
sich abgrenzen

Die im Jahre 1953 erschienenen "Konstellationen" Eugen Gomringers (geboren 1925) bilden den **Auftakt zur sogenannten "konkreten Poesie".** Sie stellen Formexperimente dar, die mit Hilfe eines bestimmten Wortmaterials Wörterketten in immer neuen Anordnungsvarianten herstellen und diese weniger nach syntaktischen oder semantischen, sondern mehr nach visuellen, typographischen Gesichtspunkten bilden. "Unter Konstellationen", sagt Eugen Gomringer, "verstehe ich die Gruppierung von wenigen, verschiedenen Worten, so daß ihre gegenseitige Beziehung nicht vorwiegend durch syntaktische Mittel entstehen, sondern durch ihre materielle, konkrete Anwesenheit im selben Raum. Dadurch entstehen statt der einen Beziehung meist deren mehrere in verschiedenen Richtungen, was dem Leser erlaubt, in der vom Dichter durch die Wahl der Worte bestimmten Struktur verschiedene Sinndeutungen anzunehmen und auszuprobieren. Die Haltung des Lesers der Konstellation ist die des Mitspielenden . . ." Das oben zitierte Gedicht gibt einen Bewegungsablauf wieder, der für die Bildung von Wortketten und Wortkonstellationen typisch ist und die Bereitschaft des Lesers wecken soll, Strukturen selber zu schaffen durch das Umdenken und Verändern der Wortgestalt und der Relationsschemata der gesetzten Wörter. Insofern ist das "Thema" des Gedichts, das hier zur Mitteilung gelangt, der Vorgang des Konstellierens selber; man hat aber auch einen

politischen Hintersinn vermutet und das Gedicht auf den Zusammenschluß, die Abgren-
zung, das Wachstum, die Teilung und Wiedervereinigung Deutschlands bezogen, ein
Hintersinn, der Gomringer bei der "Montage" seines Gedichtes vielleicht fernlag, der aber
cum grano salis herauslesbar ist.

Die absolute Wortkunst Gomringers kommt auch in folgendem Gedicht zum Ausdruck, in
dem die Ordnung der Syntax aufgehoben ist, die Phantasie des Lesers aber neue Zuordnungen assoziieren soll:

fliegt	strömt entgegen
fliegt	breitet sich aus
fliegt	umhüllt
fliegt	verdünnt sich
fliegt	löst sich auf
fliegt	

Kurt Leonhard meint: "Hier ist eine gegenstandslose Aussage verwirklicht, insofern
nämlich, als der Satzgegenstand weggelassen ist. Es gibt nur noch Aussage, nur noch einen
Vorgang ohne Subjekt, ohne Objekt; an die Stelle des Gegenstandes tritt ein Aussagewort
- "fliegt", das fünfmal wiederholt, durch verschiedene prädikative Bestimmungen trans-
formiert wird, also jedesmal einen anderen Sinn bekommt. Es entsteht eine Wortfolge, die
in sich steigt und fällt, sich verdichtet und sich verflüchtigt. Andere Gedichte Gomringers
lassen umgekehrt die Satzaussage weg: sie bestehen nur aus Hauptwörtern ohne prädikative Tätigkeitswörter und machen den Gegenstand selbst zur Aussage."[57]

So auch in dem Ideogramm Gomringers, in dem das Thema des Gedichtes, das Schweigen,
sowohl lesbar wie sichtbar gemacht wird: lesbar durch das gedruckte Wort "schweigen",
das vierzehnmal wiederholt wird, sichtbar durch die ausgesparte Leerstelle in der Mitte des
Gedichtes, die bildlich den Vorgang des Schweigens darstellt.

schweigen	schweigen	schweigen
schweigen	schweigen	schweigen
schweigen		schweigen
schweigen	schweigen	schweigen
schweigen	schweigen	schweigen

Zum Problem der "konkreten poesie" bringt Eugen Gomringer in einer unter dem gleichen
Titel bei Reclam erschienenen Anthologie (reclams universalbibliothek nr. 9350/51)
ausführliche Beispiele und Hinweise.

HELMUT HEISSENBÜTTEL:
K L E I N E   S C H W A R Z E   S E N K R E C H T E

Kleine schwarze Senkrechte überqueren langsam schwarze Waagrechte
Regenförmiges überquert Regenförmiges
Scharen von Wänden
kleine schwarze traurige unaufhörlich wandernde Rechtecke
zögernde Diagonalen
sich überquerende gerade endliche Strecken
jedenfalls gegebenenfalls und ich rede rede
Rede überquert Rede und es gibt es gibt es nicht nicht
Rede überquert Rede und es gibt es gibt es nicht nicht und nie nie

Hier ist die Grenze erreicht, an der die Lyrik sich selbst aufhebt und zu einem mathematischen Zeichensystem wird, das aus einer Vielzahl möglicher Relationen eine Bestimmte Konstellation herauskristallisiert. Schon Karl Krolow (geboren 1915) hatte gedichtet:

Drei Orangen, zwei Zitronen: -
Bald nicht mehr verborg'ne Gleichung,
Formeln, die die Luft bewohnen,
Algebra der reifen Früchte . . .

Drei Orangen, zwei Zitronen: -
Mathematisches Entzücken,
Mittagsschrift aus leichten Zonen . . .

Das "Mathematische Entzücken" am sprachlichen Experiment treibt Helmut Heissenbüttel (geboren 1921) zu wesentlich kühneren "Kombinationen" (Titel seines ersten, 1954 erschienenen Gedichtbandes). Kunst und Mathematik standen schon immer in einem engen Zusammenhang; der "Strukturalist" Helmut Heissenbüttel bringt sie jedoch in einen besonders engen Funktionszusammenhang. Verstehen im althergebrachten Sinn soll man sein Gedicht nicht; eine logische Interpretation ist nicht möglich. Heissenbüttel erfaßt mit seinem Gedicht mathematische Gebilde, geometrische Figuren, ein Gitter von Linien, ein Gitter von Reden und Worten, die in der Negation enden, nichts weiter; er will, wie er selber sagt, sich von der "Kategorie des Inhaltlichen, von dem Ballast von Bedeutung und Gehalt" freimachen. Er lehnt das alte Grundmodell der Sprache ab. Er huldigt dem **Prinzip der Montage**, der "kalkulierten Kombinatorik", dem Sprachmechanismus, der Sprachspielerei.

Sie wird noch deutlicher in folgendem Gedicht:

das Sagbare sagen
das Erfahrene erfahren
das Entscheidbare entscheiden
das Erreichbare erreichen

das Wiederholbare wiederholen
das Beendbare beenden
das nicht Sagbare
das nicht Erfahrbare
das nicht Entscheidbare
das nicht Erreichbare
das nicht Wiederholbare
das nicht Beendbare

das nicht Beendbare nicht beenden.

"Auch hier", schreibt Kurt Leonhard, "Satzaussage ohne Satzgegenstand. Allgemeinste Aussage ohne Subjekt und Objekt - eine Folge von Stichworten, die sich aus der Reihung von Thesen und Antithesen, aus der Aufzählung gleichberechtigter Denkmöglichkeiten entwickelt. Die letzte Zeile wirkt wie das Ergebnis einer Addition; sie fängt die Gedichtbewegung auf, gibt ihr Zielstrebigkeit, Form, ja sogar Stimmung... Denn es geht hier nicht nur um Aufhebung des Subjekt-Objekt-Verhältnisses und Auflösung der Syntax, nicht nur um Abstraktion aus allen individuellen Relativierungen in eine nahezu absolute Universalität... Dieses Gedicht ist nicht mehr sinnliche Rede, sondern Zeichenfolge einer abstraktlogischen Denkbewegung... Weit davon entfernt, alogisch zu sein, ist es ein Beispiel von etwas, das man noch vor kurzem nicht für möglich gehalten hätte: einer lyrischen Logistik, einer logistischen Lyrik..."[58]

Aber, und hier darf Heinz Piontek zitiert werden, "die Wirkung dieser Lyrik ist eine esoterische geblieben, hat den Zirkel des Artistischen nicht verlassen. Autoren, die keine Stellungnahme zur Welt mehr abgeben, sondern allein auf spielerische Spontaneität setzen, haben das mitreißende, das erlösende Wort für ihre Zeitgenossen nicht gefunden. Könnte nicht vielleicht nach so vielen Jahren der Überbewertung des Formalen, des Akrobatischen in der Literatur wieder einmal der Versuch unternommen werden, über die schlichten, grundlegenden Dinge zu sprechen, jene elementaren Erfahrungen, die, so alt sie auch sein mögen, jedem Heranwachsenden neu zu denken geben und auch in einem langen Leben nicht an Bedeutung verlieren?"[59]

2. WEITERE LEITLINIEN ZUR ENTSCHLÜSSELUNG MODERNER LYRIK

Der modernen Lyrik kommt es nicht wie der früheren Dichtung auf eine reale Erfassung und sinngebende Deutung der Welt an, sondern auf einen spielerischen Strukturalismus, der mit Hilfe visuell-optischer, typographischer und linguistischer Verfahrensweisen das Einzelwort "freisetzt" und mit ihm jongliert.

Die Diskrepanz zwischen der Mitteilungsfunktion und der sprachlichen Kombinatorik der modernen Lyrik verursacht ihre Dunkelheit. Um sie "verstehen" und interpretieren zu können, muß man sich verschiedener Kategorien der Erfassung bedienen.

1. Wie beurteilst Du die grammatische, orthographische und syntaktische Gestaltung des Gedichts?
   Ist seine Gestalt anti-grammatisch, anti-orthographisch, anti-syntaktisch?

2. Welche Vorstellungen und Assoziationen evozieren die Laut- und Klangfügungen, Worte, Wortketten, Bildfiguren, Metaphern, Symbole und Chiffren des Gedichts?

3. Wo begegnet Dir eine besondere Wortkonzentration, Wortkonstellation, Wortkombinatorik, Sprachrelation oder Sprachambivalenz? Wo eine Paradoxie der Zuordnungen?

4. Wo begegnet Dir eine Konfrontation heterogener Elemente oder eine solche konkreter mit abstrakten Elementen? Wo löst sich die Aussage vom realen Bezugspunkt? Wo scheint sie Dir disproportional, alogisch, irreal zu sein?

5. Wo kann man von einer Reduktion (Verknappung, Verkürzung) der Sageweise, wo von einem Lakonismus der Sprache, von einer fragmentarischen Sprechweise, von einem Neben- oder Gegeneinandersetzen von Wortblöcken oder Satzbruchstücken sprechen?

6. Warum bevorzugt die moderne Lyrik die Zeilenbrechung? Was bedeutet sie?

7. Welche Zeitebenen werden sichtbar? Äußere Dich zum Tempusgebrauch, zur Zeitfolge, Zeitdehnung, Zeitraffung, zum Wechsel des Standpunktes und der Perspektive.

8. Überwiegen inhaltliche oder formale Komponenten? Weist das Gedicht über sich selbst hinaus oder ist es auf einer rein sprachlichen Ebene angesiedelt? Ist es ein existenzbezogenes, sinngebendes, weltdeutendes Gebilde oder ein inkohärentes "abstrahiertes Wortstilleben", reine isolierte Sprachmagie? Verflüchtigt sich das gehaltliche Element völlig oder ist es untergründig präsent?

9. Ist das Gedicht rein artistisch oder gesellschaftsbezogen? Besitzt es einen ontologischen, evokativen oder appellativen Charakter?

10. Provoziert und schockiert das Gedicht durch Wortradikalismus? Kann man von einer "Ästhetik des Häßlichen" und einer "leeren Idealität" sprechen oder erscheint es als Ausdruck einer "kreativen Phantasie"? Wo erreicht es die Grenze dichterischen Sagens?

Es kommt nicht darauf an, ein modernes Gedicht zu "enträtseln" und in einer verständlichen Ausdrucksweise zu formulieren, "was der Dichter sagen will". Wesentlich ist vielmehr, daß die poetische Erfahrung, die sich im Gehalt und in der Gestalt des Gedichtes manifestiert, als Ganzes erfühlt und "verstanden" wird und in ihrer mehr oder weniger starken Intensität innerlich nachvollzogen werden kann.

2. VON DER KURZGESCHICHTE ZUR KURZPROSA

In den fünfziger und sechziger Jahren dieses Jahrhunderts hatte die Kurzgeschichte ihre große Zeit. Ruth J. Kilchenmann schrieb in ihrem 1967 erschienenen Buch "Die Kurzgeschichte - Formen und Entwicklung": "Form, Struktur und Sprache der Kurzgeschichte als Gestaltwerdung des Urerlebens moderner Menschen werden mehr als nur Ausdruck. Die aus dem Zusammenhang herausgerissene Daseins- und Seinssituation, die verzweifelte Engagiertheit dem Geworfensein, der Urangst und dem übermächtigen Nichtverstehen gegenüber verlangen eine adäquate Gestalt und Form. Die Kurzgeschichte ist mehr als

Gattung oder Typus: sie ist Form gewordene Einstellung, Haltung, Denk- und Daseinsweise des Erlebens der Menschen des zwanzigsten Jahrhunderts ... Unterstrichen wird dieses kurzgeschichtliche Erleben durch Betonung und Wichtigkeit der Form. Form ist Teil des Inhalts geworden ..., Form wird zu Inhalt."[60]

Truman Capote, der Verfasser vieler amerikanischer short stories, bekennt: "Nimmt man sie wirklich ernst, dann wird die Kurzgeschichte zur schwierigsten aller Prosaformen, denn keine verlangt vom Autor so viel Disziplin - und vom Leser."

Die Kurzgeschichte ist ein Gebilde von höchster Konzentration und Artistik. Gerade deswegen kann sie nur mit Anstrengung aufgenommen werden, den Zugang zu ihr muß man sich erst erkämpfen. Marcel Reich-Ranicki meint, zur Lektüre von Kurzgeschichten braucht man viel Zeit, mehr Zeit als zum Lesen von Romanen. Man braucht auch, so meinen wir, viel Geduld und Scharfsinn. Die Kurzgeschichte stellt höhere Anforderungen an den Autor und Leser als ein Roman. Das mag einer der Gründe sein dafür, daß die Veröffentlichung von Kurzgeschichten nachgelassen hat; nur bekannte Autoren, bei denen schon der Name, wie etwa bei **Ingeborg Bachmann, Marie Luise Kaschnitz, Siegfried Lenz, Gabriele Wohman,** den Erfolg verbürgt, leisten sich noch die Herausgabe ganzer Bände mit Kurzgeschichten; andere, wie **Wolfdietrich Schnurre,** bekennen: "Bloße artistische Perfektion, Manierismus, Abgleiten in Klischees, Simplifizierung bis zum naturalistischen Wirklichkeitsabklatsch und Grenzübertretungen aufs Gebiet des Feuilletons, der Groteske, der Reportage, der Skizze und der Erzählung haben die Blüte der deutschen Kurzgeschichte beendet."

Der **Nobelpreisträger Heinrich Böll** meint: "Ich möchte die Kurzgeschichte gern wieder zum 'Mittelpunkt' machen. Aber wenn ich es versuche, gerate ich immer wieder ins eigene Strickmuster." Die Schwierigkeiten beim Abfassen einer guten Kurzgeschichte mögen auch Gründe dafür sein, daß an die Stelle der Kurzgeschichte vielfach die Kurzprosa getreten ist, die nur noch Miniaturaufnahmen der Wirklichkeit oder gewisser Erfahrungen und Erkenntnisse in einer wortartistischen, äußerst knappen und besonders stark verschlüsselten Sageweise darbietet. Anekdote, Kalendergeschichte und Parabel - Robert Walser, Bertolt Brecht und Franz Kafka - haben bei der Kurzprosa Pate gestanden; aber anders als diese Formen gipfelt die Kurzprosa nicht so sehr in inhaltsbezogenen Pointen als in einem unaufhörlichen sprachlichen Spielbestreben, in einem sprachlichen Abtasten einer Welt, die sich dem verunsicherten künstlerischen Bewußtsein der jüngeren Generation nicht mehr recht erschließen will. "Es ist im Grunde ein Suchen nach Sprache, die das Leben treffen soll", hat Werner Weber gesagt; ob dieses Suchen nach Sprache aber mehr das Leben trifft als die "kompaktere" Darstellung konkreterer Dichtungsformen, mag der Leser entscheiden.

Zu den führenden Gestaltern auf dem Gebiet dieser Kleingattung gehören **Peter Bichsel, Günter Eich, Peter Handke, Reinhard Lettau, Helga M. Novak, Gabriele Wohmann, Wolf Wondratschek** und einige andere; das Interpretieren ihrer komplizierten hintergründigen, im Lapidarstil gehaltenen "Wortkunststücke" wird vorwiegend auf assoziativem Wege erfolgen müssen; der Genuß, den sich diese Wortartisten selber bereiten, ist (Peter Bichsel und Gabriele Wohmann ausgenommen) nicht immer auch ein Genuß für den Leser, der dem Hantieren mit Sprache erst zuschauen muß, um zu orten, was in den Sprach-Etüden sein kann und sein muß.

Interpretationen

MARIE LUISE KASCHNITZ: S C H I F F S G E S C H I C H T E

Die Kurzgeschichten von Marie Luise Kaschnitz sind **zwischen Realität und Irrealität** angesiedelt. Sie zeigen den Einbruch des Unberechenbaren, Rätselhaften, Überwirklichen in die sonst so vertraute, scheinbar problemlose Welt. Plötzlich wird alles fragwürdig, geheimnisvoll, bedrohlich, das Gewöhnliche nimmt ungewöhnliche Züge an, Unvorhergesehenes geschieht, die Sicherheit des Menschen wird erschüttert, der bisher ihm fest erscheinende Boden unter seinen Füßen beginnt zu wanken, transzendente Mächte werden wirksam, und der Mensch stürzt auf das zu, was sein Leben entscheidend verändert oder gar auslöscht.

In der "Schiffsgeschichte", die am Ende des 1966 erschienen Bandes "Ferngespräche" steht, bringt Don Miguel seine von Südamerika nach Marseille fahrende Schwester Viola auf ein Schiff, das, wie sich kurz nach der Abfahrt des Schiffes herausstellt, nicht die "Lutetia" ist, für die man gebucht hat, sondern ein Schiff unbekannter Herkunft, das in keiner Schiffsliste geführt wird und dessen Name nicht zu ermitteln ist. Don Miguel muß also warten, bis seine Schwester ihm eine Nachricht zukommen läßt; doch wartet er zunächst vergeblich darauf. Als endlich, nach Monaten, ein Brief von seiner Schwester eintrifft, muß er feststellen, daß der Brief - zerknittert und schmutzig, wie er ist - weder gestempelt noch mit einer Adressenangabe versehen ist. Er besteht aus einer Menge loser Blätter, aus denen hervorgeht, daß Viola auf ein Schiff geraten ist, auf dem lauter Flüchtlinge, "lauter Träumer und Spinner, die auf keine Frage eine vernünftige Antwort geben, lauter Einzelgänger zudem", ja scheinbar Irre und Wahnsinnige zusammengepfercht sind. Der Kommandant des Schiffes zeigt sich nicht, es sind nur wenige Matrosen und so gut wie keine Offiziere zu sehen.

Auch andere Merkwürdigkeiten berichtet Viola in ihrem Brief, so, daß es eine Bordzeitung gibt "die an einem Tag von Ereignissen aus dem vergangenen Jahrhundert und am nächsten von gerade stattgehabten Empfangsfeierlichkeiten auf der Venus berichtet", daß alle Post in einen Sack gesteckt und allabendlich ins Meer geschüttet wird (weswegen sie später ihren Brief an Don Miguel einem kleinen Plastikbeutel anvertraut und ihn in der Nähe von Fischkuttern, die sie passieren, über Bord wirft). Sie berichtet ferner, daß die Schiffsoffiziere sich in eine Kabine einschließen und "des Paradieses letzten Gesang" aus der "Göttlichen Komödie" lesen, daß alle Uhren unaufhörlich vor- und zurückgestellt werden und man weder Datum, Uhrzeit noch die Position des Schiffes feststellen kann. Auf Violas Frage, wann man ankommen werde, habe ihr ein Kommissar geantwortet: Ankommen, wo?, so daß sie ein Schauder überlaufen habe. Sie habe keinen Hunger mehr gehabt, im Speisesaal sei auch nicht mehr serviert worden. Sie würde mit niemandem mehr sprechen, alle Uhren stünden still und sie wisse nur noch eins: "Fahren und nicht ankommen, immer rund um den Horizont, keine Inseln, keine Küste, kein Hafen, kein Licht."

Don Miguel, nachdem er Violas Brief teils seiner Familie vorgelesen, teils, als er ihn angesichts der immer unleserlicher werdenden Schrift Violas und ihres sich offenbarenden verwirrten Geisteszustandes still für sich gelesen hat, weiß: "Viola ist nicht angekommen,

Viola kommt nicht zurück." "Friede ihrer Seele, murmelten die Frauen und plapperten die Kinder, und alle zeichneten auf ihrer Brust das Kreuz nach, daß groß und funkelnd und von vielen Milchstraßen umflossen ihnen zu Häupten stand."

Es ist offensichtlich, daß Viola auf ein Totenschiff geraten ist, daß sie mit diesem die Fahrt aus dem Diesseits ins Jenseits, in eine überirdische, transzendente Welt unternimmt. Die in der Kurzgeschichte angeführten Vorgänge und Zeichen sind Todessymbole. Wer auf dieses Schiff gerät, kann es nicht mehr lebend verlassen. Gewisse Beziehungen dieser Kurzgeschichte zu Friedrich Dürrenmatts Kurzgeschichte "Der Tunnel", zu Christa Reinigs Kurzgeschichte "Drei Schiffe" und - cum grano salis - zu Anna Katharina Porters Roman "Das Narrenschiff" werden offenbar. Wie die Hauptpersonen in diesen Dichtungen weiß auch Viola, daß sie "einem Pandämonium anheimgefallen ist, das mit der Vernunft nicht mehr in Ordnung zu bringen ist".

Aber ist sie nicht für dieses mysteriöse Hinübergleiten in ein Reich, das nicht von dieser Welt ist, doch irgendwie bereits prädestiniert? Ist es nur reiner Zufall, daß Viola das richtige Schiff, die "Lutetia", verfehlt und auf ein Phantomschiff gerät? Oder ist nicht bereits in ihrem Wesen vorgegeben, daß sie dieses Totenschiff und kein anderes zu besteigen hat? So will es doch scheinen, wenn es zu Beginn der Kurzgeschichte heißt:

"Wir nehmen keine Passagiere mehr auf, hatte der Schiffskommissar hochmütig behauptet, und erst, nachdem Don Miguel ihn zu seiner Schwester geführt und er einen Blick auf Violas weiches, ein wenig verschwommenes Gesicht geworfen hatte, hatte er ihr die Kabine zugesagt.

Weich und ein wenig verschwommen war Violas Gesicht schon immer gewesen, schon als junges Mädchen, schon als Kind. Und war sie nicht bei allen Abschieden für alle Gebühr traurig geworden, so als sollte jeder der letzte sein? Verstiegen, so hätte man sie auch nennen können, zumindest wenn man diesen Ausdruck von einem Mondsüchtigen herleitet, der in gefährlicher Bewußtlosigkeit auf den Dächern spazieren geht. Don Miguel, der zeitlebens mit beiden Beinen fest auf der Erde gestanden hatte, war sie so erschienen und er war ihr gegenüber immer etwas ratlos gewesen, ratlos auch am Tag ihrer Abreise, der Violas vierzigster Geburtstag war. Da nämlich, als sie alle zusammen beim Frühstück gesessen und er, seine Frau und seine Kinder Viola schon Grüße aufgetragen hatten an den Schwager und Onkel - du siehst ihn ja heute nacht schon - da war Viola vor diesem raschen Wiedersehen mit ihrem Mann plötzlich zurückgeschreckt, hatte Unklares gemurmelt von Geburtstag und Sich-etwas-wünschen-Dürfen und hatte schließlich darauf bestanden, die Flugkarte zurückzugeben und mit dem Schiff zu reisen. Nicht hier sein, nicht dort sein n i r g e n d s s e i n - diese ziemlich unverständlichen Worte hatte sie mehrmals wiederholt und dabei einen wirklich zum Kopfschütteln merkwürdigen Ausdruck in den Augen gehabt . . ."

Von hier aus gesehen erscheint diese "Schiffsgeschichte" der Marie Luise Kaschnitz wie eine Illustration des Schiller-Wortes "Es gibt keinen Zufall! Denn was uns blindes Ohngefähr nur dünkt, gerade das steigt aus den tiefsten Quellen". Das hintergründig Zwangsläufige in den Vorgängen des Lebens sichtbar zu machen, ist das Anliegen dieser Dichterin, von deren Geschichten man behauptet hat, daß einige von ihnen uns überleben werden.

PETER BICHSEL: *E I G E N T L I C H   M Ö C H T E   F R A U   B L U M*
D E N   M I L C H M A N N   K E N N E N L E R N E N

Peter Bichsel, Lehrer in Zuchwil, Kanton Solothurn, 1935 in Luzern geboren, Verfasser eines Romans "Die Jahreszeiten", wofür er den Preis der Gruppe 47 erhielt, hat auch zwei kleine Bändchen mit Prosastücken und Kurzgeschichten veröffentlicht: 1964 das Bändchen "Eigentlich möchte Frau Blum den Milchmann kennenlernen", 1969 ein Bändchen mit "Kindergeschichten".

Durch das 1964 erschienene Bändchen "Eigentlich möchte Frau Blum den Milchmann kennenlernen" wurde Peter Bichsel weithin bekannt. Es enthält Kurzprosa, Skizzen, Miniaturen, oft nur wenige Zeilen, im allgemeinen ein bis zwei, höchstens drei Seiten lang, die Ausschnitte aus dem Alltag, kleine, unbedeutende Begebenheiten, winzige Episoden, nahezu nichtssagende Vorkommnisse und Situationen darstellen. Einige Titel der einundzwanzig Geschichten sind: "Die Männer", "Blumen", "November", "Holzwolle", "Die Tochter", "Der Milchmann", "Die Beamten", "Vom Meer", "Das Messer", "San Salvador", "Roman".

Es ist aber das Besondere an diesen Geschichten, daß Bichsel die nahezu nichtssagenden Begebenheiten und Dinge in vielsagende verwandelt. Alles was er bemerkt, beobachtet und erwähnt, verliert seine nebensächliche und bekommt eine symptomatische, sinnbildliche Bedeutung. Bichsel versteht es, das Hintergründige hinter dem Vordergründigen sichtbar zu machen, die Realität zu verfremden und die Bedeutung des Unscheinbaren hervorzuheben. Im Gegensatz zu Goethes Definition der Novelle stellt Bichsel also nicht "einmalige, sich ereignete, unerhörte Begebenheiten", sondern unscheinbare, scheinbar unbedeutende Begebenheiten dar.

Jeden Tag frühmorgens um vier Uhr kommt der Milchmann, der Frau Blum zwei Liter Milch und hundert Gramm Butter bringt. Frau Blum kennt den Milchmann nicht, aber der Milchmann kennt Frau Blum genau, das heißt, er kennt ihren verbeulten Milchtopf, der täglich frühmorgens um vier Uhr unten an der Treppe steht, ihre gut lesbare Schrift auf dem Zettel, der stets dabei liegt. Zwischen dem Milchmann und Frau Blum entwickelt sich manchmal eine kleine Korrespondenz, so zum Beispiel, wenn er mitzuteilen hat: "Heute keine Butter, leider" und sie zu monieren hat: "Sie hatten gestern keine Butter und berechneten sie mir gleichwohl", worauf er wieder schreibt: "Entschuldigung". Es geht höflich zu zwischen Frau Blum und dem Milchmann, den niemand kennt, weil er immer morgens um vier Uhr kommt. Er tut seine Pflicht, und Frau Blum ist dankbar dafür. Und eigentlich möchte Frau Blum den Milchmann einmal kennenlernen.

Es besteht **keine Kommunikation** zwischen den Gestalten, die Peter Bichsel in seinen Prosaskizzen darstellt. Jede lebt für sich allein, neben der andern her. Und doch bestehen leise, nicht aufgedeckte Beziehungen zwischen ihnen, entstehen Gemeinsamkeiten, die in einem Undefinierbaren begründet sind.

Bichsels **Sprache ist einfach, schlicht, natürlich und unaufdringlich,** sie ist fern von aller Maniriertheit und Wortartistik, sie verschweigt mehr als daß sie enthüllt, aber gerade das Schweigen macht deutlich, was Worte nicht auszusagen in der Lage sind.

PETER HANDKE: D E R   E I N B R U C H   E I N E S   H O L Z F Ä L L E R S   I N   E I N E   F R I E D L I C H E   F A M I L I E

Der "Senkrechtstarter" Peter Handke (geboren 1942) "strebt wie eine Reihe anderer neuerer Autoren zu einer offenen Erzählweise, die alle Verfestigung im Eindeutigen meidet und sich kunstvoll und künstlich um Unklarheit, Verrätselung, um die Erzeugung eines labilen Schwebezustands aller Vorstellungen bemüht" (Jürgen Jacobs). Immanuel Kant hypotaktischer Satzbau, Heinrich von Kleists dynamisch gespannte Satzbögen mit ihren Einschüben und kunstvoll geschachtelten Satzgefügen sind geradezu von einer klassischen Klarheit und Übersichtlichkeit gegenüber der bewußt den Leser verwirrenden Satzgestaltung Peter Handkes, bei dem das zur Manie wird, was bei Kant oder Kleist aus der Natur ihrer Wesenhaftigkeit entspringt. Handke treibt die Verästelung und Verrätselung seiner Texte so weit, daß es größter Aufmerksamkeit, wenn nicht größter Mühe bedarf, den Erzählzusammenhang zu erfahren. Handke zwingt den Leser, seine Texte nach Art eines Kreuzworträtsels oder im Rösselsprung "aufzulösen"; er zwingt den Leser, langsam, genau, nachdenkend zu lesen, sich zu bemühen, den Zusammenhang zu erfassen; so zum Beispiel, wenn das Prädikat durch zahllose, miteinander unverbundene Gliedsätze und vom Thema abschweifende, wegführende, über eine halbe Seite sich hinziehende Mitteilungen vom Subjekt getrennt wird. Das Suchen nach dem Fortgang der Geschichte läßt bei längeren Prosaarbeiten Handkes (so bei den Romanen "Die Hornissen" und "Der Hausierer") das Interesse des Lesers erlahmen; in der Kurzgeschichte "Der Einbruch eines Holzfällers in eine friedliche Familie" ist es gerade noch reizvoll, sich einen Weg durch die Verschachtelungen der Satzgestaltung zu bahnen, um zu erfahren, was der durch einen Schrei aus dem Wald herausgelockte Holzfäller tut.

Die Kurzgeschichte besteht aus **drei Teilen,** deren erster und dritter in zwei Abschnitte zerfallen, so daß wir folgendes Bauschmea vorfinden:

$$I_{1\,u.\,2} \qquad\qquad II \qquad\qquad III_{1\,u.\,2}$$

Reduzieren wir die Aussage auf das Grundgefüge, so ergibt sich in der Version des Ich-Erzählers folgender Erzählzusammenhang:

I   1. Der Holzfäller schien über den Schrei, der ihn aus dem Wald lockte, erzürnt zu sein; mit einigen Beilhieben stand er mitten im Zimmer; nachdem er mit der Axt die Tür eingeschlagen hatte, warf er diese Axt nach meiner Großmutter und zerschmetterte ihr den Schädel.

I.   2. Ich hörte draußen im Flur, wie drinnen im Zimmer schallendes Gelächter von Frauen erklang, das sich aber später als das Schallen der kräftigen Ohrfeigen entpuppte, die mein Vater dem Holzfäller versetzte.

II   Aber mein Vater hatte nicht damit gerechnet, daß der Holzfäller sich selber nicht mehr kennen würde, sondern blindlings zuschlagen würde, wo sich ihm die Gelegenheit bot, seine Zerstörungswut endlich auszulassen.

III   1. Als der Holzfäller nun den Vater an der Kehle packte und ihm im Handumdrehen den Hals brach, bestand die Gesellschaft aus einem Onkel väterlicherseits von mir, meiner Mutter, dazu der Geliebten meines Onkels, sowie aus meiner blödsinnigen Tante und meinem jüngsten Bruder, der immer lauthals schrie, so daß der Holzfäller mit der gleichen Axt, mit der er schon meine anderen Familienangehörigen ausgerottet hatte, auch meinen kleinen Bruder erschlug, während ich in die vor der Türe stehenden Stiefel des Holzfällers geschlüpft war und mit ihnen draußen im Hof herumtorkelte, wehmütig alle Dinge ins Auge faßte, die mein Zuhause bedeuteten und die ich jetzt wohl für längere Zeit nicht mehr sehen sollte.

III 2. Einige Zeit darauf schrak ich auf, denn der Holzfäller, der inzwischen Pferde, Schweine, eine trächtige Sau und die Hühner kaltblütig auf verschiedene Arten getötet hatte, stand plötzlich vor mir und schaute mich an.

Der Holzfäller, der an die Gestalt des eklen Pferdeknechtes in Franz Kafkas Erzählung "Ein Landarzt" erinnert, versinnbildlicht den Einbruch des Schrecklichen, Grausigen, Dämonischen in eine friedliche Familie; märchenhafte Elemente klingen an: ein Schrei lockt ihn aus dem Wald hervor, wo er sich gewöhnlich tagsüber unter seinesgleichen verborgen hält, wie man einander hinter vorgehaltenen Händen erzählt, wenn er nicht gerade am Waldrand, über dampfende Schüsseln gebeugt, seine fünf oder mehr Mahlzeiten verzehrt; die Eigenschaften eines Riesen, eines Menschenfressers, eines Unholdes kommen ihm zu; seine Augenbrauen sind mit Rauhreif bedeckt, gefrorener Rotz hängt ihm in den Nasenlöchern, die größer sind als bei anderen Werktätigen und sich wie Nüstern blähen, sein kräftiger Brustkorb hebt und senkt sich rasselnd; kurzum, er bietet das Bild eines klobigen Waldmenschen und mag so aussehen wie der alte Huhn in Gerhart Hauptmanns Glashüttenmärchen "Und Pippa tanzt". Warum dieser Unhold gerade in dieses Haus, in welchem in Anbetracht der bevorstehenden Festtage alle Familienmitglieder, wo auch das Leben sie immer hingestellt haben mochte, sich versammelt haben, einbricht, um seiner angestauten Zerstörungswut Raum zu geben, wird nicht gesagt; vielleicht, weil es "unglücklicherweise vom Waldrand aus die nächstgelegene Wohnstätte war"; ein Zufall also - oder ist es Schicksal - bestimmt das Ende einer Familie, die einem sinnlosen Geschehen anheimfällt. Denn das Geschehen ist sinnlos, ja absurd; ironisch meint der Ich-Erzähler, daß sein jüngster Bruder "noch zu klein war, um einen Sinn in den Vorgängen zu entdecken"; niemand kann einen solchen in der barbarischen Metzelei des Holzfällers entdecken, es sei denn, er stimme der Großmutter bei, die darum weiß, daß jeder "das allgemeine Leid der Welt erleben muß", das hier eine friedliche Familie in schrecklichster Form trifft.

Nachdem der Holzfäller in grausamer Weise alle Bewohner des Hauses erschlagen und auf sadistische Art alle Lebewesen im Stall und in der Scheune getötet hat, steht er plötzlich dem Ich-Erzähler, der sich außerhalb des Hauses befunden hatte, im Hof des bäuerlichen Anwesens gegenüber. In dem Ich-Erzähler, dem ältesten Sohn des von dem Holzfäller ermordeten Vaters, erblickt der Holzfäller ein ihm noch entgangenes Opfer; er hat alle Familienmitglieder umgebracht bis auf dieses, dem er "lautlos, noch dazu in Socken", gegenübertritt, weil der Ich-Erzähler selbst in die Stiefel des Holzfällers geschlüpft ist, die draußen vor der Türe standen. Er schaut ihn an: der Leser spürt das Unheimliche seines Blickes, spürt sein Zögern und Überlegen, vielleicht die eigene Überraschung des Holzfällers, noch ein Opfer zu treffen, spürt dies alles in dem auseinandergezogenen, hingehaltenen Satz, in dem durch eine Parenthese vom Prädikat getrennten Schlußwort "an": "stand plötzlich vor mir und schaute mich ... an." In dieses "an" ist die Schrecksekunde des Ich-

Erzählers gebannt, der nicht weiß, was nun mit ihm geschehen wird; ist aber zugleich auch die kurze Überlegung des Holzfällers gebannt, was er mit diesem Überlebenden tun soll; der Schluß bleibt offen.

Aufgelockert wird die grausige Geschichte durch eine hintergründige Ironie und einen grotesken Humor, die das Erzählte insoweit verfremden, daß es den eigentümlichen Schwebezustand einer Tragikomödie anzunehmen beginnt. Beispiele hierfür sind unter anderen folgende:

1. Der Holzfäller scheint über den Schrei, der ihn aus dem Wald lockt, erzürnt zu sein.

2. Das Einschlagen der Tür mit der Axt bezeichnet der Holzfäller als eine Art des Anklopfens.

3. Der Holzfäller zieht sich beim Betreten des Hauses die Stiefel aus, wozu ihn der vor der Tür stehende Stiefelknecht veranlaßt, den jeder Fremde auf Bitten des Familienvaters verwenden soll, weil gerade im ganzen Haus in Anbetracht der bevorstehenden Festtage die Böden gewaschen und frisch eingelassen worden waren.

4. Die Großmutter will als einzige den Neuankömmling willkommen heißen und die Gelegenheit nützen, endlich wieder einmal mit einem vernünftigen Menschen zu sprechen.

5. Der Vater verabreicht dem Holzfäller im ersten Schrecken nicht so sehr über den Tod als über das Aussehen der Großmutter (die der Holzfäller erschlagen hat) schallende Ohrfeigen.

6. In einem bewohnten Raum fällt dem Holzfäller das Zerstören leichter als draußen in der freien Natur.

7. Die Natur fordert zum Zerstören geradezu auf, zehrt aber so sehr an den Kräften der Holzfäller, daß sie diese gerade nur zum Überleben brauchen.

8. Weil der jüngste Bruder des Erzählers keinen Sinn in den Vorgängen entdecken kann, schreit er lauthals.

9. Die Tante ist blödsinig, weil sie als Kleinkind von der angetrunkenen Großmutter auf eine heiße Herdplatte gesetzt wurde, damit sie nicht durch ihr Krabbeln und Weinen das nächtliche Vergnügen ihrer Mutter mit deren damaligem Liebhaber stören sollte; die Großmutter rechtfertigt ihre Handlung dadurch, daß sie sagt, sie habe auf diese Weise es dem Kind erspart, das Leid der Welt bewußt zu erleben.

10. Obwohl der Ich-Erzähler eigentlich nicht weiß, was in der Wohnstube vor sich geht und nur mit halbem Ohr bemerkt, daß das Geplärre und Gelächter aufgehört hat, ist er sich dessen bewußt, daß er sein Zuhause nicht mehr wiedersehen wird.

Der Ich-Erzähler, der "als einziges Familienmitglied nicht dabei ist", als der Holzfäller seine ganze Familie tötet, sondern sich außerhalb des Hauses befindet und in den Stiefeln des Holzfällers im Hof herumtorkelt, berichtet nichtsdestoweniger genauestens über die Vorgänge in der Wohnstube - obwohl er nur Geräusche h ö r t -, als ob er sie selber miterleben würde, so daß ein Wechsel der Erzählperspektive vermieden wird. Wenn es allerdings zu Beginn der Kurzgeschichte heißt "Der Holzfäller, s o l e b e n d i g g e-s c h i l d e r t, daß ich ihn leibhaftig vor mir zu sehen glaubte" und "wie man hinter vorgehaltenen Händen erzählte", so wird offenbar, daß die Gestalt des Holzfällers schon immer die Gedanken der Bewohner des Hauses am Waldrand beschäftigt hat; es ist also nicht verwunderlich, daß der Ich-Erzähler miterlebt, was er selber nicht durch Augenschein wahrnehmen kann; erst am Schluß der Geschichte steht "plötzlich, nach dazu in Socken" (wieder eine ironisierende Verfremdung) der Holzfäller leibhaftig vor ihm, als auch seine Schicksalsstunde schlägt.

GÜNTER KUNERT: D E R H A I

In dem 1968 erschienen Bändchen "Die Beerdigung findet in aller Stille statt" ist die Erzählung mit dem doppelsinnigen Titel "Der Hai" enthalten, die in achtzehn Abschnitten schildert, wie ein Schiff, die "Golden Arrow", die Weizen in den Vorderen Orient bringen soll, unweit der nordamerikanischen Küste in einen Sturm gerät und untergeht; wie sich zwei ihrer fünfundzwanzig Mann Besatzung in einem Schlauchboot retten, die beide zufällig aus ein und derselben Kleinstadt Climax-City im amerikanischen Mittelwesten stammen; wie die Trauerfeier für beide in ihrer Heimatstadt unter Anteilnahme der gesamten Bevölkerung und keineswegs "in aller Stille" stattfindet, weil beide zunächst als verloren gelten; wie unter vielen anderen Kränzen zwei Kränze für sie niedergelegt werden, auf denen einmal "Meinem lieben Sohn" und einmal "Meinem Bräutigam" steht; wie aber dann plötzlich eines Tages der eine von ihnen, der "liebe Sohn" Mitchum Miller, Funker der "Golden Arrow", zurückkehrt, der "Bräutigam" Harry McGuire, Zweiter Steuermann der "Golden Arrow", verschollen bleibt; wie es heißt, es habe ein Kampf zwischen den beiden Männern in dem Schlauchboot stattgefunden, bevor McGuire im Wahnsinn über Bord ging und einem Hai zum Opfer fiel; wie der Verdacht, McGuire ins Wasser gestoßen zu haben, um sich selber zu retten, auf Mitchum Miller fällt, der nunmehr von seinen Mitbürgern beargwöhnt, verfemt, verstoßen wird, aber das Gegenteil nicht beweisen kann; wie schließlich allen Anfeindungen der Stadt zum Trotz Harry McGuires Braut, Fräulein Grace, und Mitchum Miller, der angebliche Mörder ihres Bräutigams, sich finden und ein Paar werden wollen; wie Grace nach vierzehntägigem Aufenthalt mit Mitchum in "wechselnden Weizennestern" immer sicherer weiß, daß es der Hai war, der ihren Bräutigam umgebracht hat und daß Mitchum Miller unschuldig ist; wie die Hochzeit nun stattfinden soll, aber der neue Bräutigam Mitchum Miller nicht erscheint, sondern, weil er die immer erneuten, nicht aussetzenden Verdächtigungen seiner Mitbürger weder entkräften noch ertragen kann, aus der Heimat flieht, in San Franzisko auf einem Schiff anheuert und wieder zur See geht.

Das Faszinierende an dieser handlungsstarken, spannenden Erzählung ist ihr Stil; eine angestrengte, **geballte Sprache voller Energie und starker Ausdruckskraft;** knappe Sätze, Stichworte, Zeichen, Metaphern, Andeutungen, neue, unverbrauchte Wendungen.

Auch Mitchum Miller kommt nicht durch. Er wird Opfer eines "systematischen Rufmords", er weicht dem Druck der moralisch allzu moralischen Gesellschaft, die von ihrer vorgefaßten Meinung nicht abläßt, die auf ihren Vorurteilen beharrt. Aus dieser Gesellschaft bricht Mitchum Miller aus, er geht den Weg in die Freiheit. "Die Sicht ist frei" - dieses Wort des Anfangs kehrt am Ende der Geschichte wieder, als Mitchum Miller das neue Schiff besteigt, den nagelneuen Seesack auf der Schulter, "der keine Falte über den sechs Dynamitstäben verzieht, über den Zündschnüren, die er in sich birgt, um zu vollziehen, was für vollzogen gilt."

SIEGFRIED LENZ: D E R G L E I C H G Ü L T I G E

Das Bemerkenswerte an Siegfried Lenz' Kurzgeschichte "Der Gleichgültige" (1961) ist, daß sie **in mehrfacher Hinsicht offen** bleibt und dadurch zu Vermutungen, zur Erörterung verschiedener Möglichkeiten der Deutung herausfordert.

"Der Finne kam am Monatsende", so beginnt die Kurzgeschichte. Er betritt die Wohnung eines Mannes, des Ich-Erzählers, desen Frau Elsa als Kellnerin in einer Eisdiele arbeitet, während dieser allein zu Hause und gerade im Begriff ist wegzugehen, um seine Frau von der Arbeit abzuholen. "Uns fehlt nur Geld", sagt der Mann dem vermeintlichen Gangster, "sonst nichts. Alles andere ist reichlich vorhanden." Der Finne jedoch sieht sich in der Wohnung um und erklärt schließlich, daß er die Küche mieten wolle: "Dies nur, nicht mehr." Die Antwort des Mannes, daß er in Abwesenheit seiner Frau nichts entscheiden könne, überspielt der Finne dadurch, daß der Mann sechzig Mark - drei grüne Zwanziger, sein gesamtes Geld - aufdrängt und sich, als dieser überrascht das Geld lose in die Manteltasche schiebt, danach erfreut als legitimer Mieter der Küche ansieht, zugleich aber erklärt, daß er nicht die Absicht habe, die sechzig Mark abzuwohnen, "vielleicht genüge der Rest des Nachmittags."

Der Mann, der das Gefühl hat, sich aus den Angelegenheiten des Finnen heraushalten zu müssen, verläßt seine Wohnung, um Elsa von der Eisdiele abzuholen. Mit ihr, der er den Vorfall mit dem Finnen berichtet, besucht er zunächst eine Konditorei-Ausstellung, dann ein Kino, obwohl Elsa voller Unruhe nach Hause drängt. Nach der Kinovorstellung verliert der Mann, als er sich in einem Tabaksladen Zigaretten kauft, seine Frau, die vorausgelaufen ist; er geht ohne Eile nach Hause; im Treppenhaus seines Hauses sieht er flüsternd und mit entsetzten Gesichtern die Nachbarn stehen, verspürt eine Gasgeruch vor seiner Wohnungstüre und weiß, bevor er die Wohnung betritt, daß man den Finnen bereits abgeholt hat.

Diese Story stellt an die kriminalistischen Fähigkeit des Lesers einige Anforderungen. daß der Finne in der fremden Küche Selbstmord begeht, steht wohl fest. Folgende Punkte deuten darauf hin:

1. Als der Finne die Wohnung betritt, hält er besonders in der Küche Umschau und betrachtet aufmerksam den Gasherd.

2. Er tritt an den Gasherd, dreht prüfend den Hahn auf, ohne ein Streichholz oder den Anzünder in die Hand zu nehmen, beugt dann seinen Oberkörper hinab in der Hoffnung, das zischende Geräusch zu hören, mit dem das Gas entweicht. Er deutet dem Wohnungsinhaber an, daß er den Gasherd ausgiebig benutzen werde.

3. Er übergibt dem Wohnungsinhaber sein gesamtes Geld.

4. Er sagt, daß er nicht daran denke, den Eheleuten die Küche für längere Zeit vorzuenthalten; "nur solange es dauere, wolle er dableiben; er habe nicht vor, die sechzig Mark abzuwohnen, vielleicht genüge der Rest des Nachmittags."

5. Bevor der Wohnungsinhaber die Wohnung verläßt, um seine Frau von der Eisdiele abzuholen, hört er, wie der Finne sich auf das Sofa fallen läßt, dessen Federung er schon vorher geprüft hatte, und seine Schuhe abstreift, die mit plumpsendem Laut auf den Boden fallen.

Schwieriger zu enträtseln ist das Verhältnis des Finnen zu Elsa; zweifelsohne besteht zwischen beiden eine Beziehung. Folgendes deutet darauf hin:

1. Elsas Unruhe, als ihr Mann sie von der Eisdiele, in der sie arbeitet, abholt. Sie lenkt instinktiv in die Richtung, in der ihre Wohnung liegt. Als ihr Mann sie fast gewaltsam zum Ausstellungsgelände führt, ist sie ratlos.

2. Nachdem ihr Mann ihr den Vorfall mit dem Finnen erzählt hat, fragt sie, als ob sie es wüßte: "Was macht er in unserer Küche? Benutzt er den Herd?"

3. Später sagt sie, als ob sie Näheres wüßte: "Ich möchte nach Hause. Wer weiß, was in unserer Küche passiert . . . Und wenn etwas passiert? Wenn er unsere Küche nur gemietet hat, um . . ." Sie seufzte . . .

4. Nach dem Kinobesuch löst sich Elsa von ihrem Mann und eilt schnellstens ihrer Wohnung zu.

5. Von Elsa ist nicht mehr zu entdecken.

Es ergeben sich folgende Fragen: Wie kommt der Finne dazu, gerade in diese Wohnung einzudringen, um in ihr durch Gastod seinem Leben ein Ende zu setzen? Kannte er Elsa von der Eisdiele her? Bestanden Beziehungen zwischen ihr und ihm? Wollte Elsa ihrem Mann, der nichts verdiente und kein Geld hatte, zu einer Einnahme verhelfen? Bekommt sie später Angst vor ihrer eigenen Entscheidung? Welches Motiv hatte der Finne für seinen Selbstmord? Warum ist von Elsa am Schluß der Geschichte nicht mehr die Rede? Warum betrachten die Hausbewohner den Ich-Erzähler mit "schweigender Verachtung"? Warum trägt die Geschichte den Titel "Der Gleichgültige"? Hier bieten sich mehrere Deutungs-möglichkeiten an, und es bleibt der Phantasie und Kombinationsgeschicklichkeit des Lesers überlassen, die zutreffenden Lösungen zu finden. Wir haben es hier mit einer echten Kurzgeschichte zu tun. So wie der erste Satz unmittelbar mitten in das Geschehen hineinführt, bleibt der Schluß absolut offen.

WOLF WONDRATSCHEK: O F F   L I M I T S

Wolf Wondratschek (geboren 1943 in Rudolstadt/Thüringen) schreibt Sätze. Die Sätze zeugen wieder andere Sätze. Es sind Vorsätze, Nachsätze, Hauptsätze, Nebensätze, ganze Sätze, halbe Sätze, richtige Sätze, falsche Sätze; vor allen Dingen zusammenhanglos aneinandergereihte Sätze: Wondratschek schreibt sie so nieder, wie sie ihm einfallen, und sie fallen ihm ein, so wie er sie niederschreibt; aber die Zusammenhanglosigkeit ist nicht zufällig, sie ist gewollt; **ein typisch aphoristischer Stil mit witziger Note.**

Wolf Wondratschek glaubt auch zu wissen, was ein Satz ist. Da liest man: "Der Satz ist eine Linie zwischen äußerer und innerer Welt . . . Jeder Satz hat eine ander Farbe . . . Einen Satz sagen . . . Einen Satz erzählen . . . Es gibt Sätze, die sich nicht mit einem Satz sagen lassen."

Aus dieser Tiefsinnigkeit heraus reiht Wondratschek seine Sätze aneinander - unter Verzicht auf logische Gedankenführung, auf Kohärenz und Konsequenz der Aussage. Sprach-Kapricen, Sprach-Kokettieren, Sprach-Kapriolen, "Gedankensprünge im Verpak-kungsmaterial" sind Trumpf; neben zahllosen Sprach-Entgleisungen stehen aber auch Sprach-Treffer, schnelle Gedankenblitze, pointierte Einfälle in Richtung Apercu, Aphorismus, Bonmot und Maxime freilich ohne den echten Esprit dieser klassischen Philosopheme.

"So wie der Autor mit Gedanken, Wahrnehmungen und der Sprache spielt, so bleibt es auch dem Leser unbenommen, Wondratscheks Reduktionen als zufällig, belanglos und unverbindlich anzusehen. Die objektiven, subjektiven und sozialen Konnotationen des Aufgeschriebenen bleiben unbenannt, um einen größtmöglichen Spielraum zu gewinnen, um sich nicht selbst wieder in einem Bezugssystem einzuengen.

Es liegt auf der Hand, daß solches Spielen ohne Regeln und ohne Inhalt nicht jedermanns Geschmack ist. Wenn auch der theoretische Ansatz der Systemzerstörung als Ausdruck höchster Freiheit und größter Bewußtheit durchaus löblich erscheint, so bleibt doch eine Frage: Was ist es denn nun eigentlich, was Wondratschek wahrnimmt und vermöge seiner eigenwilligen, aber auch esoterischen Technik darstellt? Sieht er eigentlich schärfer, als man es gemeinhin tut?"[61]

Einige in "Off Limits" enthaltene Sätze Wondratscheks, die zweifelsohne geeignet sind, den Leser zum Nachsinnen über sprachliche Bezüge anzuleiten, sind folgende:

"Gegen sechs Uhr früh zieht die Nutte ihren Schlußstrich."
"Filmschauspielerinnen sind nackt, wenn man genau hinschaut."
"Jeder möchte sich am eigenen Leib erfahren."
"Autofahrer wissen natürlich von nichts."
"Es ist streng verboten, daß sich ein diensttuender Polizist dumm stellt."
"Auch Aktentaschen machen einen Menschen nicht klüger."
"Katzen erfinden Mäuse."
"Ein nacktes Fotomodell ist keine nackte Frau."
"Dicke Männer haben auch im Gesicht einen Bauch."
"Frauen heißen Lilo und Monica. Sie kommen aus den umliegenden Dörfern, machen den Führerschein und gehen lange zum Frisör. Dann hoffen sie auf mehr."

Wondratscheks Texte wollen nicht etwas mitteilen, schon gar nicht einen kontinuierlichen Erzählinhalt vermitteln; Wondratscheks Sprache will sich im Wortspiel selber wie in einem Spiegel bespiegeln; das Wortspiel biegt die Sprache auf sich selber zurück.

3. DIE LYRIK VOR DER JAHRTAUSENDWENDE

DER TRADITIONSBRUCH DER POSTMODERNE AM ENDE DES 20. JAHRHUNDERTS

Gewiß kann die Lyrik von heute sich nicht uneingeschränkt der Thematik und Strukturformen von ehedem bedienen. Gewiß ist an die Stelle traditionellen Lyrikverständnisses eine neue lyrische Subjektivität getreten, die mit dem Autonomieprinzip der klassischen Lyrik gebrochen hat und neue Inhalte und Formen sucht. Aber ebensowenig wie die moderne Lyrik sich epigonal klassischer Thematik und Formensprache zuwenden wird, darf sie sich auch nicht allzusehr in artifiziell-artistische Spielerei, in übertriebene hermetische Dunkelheit und vollends nicht in leeres Strohdreschen und banalen "small talk" verlieren.

Das erschreckendste Kennzeichen vieler moderner Gedichte aber ist der absolute Mangel an Substanz. Mehr und mehr beginnt die Lyrik zu verflachen, bis sie schließlich nichts anderes darstellt als eine verkümmerte "Wortkunst", die durch serielle Aneinanderreihung einfachster Aussagessätze, durch auf Mittelachse gesetzte Wortreihen, durch nicht immer notwendigerweise, sondern oft aus Manie abgespaltene Satz- und Wortteile, ja einzelner Silben, durch eine jargonhaften "Parlando-Stil" charakterisiert ist.

Wer einen simplen Satz, der jedem Versandhaus-Katalog entnommen sein kann oder eine schlichte Tagebuchnotiz hinschreibt, hat noch lange kein Gedicht zustande gebracht. Zwei Beispiele: Peter Härtlings Notiz "Mit Szondi saß ich am 24. April im Schweizerhof. Jandl war dabei. Ich weiß nicht mehr, worüber wir redeten" wird in sieben Verszeilen auseinandergezogen und als Gedicht avisiert.

Eine Strophe in Hans Magnus Enzensbergers "Gedicht" lautet: "Die Krawatten werden neuerdings wieder etwas breiter getragen; das bewies mir eine Postwurfsendung aus 27580 zu Paderborn."

Dadurch, daß man Sätze zerhackt, durch Zeilenbruch trennt, einzelne Wörter oder Satzteile untereinander schreibt, in die Länge zieht und sie lose auf viel freies Papier verteilt, dazu noch Banalitäten und Obszönitäten darbietet, entsteht noch kein Gedicht. Allzu billig werden heute "moderne" Gedichte verbrochen, die nicht im entferntesten diesen Namen verdienen, geschweige denn es wert sind, publiziert zu werden.

Groß im Zerhacken von Wörtern und in der Sprachverstümmelung ist die Lyrikerin Sarah Kirsch. Da heißt es z. B.: "Was sieht er / fürn Nordlicht sondergleichen Lawinen / Rolln ihm übern Fuß" (Rückwind, 1977). Oder "Schon nachm zweiten Mond hier / kalte Schauer." - "Die Schwestern Brontë fahrn auf dem Fluß." - "Mühlsteine Schleifsteine aufgerissene Schern." - "Sonst bringt er nicht maln Pfifferling vor . . ." (Landwege, 1985). "In Malmö singen die Nachti / Gallen sich die Seele aussem Leib." (Erlkönigs Tochter, 1992).

So fragt mit Recht ein Leser der Würzburger "Deutschen Tagespost" (März 1994):

"Ob mir wohl / je ein / / kluger Mensch be / gegnen wird der / mir erklären / kann warum die / Zeilen so will / kürlich abgehackt / werden / müssen und die Satz / zeichen überflüssig / sind?"

Und Peter Wapnewski fragt in seinem Essay "Gedichte sind genaue Form" (1979): "Ist die Grenze zwischen Lyrik und Prosa beliebig, die Aussage der Form, elementare Substanz der Lyrik, hinfällig geworden? Sind Prosa und Lyrik herstellbar geworden durch den Setzer, sind sie lediglich Resultat so oder so umbrochener Zeilen? Ist das Gedicht nur eine Alibiform für den, der nichts zu sagen hat, der nicht den Mut hat, das zu Sagende einer einfältig scheinenden Prosaform anzuvertrauen?"[62]

Hierzu drei Beispiele postmoderner Lyrik, die ihre "Tiefsinnigkeit" beweisen:

Hannelies Taschau: Verlangt

Verlangt
nichts von mir
Stört mich nicht
Unterbrecht mich nicht
Besänftigt mich nicht
Verlangt nicht daß
ich antworte

Ludwig Steinherr: Der Apfel

"Du kannst ihn / betrachten / und in die Hand /
nehmen / umfassen betasten / Du kannst /
ihn abzeichnen / oder zusehen wie er / ver-
fault / Du kannst ihn / mit einem Messer /
zerteilen / ihn essen / und weißt nichts . . ."

Robert Gernhardt: In Matua (1., 3. und 6. Strophe)

Du siehst diese scharfe Frau,
sie geht über diesen Platz.
Du denkst, wie scharf die im Bett sein muß,
bei dem Gang.

Man hat dir erzählt, scharfe Fraun
sein im Bett schlicht katastrophal.
Du hast ihnen stets nur zu gern geglaubt,
diesen Stimmen.

Du hast das ja immer geahnt.
Nur schreckte dich die Gesellschaft
dieser schlichten Typen, die sich einfach das nehmen,
was du gern hättest.

So ist es verständlich, wenn Hugo Friedrich in seinem bekannten Buch "Die Struktur der modernen Lyrik" diese nur mit negativen Kategorien beschreibt: Deformation, Abnormität, Desorientierung, Dissonanz, Inkohärenz, Irrealität, Diskontinuität. Dazu kommen noch Banalität, Obszönität und ein totaler Substanz- und Formverlust.

Hiltrud Gnüg stellt hierzu fest:

"Schon ein flüchtiger Vergleich gegenwärtiger Lyrik mit Goetheschen oder romantischen Gedichten zeigt augenfällig, daß der Bruch mit einer poetischen Kunstsprache offenkundig ist. Die gegenwärtige Lyrik verzichtet auf all die poetischen Mittel, die unser Vorverständnis von Lyrik prägen. Zeilenbrechung scheint da noch das einzige Merkmal zu sein, das Lyrik von Prosa unterscheidet. Offenbar knüpfen die Lyriker, die Lyrikerinnen nicht an eine ästhetische Phase an, in der sich Lyrik als Ausdruck der Subjektivität herausbildete."[63]

In seiner Einleitung zu dem Band "Gegenwart" der Reihe "Gedichte und Interpretationen" schreibt Walter Hinck:

"Keine wirkliche Zukunft hat, wie mir scheint, die Bescheidung auf das banale Alltagssujet und das völlige Aufgehen der poetischen in der Umgangs- oder Prosasprache. Gegen die Beliebigkeit der Themen und der lyrischen Mittel gelten zwei Argumente: ihren Abdruck in der Lyrik findet ein Subjekt in einer geschichtlichen Situation, und 'Gedichte sind genaue Form' (Peter Wapnewski)."[64]

So meint auch Werner Weber in seinem "Tagebuch eines Lesers":

"Ich sehe die Tage kommen, da Gereimtes wieder in Mode sein wird, als hätte es Gereimtes vordem nie gegeben. Denn daß diese Zeit, die moderne Zeit, oder einfach: daß wir selbst nur in mehr oder weniger organisierten Wortzufällen dargestellt und verständlich gemacht werden können, ist eine Behauptung, an die nur das Schreiberchen glaubt. Es ist nicht reaktionär, heutigentags ein Gedicht in Strophen und mit Reimen zu schreiben; aber es ist schwer, es glaubhaft zu schreiben."[65]

Glaubhaft schreiben kann es Werner Söllner, der 1988 und 1992 mit den Gedichtbänden "Kopfland. Passagen" und "Der Schlaf des Trommlers" debütierte, und von dem die FAZ in der "Frankfurter Anthologie" konstatierte: "Werner Söllner ist auf dem Weg, ein bedeutender Dichter zu werden." Daß er der strengen Form des Sonetts sich zugewandt hat und im unverkennbaren Rilke-Ton dichtet, veranlaßt die FAZ zu folgender Feststellung: "Was zeichnet Söllners Verse aus? Vor allem eine mühelos erscheinende, in Wahrheit streng erarbeitete Balance aus Ursprünglichkeit und Überlieferung."

Es gibt es also noch, auch in der postmodernen Lyrik, das Verantwortungsgefühl gegenüber der Substanz und der Form, ohne die kein Gedicht ein Gedicht sein kann.

Vom schicksalhaften Einanderverfallensein zweier Liebender handelt Werner Söllners Gedicht: Die Welt versinkt um sie, sie haben nur noch sich, die Zeit gilt ihnen nichts: "Allein zu zweit, / sind sie in Einen. Was hat die Endlichkeit / zu tun mit ihrer Zeit?

WERNER SÖLLNER: L I E B E N D E

Sie wollen nichts als sein. Nicht mehr. Das Dach
ist ihnen Dach, die Last noch Lust. Noch ganz
die Silbe Wort, geteilt. Ein naher Glanz
macht sie für uns zu Fremden. Sie sind wach

und schlafen ruhig. Sie leben einen Traum,
als gäbe es fürs Leben keine Frist,
als wäre tot, was nur vergangen ist.
Sie tragen nichts; nur jenen einen Raum,

in dem der andre trägt. Allein zu zweit,
sind sie im Einen. Was hat die Endlichkeit
zu tun mit ihrer Zeit? Und welche Welt

ist so in ihrem Sein wie jener Schlaf,
der jedem sagt, was je den andern traf?
Sie liegen nah, sind ganz auf sich gestellt.

Von der Beziehung zweier Menschen handelt auch Ulla Hahns Gedicht "Mit Haut und Haar". Zunächst Souveränität der Frau, dann Unterwürfigkeit und Hingabe bis zur Selbstentfremdung und Selbstaufgabe. Das Wort "Liebe" kommt in dem Gedicht nicht vor, weil es nicht Liebe ist, welche die Suchende und die "mit Haut und Haar" sich Hingebende dem ihre Körperlichkeit Genießenden und dann sie Verstoßenden ("da spucktest du mich aus . . .") zueinander getrieben hat.

Nicht Liebe also, sondern Begierde und Verachtung der Begierde ist das Thema dieses Gedichts, dem Ulla Hahn gleichfalls die Form eines Sonetts, der Shakespeareschen Form, bestehend aus drei Quartetten und zwei Schlußzeilen, gegeben hat.

ULLA HAHN: MIT HAUT UND HAAR

Ich zog dich aus der Senke deiner Jahre
und tauchte dich in meinen Sommer ein
ich leckte dir die Hand und Haut und Haare
und schwor dir ewig mein und dein zu sein.

176

Du wendetest mich um. Du branntest mir dein Zeichen
mit sanftem Feuer in das dünne Fell.
Da ließ ich von mir ab. Und schnell
begann ich vor mir selbst zurückzuweichen

und meinem Schwur. Anfangs blieb noch Erinnern
ein schöner Überrest der nach mir rief.
Da aber war ich schon in deinem Innern
vor mir verborgen. Du verbargst mich tief.

Bis ich ganz in dir aufgegangen war:
da spucktest du mich aus mit Haut und Haar.

Nichts zeigt deutlicher die Situation des schöpferischen Menschen als ein Vergleich des Prometheus-Gedichtes Goethes aus dem Jahre 1774 und des Prometheus-Gedichts Hans-Ulrich Treichels aus dem Jahre 1986. Zweihundertzwölf Jahre liegen zwischen den beiden Darstellungen jenes Titanensohnes, der Menschen aus Ton formte, sie beseelte, ihnen das vom Göttervater Zeus vorenthaltene Feuer vom Himmel holte, das sie zu ihrem Nutzen verwenden sollten, und der zur Strafe dafür an eine Felswand des Kaukasus geschmiedet wurde. Für Goethe war er das mythische Symbol gesteigerten Schöpfertums, ein Genius, der um seiner Lieblinge, der Menschen willen, sich in unbändigem Trotz und stolzer Selbstgewißheit, im Bewußtsein seiner eigenen Stärke und Kraft gegen Zeus behauptet.

Hans-Ulrich Treichels Prometheus ist dagegen nur noch ein kritischer und passiver Betrachter der menschlichen Szene, die er distanziert und angewidert aus der Ferne wahrnimmt. Die Menschen sind nicht mehr seine Lieblinge: er beobachtet das Blutrot der irdischen Landschaften, in denen unwürdige Geschäfte abgewickelt werden, aus denen ihm ein übler Dunst entgegenschlägt, in denen Unruhen und Kriege toben. Was Prometheus ursprünglich wollte, den Menschen Hilfe und Erleichterung bringen, ist in Gewalttätigkeit und Barbarei umgeschlagen.

Das Feuer, das er ihnen brachte, ist zum Weltenfeuer, zum Weltenbrand, zur atomaren Bedrohung der Menschheit geworden. Die Menschen sind seines himmlischen Geschenkes nicht wert, sie zerstören durch Materialismus Habgier, Streitsucht, Zwietracht und Hybris ihre Welt und sich selber. So zieht sich der ursprüngliche Wohltäter der Menschheit von der entarteten menschlichen Gesellschaft zurück: "Fern von euch / bin ich frei von euch."

Es liegt nahe, seine Verzweiflung und den "immerwährenden Schmerz" auf die postmoderne Dichtung, ihre Dekadenz und Selbstauflösung zu beziehen. Nur fern von dieser Dekadenz, von der sich das lyrische Ich in Hans-Ulrich Treichels Gedicht abwendet, kann man noch frei sein, kann man noch sich selbst gehören und auf die "Unsterblichkeit" echter Poesie vertrauen.

HANS-ULRICH TREICHEL: P R O M E T H E U S

Von weit her
schaue ich hinab auf eure
blutroten Landschaften.

Was kümmern mich
eure Geschäfte; der dunkle Atem,
der aus euren Städten schlägt. Was kümmert
mich das ewige Kriegsgeschrei.

Fern von euch
bin ich frei von euch.

Gebunden an die einzige meiner
Gewohnheiten: den immerwährenden Schmerz.
Gebunden an das einzige meiner Laster:
die Unsterblichkeit.

QUELLEN DER ZITIERTEN POSTMODERNEN GEDICHTE

Hannelies Taschau, Gefährdung der Leidenschaft, 1984
Ludwig Steinherr, Vor der Erfindung des Paradieses, 1993
Robert Gernhardt, Frankfurter Allg. Ztg. 2.7.1994
Werner Söllner, Kopfland. Passagen, 1988
Ulla Hahn, Herz über Kopf, 1989
Hans-Ulrich Treichel, Liebe Not, 1986

Anhang

2.1 Verzeichnis der zitierten Literatur

1) Gottfried Benn, Probleme der Lyrik, Marburger Rede, Wiesbaden 1951

2) Rudolf Ibel, Gestalt und Wirklichkeit des Gedichts, Düsseldorf 1954

3) Erich Hock, Motivgleiche Gedichte, Bamberg 1959

4) Soergel-Hohoff, Dichtung und Dichter der Zeit, I. Band, Düsseldorf 1961

5) Johannes Pfeiffer, Was haben wir an einem Gedicht?, Hamburg 1955

6) Rahn-Pfleiderer, Deutsche Spracherziehung, Band VII/1, Stuttgart o. J.

7) Wolfgang Kayser, Kleine deutsche Versschule, Bern 1946

8) Johannes Pfeiffer, Über das Dichterische, Hamburg 1946

9) Thomas Mann, Gerhart Hauptmann, der Freund, Gedenkrede zum 90. Geburtstag, 1952

10) Heinz Ischreydt, Welt der Literatur, Gütersloh 1962

11) Arno Holz, Die Revolution der Lyrik, Berlin 1889

12) Johannes Pfeiffer, Was haben wir an einem Gedicht?, Hamburg 1955

13) Rudolf Ibel, Gestalt und Wirklichkeit des Gedichts, Düsseldorf 1954

14) Hans Leyser, Das Sprachbild in neuerer Dichtung, Frankfurter Allgemeine Zeitung, 12.8.1961

15) Hans Bender, Mein Gedicht ist mein Messer, Heidelberg 1955

16) Hugo Friedrich, Die Struktur der modernen Lyrik, Hamburg 1956

17) Gottfried Benn, Probleme der Lyrik, Marburger Rede, Wiesbaden 1951

18) Friedrich G. Hoffmann, Kleiner Kurs in moderner Lyrik, in: Die Pädagogische Provinz, Frankfurt 1957

19) Manfred Delling, Moderne Lyrik - schwerverständlich?, Die Welt, 20.3.1959

20) Freiburger Studenzeitung, Juni 1962

21) Dietrich Segebrecht, Lyrik: Szenarium für Phantasie, Leserzeitschrift Reutlingen 1963/1

22) Hans Gottschalk, Das Mythische in der Dichtung Hölderlins, Stuttgart 1943

23) ebenda

24) Fritz Strich, Der Dichter und die Zeit, Bern 1947

25) Karl Brinkmann, Die deutsche Romantik, Hollfeld/Obfr. o. J.

26) Franz Stuckert, Theodor Storm, Bremen 1955

27) ebenda

28) Katharina Kippenberg, Rainer Maria Rilkes Duineser Elegien und Sonette an Orpheus, Wiesbaden 1947

29) Paul Wanner, Das neue deutsche Gedicht im Unterricht der Oberstufe, Der Deutschunterricht, Stuttgart 1953/3

30) Clemens Heselhaus, Deutsche Lyrik der Moderne, Düsseldorf 1962

31) Walter Jens, Nüchternheit und Präzision im Hymnos, Die Zeit, 12.5. 1959

32) Paul Wanner, Das neue deutsche Gedicht im Unterricht der Oberstufe, Der Deutschunterricht, Stuttgart 1953/3

33) Clemens Heselhaus, Deutsche Lyrik der Moderne, Düsseldorf 1962

34) Karl Brinkmann, Die deutsche Romantik, Hollfeld/Obfr. o. J.

35) Romano Guardini, Gegenwart und Geheimnis, eine Auslegung von fünf Gedichten Eduard Mörikes Würzburg 1957

36) Johannes Pfeiffer, Wege zur Dichtung, Hamburg 1960

37) Heinz Ischreydt, Welt der Literatur, Gütersloh 1962

38) Hermann Pongs, Kleines Lexikon der Weltliteratur, Stuttgart 1956

39) Dieter Lattmann, Erzählungen sind wieder gefragt, Unsere Bücher, Informationsheft der Neunzehn, München 1962/2

40) Wilhelm Helmrich, Wege zur Prosadichtung des 20. Jahrhunderts, Braunschweig 1960

41) Robert Ulshöfer, Unterrichtliche Probleme bei der Arbeit mit der Kurzgeschichte, Der Deutschunterricht, Stuttgart 1958/6

42) Helmut Motekat, Gedanken zur Kurzgeschichte, Der Deutschunterricht, Stuttgart 1957/1

43) Benno von Wiese, Einleitung zu "Deutschland erzählt", Fischer Bücherei, Bd. 500

44) Paul Dormagen, Nachwort zu Moderne Erzähler X, Paderborn 1959

45) Edgar Neis, Wilhelm Schäfer, Der Cellosspieler, Der Deutschunterricht, Stuttgart 1958/6

46) Benno von Wiese, Einleitung zu "Deutschland erzählt", Fischer-Bücherei, Bd. 500

47) Hugo Friedrich, Die Struktur der modernen Lyrik, Hamburg 1956

48) ebenda

49) Gerhard Fricke/Volker Klotz, Geschichte der deutschen Dichtung, Hamburg 1962

50) Peter Paul Schwarz, Freund mit der leisen Rede - Zur Lyrik Johannes Bobrowskis, Der Deutschunterricht, Stuttgart 1966/2

51) Hans-Peter Klausenitzer, Wenn das Schilfrohr denkt, Die Welt, 9.11.1972

52) Otto Knörrich, Die deutsche Lyrik der Gegenwart, Suttgart 1971

53) Kurt Leonhard, Silbe, Bild und Wirklichkeit, Eßlingen 1957

54) Peter Jokostra, Hoffnung auf nur eine Taube, Die Welt, 11.1.1973

55) Otto Knörrich, Die deutsche Lyrik der Gegenwart, Stuttgart 1971

56) Marcel Reich-Ranicki, Deutsche Literatur in Ost und West, Hamburg 1973

57) Kurt Leonhard, Silbe, Bild und Wirklichkeit, Eßlingen 1957

58) ebenda

59) Heinz Piontek, Was kommt nach der Moderne?, Die Welt, 5.7.1972

60) Ruth J. Kilchenmann, Die Kurzgeschichte, Formen und Entwicklung, Stuttgart 1971

61) Walburga Feiden, Geschichten ohne Identität, Publik, 25.9.1970

62) Peter Wapnewski, Gedichte sind genaue Form, In: P. W., Zumutungen, Düsseldorf 1979

63) Hiltrud Gnüg, Entstehung und Krise lyrischer Subjektivität, Stuttgart 1983

64) Walter Hinck, Gedichte und Interpretationen Bd. 6, Stuttgart 1982

65) Werner Weber, Tagebuch eines Lesers, München 1969

WEITERE WICHTIGE METHODISCHE WERKE:

I. Zur Interpretation von Lyrik

Emil Staiger, Die Kunst der Interpretation, Zürich 1957

Walther Killy,Wandlungen des lyrischen Bildes, Göttigen 1957

Wilhelm Schneider, Liebe zum deutschen Gedicht, Freiburg 1952

Hirschenauer-Weber, Wege zum Gedicht, München u. Zürich 1956 (mit ausführlicher Bibliographie)

Benno von Wiese, Die deutsche Lyrik, 2 Bde., Düsseldorf 1956

Interpretationen Deutscher Lyrik, Fachgruppe Bayr. Philologenverband, Frankfurt a. M. 1954

Rudolf Nikolaus Maier, Das Gedicht, Düsseldorf 1956

Rudolf Nikolaus Maier, Das moderne Gedicht, Düsseldorf 1959

Johannes Klein, Geschichte der deutschen Lyrik, Wiesbaden 1957

Walter Höllerer, Deutsche Lyrik 1900 bis 1950, Versuch einer Überschau und Forschungsbericht in: Der Deutschunterricht, Stuttgart 1953/4

Manfred Seidler, Moderne Lyrik im Deutschunterricht, Frankfurt am Main, 1965

Otto Knörrich, Die deutsche Lyrik der Gegenwart, Stuttgart 1971 (mit ausführlicher Bibliogaphie)

Hartmut Müller, Formen moderner deutscher Lyrik, Paderborn 1970

Wolfgang Koplin Beispiele, Deutsche Lyrik 1960-1970, Paderborn 1969

Walther Killy, Elemente der Lyrik, München 1972

Hilde Domin, Doppelinterpretationen, Frankfurt a. M., 1966

Hilde Domin, Wozu Lyrik heute?, München 1972

Interpretationen motivgleicher Gedichte in Themengruppen, Band I-X, C. Bange Verlag, Hollfeld

II. Zur Interpretation von Kurzgeschichten und Kurzformen der Prosadichtung

Klaus Doderer, Die Kurzgeschichte in Deutschland, ihre Form und ihre Entwicklung, Wiesbaden 1953

Siegfried Unseld, An diesem Dienstag, Unvorgreifliche Gedanken über die Kurzgeschichte, Akzente 1955/2

Wolfgang Kayser, Das sprachliche Kunstwerk, Bern 1956

Fritz Martini, Das Wagnis der Sprache, Interpretationen deutscher Prosa von Nietzsche bis Benn, Stuttgart 1958

Eberhard Lämmert, Bauformen des Erzählens, Stuttgart 1955

Edgar Neis, Erlebnis und Gestalt, Interpretationen motivgleicher Prosatexte, Frankfurt a. M. 1970

Interpretationen moderner Prosa, Fachgruppe Bayerischer Philologenverband, Frankfurt a. M. 1955

Interpretationen moderner Kurzgeschichten, Fachgruppe Bayerischer Philologenverband, Frankfurt a. M. 1956

Werner Zimmermann, Deutsche Prosadichtungen der Gegenwart I-III, Düsseldorf 1952-1960

Ruth J. Kilchenmann, Die Kurzgeschichte, Formen und Entwicklung, Stuttgart 1971 (mit ausführlicher Bibliographie)

Ludwig Rohner, Schluß mit der Kurzgeschichte?, Neue Zürcher Zeitung, 10.10.1971

Edgar Neis, Struktur und Thematik der traditionellen und modernen Erzählkunst, Paderborn 1972

Interpretationen zeitgenössischer deutscher Kurzgeschichten, Band I-X, C. Bange Verlag, Hollfeld

KOMMENTIERTE AUSWAHLBIBLIOGRAPHIE

(nach Erscheinungsjahren geordnet)

I. Zur Geschichte der deutschen Lyrik

Emil Ermatinger, Die deutsche Lyrik, Geschichtliche Entwicklung von Herder bis zur Gegenwart, Leipzig 1921

Rudolf Heller, Geschichte der deutschen Lyrik vom Ausgang des Mittelalters bis zu Goethes Tod, Bern 1967

Walter Moench, Das Sonett, Gestalt und Geschichte, Heidelberg 1955

Bedeutende Neuerscheinungen zur Geschichte der deutschen Lyrik sind:

Klaus Weissenberger (Hg.), Die deutsche Lyrik 1945-1975. Zwischen Botschaft und Spiel. Düsseldorf 1981. Das Buch enthält eine Übersicht über die Entwicklung der deutschen Lyrik seit 1945.

Überschriften der Kapitel: Verfremdete Bilder - Chiffren der Gegenwart - Weiterführung der hermetischen Tradition - Aspekte des Formalismus - Formen des Engagements - Neue Perspektiven.

Walter Hinderer (Hg.), Geschichte der deutschen Lyrik vom Mittelalter bis zur Gegenwart, Stuttgart (Reclam) 1983.

Diese umfangreiche Geschichte der deutschen Lyrik analysiert das historische sich wandelnde Lyrikverständnis der einzelnen Epochen und legt die differenzierte Entwicklung der deutschen Lyrik an konkreten Beispielen dar.

Helmut G. Hermann hat den Band durch eine reichhaltige Bibliographie und Aufzählung zusätzlicher Spezialliteratur ergänzt.

Gerhard Kaiser, Geschichte der deutschen Lyrik. Von Goethe bis zur Gegenwart. Suhrkamp Taschenbuch. Frankfurt a. M. 1988

II. Interpretationshilfen

Vilma Moenckeberg, Der Klangleib der Dichtung, Heidelberg 1946

Kurt Berger, Das schöpferische Erleben des lyrischen Dichters in der Nachfolge Goethes, Marburg 1951

Julius Wiegand, Abriß der lyrischen Technik, Fulda 1951

Robert Boehringer, Das Leben von Gedichten, Kiel 1955

Max Kommerell, Gedanken über Gedichte, Frankfurt a. M. 1956
(Eine tiefgründige, gedankenreiche Arbeit über Probleme der Lyrik)

Wilhelm Lehmann, Kunst des Gedichts, Frankfurt a. M. 1961

Hans Magnus Enzensberger, Die Entstehung eines Gedichts, Frankfurt a. M. 1962

Karl Krolow, Aspekte zeitgenössischer deutscher Lyrik, Gütersloh 1963
(Klappentext: "Dieses Buch über moderne und modernste Lyrik soll nicht zur Entspannung dienen, sondern zur Erregung von Ärgernis. Darüber hinaus zur Anregung, den literarischen Gänsemärschen der Lyrikproduktion als Selbstüberschätzung einiger Wortbörsenmakler und Lyrizisten zu verstehen.")

Hannah Marks, Moderne Dichtung verstehen, München 1966
(Das Buch geht auch auf Probleme der Technik und Wesensart der modernen Lyrik, vorwiegend aber auf die der modernen Prosadichtung ein.)

Herbert Lehnert, Struktur und Sprachmagie. Zur Methode der Interpretation. Stuttgart 1966

Interpretationen expressionistischer Lyrik (von einem Arbeitskreis), München 1971

Valentin Merkelbach, Kontroverse Interpretationen Brechtscher Lyrik, Frankfurt a. M. (Das Buch enthält Interpretationen verschiedener Autoren, die einander kontrovers gegenübergestellt werden).

Bernhard Asmuth, Aspekte der Lyrik, Düsseldorf 1972

Ludwig Büettner, Von Benn zu Enzensberger. Einführung in die zeitgenössische Lyrik, Nürnberg 1972

Michael Hamburger, Die Dialektik der modernen Lyrik, List Wissenschaft 31443

Wilhelm Höck, Formen heutiger Lyrik - Verse am Rand des Verstummens, List Taschenbuch 20342

Jürgen Theobaldy - Gustav Zürcher, Veränderung der Lyrik, über westdeutsche Gedichte seit 1965, München 1977

Marianne Schmitz, Verständigung durch Lyrik, Paderborn 1977

Manfred Hermann, Gedichte interpretieren. Modelle, Anregungen, Aufgaben. Paderborn 1979. Am Beispiel neuerer und neuester deutscher Lyrik von Brecht bis Lettau führt Herrmann in Methoden und Verfahren argumentativer Interpretation ein.

Paul Konrad Kurz, Über moderne Literatur VI. Zur Literatur der späten siebziger Jahre. Frankfurt 1979. Darin u. a. die Abschnitte:
1. Gedichte sind erlaubt. Zur Situation der Lyrik.
2. Klassiker der Gegenwartslyrik.
3. Lyrik-Anthologien der 70er Jahre: Neue Subjektivität.

Rüdiger Wagner, Deutsche Lyrik in Beispielen. München 1981 Einführung: Was heißt überhaupt Lyrik? - Ist Lyrik heute noch möglich? - Welche Bedeutung hat Lyrik heute? - Was heißt interpretieren? - Anleitung zum Interpretieren - Vier Methoden der Gedichtinterpretation.
Darstellung von epochentypischer Lyrik in Beispielen. Gedichtvergleiche: Motivähnliche Gedichte. Wege moderner Lyrik.
Theoretische Texte und aufschließende Fragen zu den Gedichten eröffnen den Zugang zu Phänomenen des Lyrischen, Gedichte unterschiedlicher Stilart und Assagetechnik werden zugänglich.

Peter Beckes, Deutsche Gegenwartslyrik. Interpretationen. München 1982
Fünfzehn Interpretationen von Gedichten von Biermann bis Zahl.

Gerhard Köpf (Hg.), Neun Kapitel Lyrik. Paderborn 1983
Im Gegensatz zu den üblichen Interpretationsbänden, die Lyrik in Einzelanalysen oder historischen Reihen vorstellen, führt dieser Band lyrische Genres vor, und zwar vorwiegend zeitgenössischer Poesie.
Der Inhalt:
1. B. Asmuth: Das gedankliche Gedicht - 2. W. Gebhard: Naturlyrik - 3. U. Eisenbeiß: Zeitgenössische Liebeslyrik - 4. H. Kaiser: Politisch-historische Lyrik - 5. K. Franz: Kinderlyrik - 6. L. M. Eichinger: Mundartlyrik - 7. G. Rückert: Experimentelle Lyrik - Konkrete Poesie - 8. W. Jost: Bildgedichte-Gedichte auf Bilder - 9. G. Köpf: Über Lyrik und Didaktik.

Adelheid Petruschke, Lyrik von der Klassik bis zur Moderne. Stundenblätter. Stuttgart 1985

Annemarie und Wolfgang van Rinsum, Interpretationen Lyrik. München 1985
Eine Sammlung verschiedener Lyrikinterpretationen.

Dietrich Steinbach, Gedichte in ihrer Epoche. Stuttgar 1985.
Die Beiträge verbinden eine Interpretation epochentypischer Texte unter epochener-hellenden Aspekten: Lyrik vom Barock bis nach 1945.

Eberhard Hermes, Abiturwissen Lyrik. Stuttgart 1986
Das Buch stellt entscheidende Strukturelemente vor: Was ist Lyrik? - Das lyrische Ich - Probleme der Form - Das Gedicht als Bedeutungsgefüge - Verse und Prosa - Versmaße, Reimarten, Strophenformen - Poetische Stilmittel - Inhalte der Lyrik - Bildlichkeit - Gattungen - Epochen.

Edgar Neis, Struktur und Thematik der klassischen und der modernen Lyrik. Paderborn 1986
Ein Verständnis der Struktur und Thematik klassischer und moderner Lyrik wird am sinnfälligsten durch Konfrontationen motivgleicher oder motivähnlicher, die jeweilige klassische oder moderne Aussageweise repräsentierender Gedichte ermöglicht. Sie verdeutlichen, was den zeitlich unterschiedlichen Gestaltungen gemeinsam ist und was sie voneinander trennt.

Daher geht diese Darstellung der Struktur und Thematik der klassischen und der modernen Lyrik nicht von allgemeinen entwicklungsgeschichtlichen, gattungsbe-schreibenden, begriffbestimmenden Definitionen und Erörterungen aus, sondern ganz konkret - auch um der praktischen unterrichtlichen Verwertbarkeit willen - vom dichterischen Wort selber, vom Gedichttext aus, so wie er dem unvoreingenommenen und von literaturhistorischer Problematik unbelasteten Leser entgegentritt.

Bernhard Sorg, Das lyrische Ich, Untersuchungen zu deutschen Gedichten von Gryphius bis Benn. Tübingen 1984

Ludwig Völker, Theorie der Lyrik, Stuttgart 1986. Äußerungen klassischer und moderner Dichter über Probleme der Lyrik.

Hans-Dieter Gelfert, Wie interpretiert man ein Gedicht? Stuttgart 1990. Sinn und Metho-den der Interpretation.

Wilfried Freund, Deutsche Lyrik, München 1990, Interpretationen vom Barock bis zur Gegenwart.

III. Individuelle Stellungnahmen

Hans Bender (Hg.), Mein Gedicht ist mein Messer. Lyriker zu ihren Gedichten, Heidelberg 1955

Dieter E. Zimmer, Mein Gedicht, Persönliche Begegnungen mit deutscher Lyrik, Wiesba-den 1961

Hilde Domin, Doppelinterpretationen. Das zeitgenössische Gedicht zwischen Autor und Leser, Frankfurt a. M. 1967

Frankfurter Anthologie (Gedichtinterpretationen durch bekannte Persönlichkeiten), z. Z. laufend in der Beilage "Bilder und Zeiten" der Frankfurter Allgemeinen Zeitung.

IV. Anthologien mit Hinweisen und Interpretationen

Jörg Hienger/Rudolf Knauf, Deutsche Gedichte von Andreas Gryphius bis Ingeborg Bachmann. Anthologie mit Interpretationen. Göttingen 1969

Walter R. Fuchs, Lyrik unserer Jahrhundertmitte, ausgewählt und interpretiert, München 1965

Fritz Pratz (Hg.), Deutsche Gedichte von 1900 bis zur Gegenwart, Fischer Taschenbuch 1115, Frankfurt a. M. 1971

Interpretationen motivgleicher Gedichte in Themengruppen
mit den vollständigen Gedichttexten, C. Bange Verlag, 96142 Hollfeld
Band 1: Der Mond in der deutschen Lyrik
Band 2: Politisch-soziale Zeitgedichte
Band 3: Der Krieg im deutschen Gedicht
Band 4: Die Liebe im deutschen Gedicht
Band 5: Der Tod im deutschen Gedicht
Band 6: Die Jahreszeiten im deutschen Gedicht
Band 7: Deutsche politische Gedichte
Band 8: Die Welt der Arbeit im deutschen Gedicht
Band 9: Deutsche Tiergedichte
Band 10: Städte und Landschaften im deutschen Gedicht

Wolfgang Weyrauch (Hg.), Neue Expeditionen, Deutsche Lyrik von 1960-1975, München 1975

Walther Killy (Hg.), Epochen der deutschen Lyrik, Bd. 1-10, Deutscher Taschenbuchverlag, München o. J.
(Diese auf zehn Bände angelegte umfangreiche Sammlung deutscher Lyrik vom Mittelalter bis zur Gegenwart präsentiert die ganze Breite der jeweils zeitgenössischen Produktion. Die Gedichte werden in der Reihenfolge ihres ersten Erscheinens und im Wortlaut der Erstdrucke mitgeteilt. Die annalistische Anordnung läßt einerseits die Spannweite und Eigenart der lyrischen Dichtung, andererseits Kontinuität und Wechsel in die Geschichte der lyrischen Gattungen, Formen und Motive erkennen. Erklärungen sind beigefügt. Sehr empfehlenswerte Ausgabe.)

V. Zur Ortsbestimmung und Theorie der Kurzgeschichte

Hans Bender, Ortsbestimmung der Kurzgeschichte, Akzente 1962/3

Hermann Helmers (Hg.), Moderne Dichtung im Unterricht, Braunschweig 1967

Hans-Jürgen Skorna, Die Kurzgeschichte der Nachkriegszeit im Unterricht, Ratingen 1967

Fritz Bachmann, Interpretationen zu Erzählungen der Gegenwart, Frankfurt a. M. 1968

Karl Moritz, Novelle und Kurzgeschichte. Texte zu ihrer Entwicklung und Theorie, Frankfurt a. M. 1968

Paul Nentwig, Die moderne Kurzgeschichte im Unterricht, Braunschweig 1971

Franz-Josef Thiemermann, Kurzgeschichten im Deutschunterricht, Bochum 1971
(Kamps pädagog. Taschenbücher 32)

Ludwig Rohner, Theorie der Kurzgeschichte, Frankfurt a. M. 1972
(Fischer Athenäum Taschenbücher 2019)
(Dieses Buch ist wohl die z. Zt. beste Gesamtdarstellung der Kurzgeschichte und gibt
einen sehr gründlichen Überblick über die Technik, das Wesen und die Arten der
modernen Kurzgeschichte. Es enthält zahlreiche Beispiele und Hinweise zum Verständnis der modernen Kurzgeschichte.)

Reiner Friedrichs. Unterrichtsmodelle moderner Kurzgeschichten in der Sekundarstufe,
München 1973

Edgar Neis, Hans Bender, Die Wölfe kommen zruück. Interpretationen der acht in dem
Reclam-Heft Nr. 9430 (Hans Bender, Die Wölfe kommen zurück) enthaltenen
Kurzgeschichten. Lehrpraktische Analysen, Folge 9 Stuttgart 1974

Winfried Ulrich, Deutsche Kurzgeschichten, Arbeitstexte für den Unterricht, Stuttgart
1974 (Vier Hefte in Reclams Universal-Bibliothek für das 5./6., 7./8., 9/10. und 11./
13. Schuljahr. Das letzte Heft (Nr. 9508) leitet ein "deskriptiv zu verstehendes
Merkmalinventar" aus den Texten der Kurzgeschichten ab: 1. Kürze, 2. Punktualisie-
rung, 3. Simultanität, 4. Offenheit, 5. Alltäglichkeit, 6. Mehrdeutigkeit. Es geht auch
auf die "Verrätselung der experimentellen Prosa" ein und nennt als Kennzeichen: a)
Absurde Verfremdung der dargestellten Wirklichkeit und b) Ablösung der durchgän-
gigen Erzählsturktur durch Montage vielfältiger Versatzstücke, Entfabelung, Aper-
spektivität.)

Dietrich Bode, Nachwort zu Günter Kunert, Der Hai, Erzählungen und kleine Prosa,
Reclams Universal-Bibliothek Nr. 9716, 1974

Edgar Neis, Günter Kunert, Der Hai (Interpretation), Lehrpraktische Analysen, Folge 44,
Stuttgart 1976

Hans Thiel (Hg.), Alles ging so glatt, Deutsche Kurzgeschichten seit 1950, Frankfurt a. M.
1977

Hans-Christoph von Nayhauss (Hg.) Theorie der Kurzgeschichten, Reclams Univ. Bibl.
Nr. 9538, Stuttgart 1977

Franz-Josef Payrhuber, Wege zur Fabel. Freiburg 1978 Auch die Fabel ist eine epische
Kurzform, die ihres Symbolgehaltes und ihrer spezifischen Sprachgestalt wegen einer
besonderen Deutung bedarf. Der in der Herderbücherei erschienene Band geht der
Geschichte, den Wesenszügen und der Wirkfunktion der Fabel nach und zeigt viele
Möglichkeiten der Interpretation auf.

Annemarie und Wolfgang van Rinsum, Interpretationen Kurzprosa. München 1980
In diesem Band sind Interpretationen zahlreicher deutscher Kurzgeschichten und
deutscher Kurzprosa verschiedener Verfasser gesammelt.

Edgar Neis, Kurzprosa (Dichtung in Theorie und Praxis Band 456) Hollfeld 1981
Als Formen der Kurzprosa werden in diesem Band Kurzgeschichte, Kalendergeschichte, Anekdote und Skizze dargestellt. Gestaltungsmittel der Kurzgeschichte
werden ebenso erörtert wie Möglichkeiten der Interpretation. Textproben der einzelnen Gattungen und ausführliche Literaturhinweise vervollständigen den Band.

Edgar Neis, Die Parabel (Dichtung in Theorie und Praxis Band 461), Hollfeld 1981
Mehr noch als die Kurzgeschichte und die Fabel fordert die Parabel zu persönlicher
Stellungnahme und Auseinandersetzung heraus. Die meist scharfe, zugespitzte Form
der Parabel, ihre Kürze, ihre Absicht, die Wirklichkeit emblematisch zu erschließen,
ihr Verfremdungseffekt, ihre Verschlüsselung und Rätselhaftigkeit, ihr argumentativer und appellativer Charakter lassen sie besonders geeignet erscheinen, als "ästhetische Form des Didaktischen" im Unterricht, in der Predigt oder in Diskussionen aller
Art eine wichtige Rolle zu spielen.
Der Band enthält Parabeln vom Alten Testament bis zur Gegenwart. Interpretationen
und Sachfragen schließen sich an.

Methoden und Beispiele der Kurzgeschichteninterpretation, Hollfeld o. J. Herausgegeben
von einem Arbeitskreis der Päd. Akad. Zams
Methoden: Werkimmanente, existentielle, grammatikalische, stilistische, strukturel-
le, kommunikative, soziologische, geistesgeschichtliche, historisch/biographische/
symbolische Methode.
Beispiele: Eisenreich - Cortázar - Dürrenmatt - Brecht - Horvath - Bichsel - Kaschnitz
- Lenz - Weißenborn - Rinser - Borchert - Nöstlinger - Wölfel - Langgässer.
An Beispielen ausgewählter Kurzgeschichten werden die einzelnen Methoden der
Interpretation demonstriert und erläutert.